史清华，男，管理学博士，1964年11月生，山西襄垣人。现任上海交通大学特聘教授，安泰经济与管理学院二级教授，博士生导师。教育部新世纪优秀人才（2005），山西省"青年科学家"（2010），张培刚发展经济学优秀成果奖获得者（2016），享受国务院政府特殊津贴（2020）。上海交通大学"教书育人奖"（2022）和首届"佳和"优秀导师奖（2023）获得者。1982—1999年，在山西农业大学、宁夏农学院和西北农业大学、中国农业大学攻读学位。1989—2023年，在山西农业科学院、浙江大学和上海交通大学从事农业经济研究与教学工作。

主要从事农户行为研究。累计发表学术论文260余篇，在《经济研究》和《管理世界》发表27篇；出版专著18部。成果六获教育部人文社科奖，数获省部级奖，二获中国农村发展研究奖，一获张培刚发展经济学优秀成果奖。累计主持国家级项目14项，其中，国家社科重大项目1项、一般项目2项、国家自科面上项目8项。

培养优秀博士12名。所带学生博士论文三获上海市优秀论文，一获国优提名；博士论文出版后有4部获省级哲社奖，一等奖1部、二等奖3部。两人晋升青年长江学者，一人晋升青年拔尖人才，一人晋升长江特聘教授。

代表作：《农户经济增长与发展研究》（1999）、《农户经济可持续发展研究》（2005）和《中国农家行为研究》（2009）。

60
YEARS

扎根田野

山西 (2017)　　　　新疆 (2021)　　　　吉林 (2023)

一路有你

初中同学
（1979）

高中同学
（1982）

初中毕业合影（1979）

高中毕业合影（1982）

大学同舍
（1986）

大学毕业合影（1986）

硕士研究生（1987）

博士毕业（1999）

提点扶送

与博导郑大豪先生
（1999）

与合作教授黄祖辉先生
（2009）

与恩人顾益康先生
（2023）

与硕导马鸿运（后中）和王兴祥先生（后左二）（1989）

与冯海发和李澈老师
（1988）

与硕导马鸿运先生
（1989）

与博导郑大豪先生
（2008）

自然之道

育人成才

史清华

著

中国农业出版社
北京

序一

收到清华教授的《育人成才》书稿真是喜出望外，但他请我写一篇序，我还是犹豫了一下。不过也仅仅是犹豫了五秒钟，我就答应下来了。

为一本书写序，一般是长者为后辈、上级为下级而作。我也就比清华教授大一岁多，从身份上来讲似乎也不合适，但我还是愉快地答应了。

在功利主义盛行的时代，写文章或著书一般都有很明确的目的。即使在本应淡泊名利的高校，也难以免俗。一种情况是，你需要接受考核，需要评职称，或者你的学校需要参加学科评估。在这种情况下，你必须写文章、写书。有的时候，写出的东西自己还没那么满意，甚至自己都觉得拿不出手，你还是违心地发表或出版了。即使你自己不需要它，但或许别人需要它赶快出炉，比如你的单位，或者资助方。

另一种情况是商业化行为，比如社会上有人专门绞尽脑汁写畅销书。如果一本书能发行百万册，码洋就可能达到数千万元乃至上亿元。按照10%的版税计算，作者可以拿到几百万元乃至上千万元，这种诱惑力也是很大的。但你写这类书的时候，必须想方设法迎合甚至讨好潜在的读者。可能你自己都不认同你写出来的东西。

我之所以愿意在这里写几句话，是因为清华教授的这本书完全不属于上述情况，我也不会称其为大作。这本书出版后是不能作为科研成果的，单位不会给他科研考核计分；它大概也不会卖出很大的码洋。也就是说，清华教授出版这本书没有一点功利心。

事实上，这本书的出版多少有我的建议起作用。有一次我在微信朋友圈里看到清华教授写的一篇随笔，想起来他以前也写过类似教书育人的点点滴滴，觉得很有意义，就建议他结集出版。没想到清华教授采纳了我的建议，于是我就欣喜地收到了这部书稿。

就像我刚才说的那样，这本书的有些内容我之前读过了。我最大的感受是，它是真挚的。写作本应是一种心灵的对话，首先是和自己对话，然后是和读者对话。最为关键的是，它应当是真实的，没有功利心的驱动，更不应当是被胁迫的。我相信读者看过这本书以后就会认同，清华教授是在"毫无目的"地写作，而这恰恰最能获得读者的共鸣。

我和清华教授都出生在农村，幼年和少年时代也都是在农村度过的，并且都是在还没有改革开放时的非常落后的农村。我的家乡在大别山北麓，他的家乡在太行山南段。我在这本书里，当然也包括平时和清华教授的交流中深深体会到他对农村、农家和农民的大爱。比如，书中第一章《公家人》中有一段话是这样写的："我常常拿农家的祭祀活动与其待人接物活动进行比较，发现农家在接待类似我们这等'公家人'时各家的用心似同'敬神'。神对农家都能一视同仁，我们这些从农家走出，又回到农家的学子又有什么资格对农家说三道四，对农家进行挑剔？难道农家拿出自己十二分的努力接待我们，我们还有资格说长道短吗？"在这里，你能感受到清华教授浓浓的"农"情。

在第二章《农民观》中有这么一段话："就像 80 年代改革初那样，要相信农民有改变自己家乡面貌与自身生存境况的能力。农村政策的制定应多向农民请教，缺乏大量调查基础的政策最好不要出台。"在这里，你能体会到清华教授发自内心的对农民的敬重和信任。

如果说要给这本书定一个类别的话，它应当是一本学术笔记。书中篇幅最大的是清华教授自己学术研究以及他培养学生的体会，在这方面我尤其敬佩。我认识清华教授的多位博士生，他们和清华教授一样，纯粹、踏实、上进、靠谱、成果丰硕。清华教授是教书育人的楷模，他有一句名言："天下没有差的学生，只有不合格的教师。"在这本书里你能看到他对人才培养的许多真知灼见。其中有清华教授为他自己学生的著作所作的序言，比如他为学生程名望——现在已经成为一位非常优秀的教授——的博士论文所作的序言，其中洋溢着厚爱和欣慰，甚至此书出版 10 年后他又写了《再读感想》。

第七章《教育之魂》中，清华教授提到招博士生选材时自己独到的见解，他最重视 3 个方面，一是攻博动机，二是专业兴趣，三是悟性，至于考试分数与本科出身这两个当今博导们最为看重的条件，他反倒考虑得较少。因为他坚信"世有伯乐，然后有千里马。千里马常有，而伯乐不常有"。这是真实的，我知道清华教授招的多位博士生本科的学校都不是很强，但当他们出校门的时候已经成为非常优秀的毕业生。这就是导师的价值所在，也是教育的价值所在。

读这本书的时候，我不禁想起了一些旧事。"大跃进"时期，有新闻报道了广西环江县稻谷亩产 130 434 斤的消息，现在看来那是天大的笑话。我可以毫不夸张地说，如果今天把水稻亩产 13 万斤登在报纸上，仍然有不少人深信不疑。这是因为我们很多人对社会经济的现实太缺乏了解，所以中央再次号召大兴调查研究之风是非常有必要的。在这本书里，你一眼就能看到清华教授的观点完全来自他在农村第一线的调查和思考，特别真实。

我不知道哪些人能有幸读到这本书，但我觉得无论是学者、学生还是政府官员——不仅仅是"三农"方面的，读后都会有很大的收获，因为这会是一次平等的心灵对话。

先睹为快，啰唆几句，是为序。

上海交通大学特聘教授
上海交通大学"教书育人奖"获得者
安泰经济与管理学院教授，博士生导师
2023 年 6 月 9 日于上海交通大学徐汇校区

序二

　　我和清华都是山西老乡，认识他则是在七宝校区到闵行校区的校车上。他那标准的晋东南口音让我一下子就听出来他来自哪里。我们住在一个小区，随着时间的推移，我和清华逐渐熟悉了，并且还成了无话不谈的朋友。

　　清华自己说他出生在襄垣县的一个小山村里，祖辈世代务农，他是家中第一个走出农门吃公家饭的大学生。因为对农村的熟悉，对乡土的热爱，更因为想改变乡村的贫困，他选择的专业是农村经济，且由于他自己的刻苦，在专业上取得了不平凡的业绩，成为上海交通大学的特聘教授。作为一个农家子弟，他所付出的艰辛，可想而知。

　　前几天有个专家说，某个孩子很聪明，学习成绩好。他还强调说，你就没有看见人家的父母都是大学教授，人家的基因好！我作为一个遗传学家，对此种论调十分反感。遗传对智力有没有影响呢？有，但不是唯一的影响因素，后天的环境也发挥着重要的作用。清华在本书中以他自己的成长经历，以及他的博士研究生培养经验展现了"人皆可以为尧舜"的教育理念。他挑选学生，自有他的一套逻辑：动机→动力→人际→分数，不一定都是"985""211"的，但都是来自农村，都是农民的子弟。这里请注意，学习的动机和动力才是最重要的，其次是情商。在清华的培养指导下，他的学生们在学术界已取得了很好的成就，有很多成了各个学校的骨干和学科带头人。

　　清华还是一个对父母、对师长心存感恩的人。他对父母的怀念，对导师指引的感激，体现在这本书的字里行间，也体现在他与人们的日常交流中。这种感恩情怀让我们也分享到他的喜悦。他认为，正是由于父母和师长的教诲，让他有了是非观念，有了知识的积累，从而可以服务于他所从事的农村经济研究。

　　读完《育人成才》这本书之后，你就会体会到只有热爱学生、热爱专业、热爱思考才是最好的老师。因为有了热爱，人们就会产生为之努力的兴趣、动力和勇气。我认为本书从社会人和本我的角度出发，展现出了史清华老师的个人魅力和特点，特别是在当下这个浮躁并"效率至上"的年代里，一个老教师能静下心来，坚持将自己的观点和所见所闻记录下来，其本身就意义深远。

上海交通大学"教书育人奖"获得者

上海交通大学生命学院教授，博士生导师

2023 年 6 月 25 日于上海交通大学闵行校区

前言：

徐徐道来

　　这本书的编辑，起因正如罗守贵教授在序中所言。大约在一年前，罗教授还是我们安泰经济与管理学院经济系系主任，建议我将平时写的文章整理一下形成一个专题性的东西。对罗主任的建议我也一直放在心上，因没有想好，到底从哪个视角来组织，故一直拖延至今。但是时不我待，屈指算来，人生已近花甲，年近退休，也该是对自己这一甲子有个交代的时候了。故快马加鞭地行动了起来，希望在年末顺利完成这个夙愿。近段时间，先是把我为同学们的博士论文出版写的序一篇篇整理出来，并编辑在一起。经过一番细心阅读，终于从中理出了头绪。结合自己的教师职业，围绕"育人成才"这一主线，将自己平日写的自序和他序以及其他，共计20篇文章串到一块儿，形成了当下这个样子。这些内容多数属于正式出版和发表的，部分未发表的也在"SJTU华村一家"公众号上有所展示。这次编辑应是一次历史性的阶段集结，故前言用"徐徐道来"做标题，全书内容分3篇呈现，分别是"我的价值观""育人之路"，以及"心存感恩"，期望读者通过阅读能够分享到我的快乐与艰辛，同时也期望做博导者从中收获一些选材理念，做博士者从中获取一些选题思路。当然，期望其他同志也能够从中获取一些对人生有益的东西。"仁者见仁，智者见智"，不同的人获取的快乐与感受可能大不一样，无论如何，作者都期望与读者分享。

第一篇　我的价值观

　　这部分共4章，主要涉及4个方面，分别是：公家人的站位，我的农民观，土地守护，新农政效应。

　　第一是我对"公家人"的认知，通过1990年一整年农村工作，305天（家）的派饭经历，让我这位"公家人"充分了解了民众在整个社会发展底层的渴望与诉求。我们能做什么，该做什么，不能做什么，不该做什么，应当说是有边界的，且边界也是清晰的。民众最期盼的是信任，是自由决策，在向美好生活前进的征程中，在自己努力的前提下，辅以公家人给予的信任可以极大助力农民实现幸福。宽松的政策或友善的制度是他们发家致富的根本保证。他们对公家人如"神"般敬着，公家人也应以对等的心态处置民事。以人为本，就是要努力实现人与人的平等，正如范仲淹在《岳阳楼记》中表达的："居庙堂之高则忧其民，处江湖之远则忧其君。"只有这样，中国社会才能真正实现和谐，才能真正走向发达，也才能让当前社会正面临的"人民日益增长的美好生活需要和不平衡不充分的发展之间的矛盾"得以顺利解决。可见，公家人应多考虑民众在其心目中位置摆放的对等性。

第二是结合我对经济理论的认知，和我的研究对象——农民，从价值观上进行了一些表述，名曰"我的农民观"。这一表述形成于我在撰写《农户经济可持续发展研究》一书时对遇到的一些问题的思考。面对庞大的农民群体，面对中国"三农"发展遇到的困境，收入问题虽然是最现实的问题，且是最明显的，但不是核心问题，真正的问题还是最原始的劳动力就业问题，"劳动是财富之父"的命题在农民这里依旧是有效的，且是核心问题。全面脱贫、乡村振兴、共同富裕，哪一个都离不开农民就业这一核心问题。虽然我们国家已由传统农业时代走进工业时代，劳动力就业也由与土地的密切结合走向分离，"离土不离乡""离土又离乡"成为新时代就业的特征。但是我们也看到，工业化、城镇化推动下的劳动力就业模式遇到了新挑战，农村劳动力由剩余走向短缺，农民工也由积极进城走向返乡创业，机器人替代劳动力亦成为当前劳动力就业的一大挑战。处于夹缝中的新一代农民该何去何从？如何就业也由此成为中国当下面临的最大问题。我的农民观的核心就是要遵从农民意愿，放手让农民行动。

第三是讲土地问题，面对城镇化的狂飙，如何把土地守护问题当成一个重要问题，在征地、拆迁方面给予农民更多尊重是一个重要的经济社会问题。土地不仅是农民的根，也是中国社会的根，把根留住，看管好土地，是中国当下乃至未来面临的最为棘手的问题。尽管中国社会的工业化转型让经济增长对农业的依赖大大下降，但土地的"财富之母"特性还是非常抢眼。与土地结合的就业虽不再是全体农民的就业梦想，但土地在中国社会中的保障性与中国传统文化在农村的传承性依旧很重要。守住土地就是守住中国的根。故将本章命名为"把根留住"。

第四是讲21世纪首个以民生为主题的中央1号文件出台后农民的反

响。我将其命名为"农民的福音"。农民的收入从来都是农民自己的事，政府把关心农民收入作为中央政策主题，显然，用意独特，同时也意味着中央决策的转向：由高度关注国家稳定向关注民众生活质量提升转化。缴皇粮，纳国税，从古到今，从中国到外国，都是普通百姓的事。进入21世纪后，中央政府把减免农业税作为治国理政的头等大事来抓，在免除农业税的同时，让农民种地不仅不缴公粮，还领补贴，在中国，真的是开天辟地头一回，这不是农民的福音是什么？故此政策一出台就赢得了农民的欢心，得到了农民用行动给予的点赞。但是我们也不要忘记，政策具有边际效应衰减规律，如同中药中的"药引子"一般，可以起到"四两拨千斤"的效果，但"药"效也会很快降下来、难以持续，还会出现新的问题。故政策不断与时俱进就成为保持农民福音的关键。政策对了头，农民干活才有劲头。对此，农民用行动给政策以最真实的回应。农民的双脚行动就是检验政策对与否的风向标。

第二篇　育人之路

这部分是本书的核心，包括13章，其中11章是为专著出版写的序和跋，这里8篇是为我在上海交通大学带的博士研究生学位论文出版而写、3篇是给参与培育的博士论著出版而写，1篇是应师妹、宁波大学胡求光教授邀请写的书评①，最后1篇是为《经济研究》创刊40年征文活动"我与经济研究"写的一篇纪念性文章②。我写的这些序或其他文章，部分有专用名，部分就叫序，这次编辑统一进行赋名，并对部分赋名做了专门说明。在这里，谨以8篇我指导的博士学位论文出版所作之序为基础，对我之育人之路做一简单的介绍。

一、兴趣发掘

在培养博士时，我严格遵循着圣人之道，依照有教无类的理念，通过兴趣发掘方法进行培育，已先后完成对12位博士的培养。学生们的论文选题由来以及完成过程，我看在眼里、记在心上，在论文成型准备出版时，由我为其作序，选择序的主题时多以对此过程的记录为核心，个别主题的

---

① 史清华. 蓝色牧场，国家第二粮仓建设——《国家海洋发展战略与浙江蓝色牧场建设路径研究》书评［J］. 管理世界，2019（4）：190-193.

② 史清华. 是您激励了我，《经济研究》［M］//《经济研究》编辑部. 我与经济研究. 社会科学文献出版社，2018：164-172.

选择跳出这一思路。如第7章《教育之魂》，专门就社会运行与博士培养谈了一些我的看法与做法，社会运行应遵循"情→理→法"顺序规则，博士培养也一样应遵循人才成长的自然规则；又如第8章《自然之理》，专门借一个猎人与猎狗的故事讲述了社会变革的推演过程，制度变迁是一个没完没了的过程，没有一劳永逸的变革，但有永恒的办法，那就是调研；再如第10章《育才之路》，以一位博士生为例，讲述了我在博士培养过程中，从选材到育才、从育才到定位、从定位到使其成才的整个育人过程，这应当是我的一个比较完整系统的育人思想总结。

兴趣是最好的老师，也是事业成功的基石。一个人做事，如果对所做的事感兴趣，那他在做事的过程中就不会感到有这样那样的痛苦，而有的是一种愉悦的艰辛，是一种享受式的快乐。做博士，就是做事业，如果把境界提到这个高度，事实上也必须提到这个高度，那他的博士论文做起来就会"融创新于不觉"，写出的博士论文就一定会让读者有一种享受感。从这个角度看，我担当导师的主要任务就是发掘学生的兴趣，提升其悟性，让学生尽情享受做学位论文的快乐，让其乐此不疲地在这一领域奉献自己的青春、终身。当然，这是我的梦想①，也是我努力的方向。

兴趣发掘，是一个听起来容易，做起来非常难的事。按说，这个问题在入学时就应已解决，导师的方向是明确的，同学报考时也是知道的，至少查阅过，正是因为彼此有此共识，才走到一起来。而事实上，这个兴趣和我要谈的兴趣完全不是一回事，入学时的主题关注或方向锁定，不是做博士论文的核心兴趣点，真正的兴趣点是在这一大方向下的一个具体点。

我在培养学生的过程中，对这个点的寻找通常采用聊天法或讲故事法来实现。师徒间一对一的聊天最初都是漫无边际的，也是很花时间的②。通过多次尝试探索和对学生给予信心加持，问题就渐渐凸现，直

---

① 从当前看，由我指导毕业的12位博士，除1人外，全部站上"三尺讲台"，成为大学里的老师或学者。

② 这一点，好多导师做起来可能不现实。比如正在做领导的导师，开会就把他的时间占完了，指导学生通常也只能通过组会来实现，有教无类、单独指导几乎是不可能的；明星级或热门的导师，社会工作就让他忙得不可开交，指导学生多数为"线上式"，面对面的交流也几乎不可能；拥有众多弟子的导师，通常也就因价值观和现实，用于单个指导的时间非常有限。而我等专职导师，除了些许课程，整天围着研究生转，有的是时间与学生分享。

至聚焦。问题聚焦过程相对较长，短则半年，长可达两年。为了聚焦问题，同学们需要做很多工作，有通过寒暑假或专门的田野调研来确证，也有通过文献梳理来确证，更多的是通过历史田野数据试算来确证。小论文就是在这一过程中形成的。一篇又一篇小论文的完成与发表，不仅给了学生完成学位论文的信心，更让其有了申报项目的动力。虽说在当下，社会对研究生主持项目给予的机会有限，但他们做项目的能力是有的。其实博士学位论文本身就是一个项目，一个研究生自主完成的项目。无非是缺资金、资助编号而已。

早期，培养的学生多数是在工作后才依托学位论文申报国家基金，到2014年后我的思路有了转变，在小论文成型后，开始让学生以导师名义申报，由于国家自然科学基金项目的申报书与博士论文的开题报告极为相似，故鼓励学生以完成一份申报书代替撰写博士学位论文开题报告，这一做法在2014年初试成功，2016年、2017年、2019年、2021年和2022年屡试不爽。当然，导师是基金的负责人，全权负责基金的整个研究。关于这一点在相应的章节中有交代，这里不再细说。由此，我的博士培养模式在2014年后就做了相应调整。事实上，这一理念与我一贯秉持的理念——**"招学生来我门下做博士，不是要他们为我打工做项目的，而是要培养他们独立思考能力的"**是契合的。我反对学校或社会的说法（针对大文科）——"博士生就是给导师打工的"，更反对学生赋予导师的新称呼——"老板"。受我的价值观影响，学生不称我为老板，也不为我的项目打工，而是实实在在地在做自己申请到的项目。由此，师生间的合作也就不局限于学生在校期间，因合作愉快且共赢，通常延伸到毕业后，长达10年都在合作。从这个角度看，导师反倒像是一个标标准准的"打工者"，没日没夜地为学生的选题与论文修改等操劳着。

在兴趣发掘过程中，有过农村生活经历的同学似乎"入戏"要快点，没有这一经历的同学就慢多了，由此，引导其扎根田野，通过田野观察提升悟性就成为我培养学生、使其尽快聚焦兴趣点的关键。当然，发掘兴趣的最好办法是在学生入门环节做好调整与把关。

二、招生有序

如果说教书育人（特指本科生）重在思想，那么育人成才（特指研究生）就不仅要有思想，还要有行动。我的育人成才行动从招生开始。招生是一件很考验导师智慧的事，招好了可以事半功倍，招不好则相反，会事倍功半，导师们为此都很头痛。受各种因素影响，自己选好的苗子无法进来，而招到的总感觉有这样那样的缺憾。由此，育人过程就会出现这样那样的不愉快，以至学生延迟毕业。延迟毕业也由过去的偶发衍生到当下的大面积发生，即使博士学籍由传统的 3 年加长到 4 年，延毕问题依旧没有得到好转，甚至出现进一步恶化趋势。到底问题出在哪里？这是需要学校管理部门、导师以及学生共同坐下来探讨的一个共同话题①。

早期，研究生招生，考试成绩是一个硬性指标。作为导师的我们只能囿于分数线做选择。因我的专业是农业经济管理，属于涉农专业，对学生的吸引力有限，第一志愿报名的人数通常不足，故招收的学生多数是被其他专业淘汰剩下的。尽管剩下的学生分数也较高，但专业基础知识有限，他们的二次选择属于跨专业或转专业行为。基于此，我们的招生只能更换视角进行。随着就业形势愈发严峻与学生应试能力大幅提升，在"分数面前人人平等"观念的左右下，出现了对研究生培养而言极不和谐的问题：面对当下境况，读研不是为了提高研究能力，更多是为了提升一下文凭档次，在就业时好看点。学校的研究生招生政策也做了相应调整，采用资格审查制，也即出身论英雄，主要审查内容有学校级别、学生成绩排名、英语或其他外语单科成绩，还有科研活动参与情况与社会活动经历等，通过这样一套看似简单实则非常复杂的做法招来的学生，的确面子上好看了些，但本质上没有多大改进，多属于"中看不中用"，至少我的感觉如此②。

由于研究生培养实行的是导师制，故不同导师的招生方式可能有差异，

---

① 对此，我曾私下问过一些学生，他们都说学校要求提高了。作为博导，我也有这种感觉，但好像也不完全是。就拿我指导的学生看，早期（2010 年前）的学生，在校期间发表的论文数量都在两位数，且有在《经济研究》或《管理世界》等国内顶级刊物发文，也有在《中国农村经济》或《农业经济问题》等典型农经刊物发文；2010 年农经博士点停招后，我所带学生在校期间发文量大幅下降，人均数据急速降到个位数，尽管在上述 4 刊中至少有一篇发文，但也就一篇而已。依我看，校方过度抬高外文论文评价分值是这一问题形成的一个转折点。即国际化和学校排名任务下放惹的祸。博士学位本身标准并没有提高，生源质量也没有本质性变化，还有一个可能的原因，即就业环境发生重大变化（2006 年后，C9 高校齐步走，率先实行教师全员海归化，纯本土学生留校就业大门被关闭，学习动力由此锐减，在这样的环境中，躺平行为瘟疫般蔓延就属正常）。

② 也许是我所在专业涉农所致。农业经济类专业主要设在农业院校，设此专业的学校中属于 C9 的就一所：浙江大学；属于"985"的有 5 所：除浙大外，还有中国人民大学、中国农业大学、西北农林科技大学和中国海洋大学；属于"211"的有 8 所：除 5 所"985"外，还有南京农业大学、华中农业大学、西南大学。上海交通大学原本也有农经专业，2002 年停止本科招生，2010 年停止硕士博士招生。农业经济管理专业因导师转型能力有限，改在应用经济学名下招生，交大属于有农经（在培养学生）又无农经（无专业点）的状态。农经专业招生，不仅仅要看学生的分数，更要看他的本科涉农专业知识和涉农经历。如果相关知识和经历全无，培养的博士由此也就会出现"含水量高"的问题。

特别是博士招生。我在做了博导后就有自己的一套招生思路。这套思路用了差不多 20 年，应当说是比较有效的，至少在当下大面积延迟毕业风潮中，我的博士毕业正点率还是蛮高的，大约在 80％吧！让学生按时优质毕业应是我做博导以来最基本的理念，在"一个不掉队"信念的驱使下，"人人成才"就是我指导时努力的方向。

在博士招生上，无论是过去的考试制时期，还是今日的审查制时期，我依旧保持自己的固有特色或传统。首先看学生的读研动机是否纯，是否真想做研究。其次看动力是否足，有没有足够的抗压能力，或执着的精神够不够，能否吃得了苦、耐得住寂寞。然后看人际交往，也即性格，这条很重要，因其涉及师生间的交往能否畅达，可据此判断师生间起冲突的可能性有多大，判断他与同学交往是否注重利他性、合作研究能力足否。最后看分数，严格地说，这条是学校把关的，和导师关系不大，我也很少在意这条。当然，还有一些关注点，比如忠诚度，因博士招生暗含一个衣钵传承问题，由此忠诚度就显得很重要，报名选择是否唯一会透露此信息。还比如推荐信，谁推荐很重要，我们的学术圈很小，彼此差不多都认识。导师的推荐，这是必需的，暗含人格或学品保证；其他人推荐，可部分反映学生的人际交往，两个推荐信各自作用不同，意义也不一样。推荐信不求多么华丽，至少应是真实的，而非签名的。除此之外，研究生的招生对学生的沟通与表达能力也是非常看重的，能言善辩者，优先。

正常理解，博士属于记名培养制，那么，博士的招生权就应当下放，由导师全权决定，至少在一定程度上由导师决定。目前国内不少学校，导师根本无权，学校或学院也对导师处于不信任状态，正是由于不信任导致培养结果越来越差。这一局势和改革开放前吃不饱肚子的情形完全相似[①]。由此可见，博士招生和培养的改革还在路上，期盼回归自然。不过，在我所在的上海交通大学，导师的权力还是很大的，除了不能随意招生与随意"放行"外，其他权力基本都有，比如全权决定研究主题、全权组织学位论文答辩等。严格说，这种培养模式属于授权培养模式。

三、育人有衡

好的招生可以为兴趣发掘培养减少一定工作量，但还是省不了多少事。

---

① 对农民的不信任是农业集体化问题的核心。家庭联产承包责任制的最大好处就是解决了信任问题。20 年的集体化实践也让我们充分认识到，再理想的经济发展模式，也需要以信任为基础，毕竟人是这一模式中的核心。单凭完善制度是解决不了问题的。

前言

徐徐道来

因为博士研究生的一个核心工作就是找问题，且这个问题应是真问题，是科学问题，还应属于经济学领域。只有找到经济学领域的真的科学问题[①]，才能有的放矢地去进行创新性研究。要知道，博士培养是有标准的，且这个标准是客观的、科学的。关于这些内容，我在"农业经济学专题研究及方法论"课上，有一场专题讲座，名曰**"如何获得硕博士学位？"**讲座从学位的来历到研究生的性质，从学位要求到学位论文的格式，从学位论文写作方式到如何创新，从师生关系到矛盾处理，以及未能获取学位可能的原因，等等，满满3个小时，理论上，同学们可以从中了解并获取自己应对问题的思路和方法。

对于到底一个标准博士应具备什么条件，或说博士学位[②]授予什么样的人这一问题，讲座[③]是这样回答的：**博士学位授予"对知识有独创性贡献"的人。**正如我们在评阅博士论文时，发给我们的评分指导说明中对"独立工作""重大贡献"和"独创性"等有特别要求。同样讲座还提到：**博士学位拥有者应是在某一学科领域得到承认的权威，即在研究领域里成为一个训练有素的专业研究者。**进一步看，成为"训练有素的专业研究者"至少应具备以下六方面素质：

第一，在最基本水准上说，你要能够议论同辈人想要听取的某些东西；

第二，为了达到第一点，你必须熟知在专题领域里发生的事情，这样你才能够评价其他人正在进行的工作的价值；

第三，你应具备敏锐的眼光去发现你有能力做出贡献的地方；

第四，你必须掌握当前正在运用的适当技术，并了解其局限性；

第五，你必须有能力在专业活动场所有效地交流你的研究成果；

第六，所有这些都必须是国际性的，因为你的专业同行们是世界范围的。你对国际学术界正在发生的事情、正在争论的问题，以及已经成文和

---

① 中国农业大学白军飞教授提出：经济学研究必须以掌握资源配置主体的不舒服、不和谐之处（也即常说的"问题"或"痛点"，英文对应 Problem）为出发点，采用"主体（Agent）、行为（Behavior）与约束（Constraint）"的经济学问题分析范式（简称 ABC 范式），按照"约束怎样影响行为"的科学问题提出范式（简称 C2B 范式），开展经济学研究。——"SJTU 华村一家"公众号。

② 关于学位有这样的区分：**学士学位**在传统意义上表明获得者已经完成了普通教育；**硕士学位**表明获得者在某一专业领域里拥有了进一步的知识，它同时也是开业的许可证（专业硕士）；**博士学位**是教学的许可证，意即可在大学里做教师工作，这一定位起源于大学教师有必要成为某一学术领域的权威、精通某一学科，以及熟悉当前学科前沿，并可能为学科发展作出贡献的概念。

③ 特别说明：这个讲座内容来自一本德国版的书中，是我当时在做博士时一位出版社编辑送给我的。因时间长了，书名一时想不起，但主要内容还记着（卡片）。

发表的结果必须有所了解。

通过上文的描述可以约略知道，当今在上海交通大学这类学校做博士为何如此难，不仅要求学生写出体现独创性研究的学位论文，还要求学生将学位论文中某些部分以会议宣讲或正式发表的形式向外公布，且对会议级别或论文期刊级别有特别要求。

其实学校的做法无可厚非，不是凭空制定，而是有理论指导的。事实上，选择攻读博士，就是一种选择接受挑战的行为。学位论文能否得到认可，评委其实是无权放水的，也是放不了水的，硬条件在那里摆着。根据学位论文申请者的假说设定，按照一定的逻辑去自证或检验，能够完满地自圆其说就是好的论文，当然，这个假说一定不是他人做过的，而是自己首创的；自证漏洞百出，一定不是好论文，也不会通过评审的，由此也得不到学位。从这个角度看，创新呀，独创性呀，假说呀，等等，都是有客观标准的，博士学位的标准是客观存在的，由此培养博士是标准的，且这个标准是看得见摸得着的。能够在重要期刊发表自己的学术观点，当然是一种客观标准，若没有发表或暂时没有发表，但在论文中已有表述，且表述也很清楚，就可以获得学位（我是这么认为的），这也是客观标准使然。但这需要有担当、有责任的评委来背书。事实上，这一现象历史上有，今天也有。初看起来，有点小圈子问题，实质是考验评委能力的。

四、追求卓越

正常理解，选择做博士的人，都是有追求的，起码想得到一张文凭，尽管这个文凭的价值在各自身上体现不一，但期盼都是一样的。我做研究生导师，从来不歧视任何人，只要有初衷，有梦想，走到我门下，都会得到一视同仁的对待，都会得到全力支持。但在做博士的过程中，我时刻提醒同学们，要记住十字箴言："我行、我能、我会，我在努力。"它将保你顺利到达终点。鼓励同学积极向上、追求卓越，是我开师门、树门风的初衷。

很幸运，开门弟子程名望，让我在博士培养上实现了开门红。他的学位论文不仅帮助师门获得首篇"上海市优秀学位论文"，同时也帮助上海交通大学在上海滩实现了市优论文（文科博士学位）零的突破。毕业11年后荣列教育部青年长江学者队伍，毕业14年后更升到教育部长江学者特聘系列，让师门光环闪闪。从这个角度看，我特别感激程名望，正是他的努力，让我的"法眼开启"有了定力，让师门有了接力传承的标杆或榜样。紧跟其行的师妹、师弟也一个赛过一个[1]，他们无论是"志存高远"的盖庆恩、"薪火相传"的张锐，还是"回归自然"的高晶晶，都让我仿佛时刻感受着"You Raise Me Up"歌声的激励。在自然规则铁律下，女同学以"巾帼不让须眉"的毅力和男同学展开接力，让"长江后浪推前浪"之风在"华村一家"团队盛行。风正门清，卓越再现，符合我们的追求。也正因为我们师徒在携手前行，才让我们有了"站上珠峰"的可能。在此，感谢每一位"华村一家"的同学，愿同学们通过"一起来"，个个实现"超越梦想"。

第三篇 心存感恩

这部分是本书的初心回归，包括 3 章，其中 2 章是为纪念我的父母辞世 20 年所写，1 章是为纪念 2023 年元旦逝去的恩师所作。三个纪念，包含三重意义。

《妈妈的泪》是 6 年前我看电影《活着》时的一些心理反应，也是我母亲走后 20 年我的思念再现。是啊！一个人来到世上，到底做什么才是对，才是自己想要做的，才能够实现来到世上的价值。母亲因为自己的"承诺"因时点不合没有兑现，就流下了那刻骨铭心的眼泪。为了村里的娃娃，母亲走过了 20 年的接生婆生涯，唯一一次意外，未能兑现承诺，让一位青年女子命丧公社医院的产房。尽管在这一例事件中，母亲没有什么责任，也不必过分纠结自己的承诺，但母亲的担当、责任与信心，早已在周边村出了名。对这事，村里人无不说："要是你来全佬家[2]在（能接生），就不会出这事！"可事情就这么碰巧，青年女子和母亲的时间就差那么一点点，一次外出就两条命没了，真的让人感觉伤心又遗憾。按理说，医院的水平总比母亲的"野生"接生水平要好吧，但偏偏遇上大出血，公社医院也没招。但我的母亲并不这么看，她相信自己的经验与能力，认定有她在就不会出

---

[1] 2007 届博士程名望，2008 年获上海市优秀学位论文（企业管理学）荣誉；2010 届博士徐翠萍，2013 年获上海市优秀学位论文（农业经济管理）荣誉，同年，获教育部百篇优秀博士论文提名；2013 届博士盖庆恩，2016 年获上海市优秀学位论文（应用经济学）荣誉。2012 届的俞宁，更将这一水平推到一个新高度，2020 年获国内信息经济学最高奖——乌家培奖，同年晋升教育部青年长江学者，2022 年被授予江苏青年五四奖章，在 2020 年和 2022 年获江苏省哲学社会科学优秀成果一等奖的基础上，2023 年又获国内经济学领域最高奖——孙冶方经济科学奖和张培刚发展经济学青年学者奖，同年还荣登国家杰出青年系列。

[2] 来全，乃我父之名，"来全佬家"是当地晚辈对我母亲的称呼，很少有称我母亲之名的。在我们当地有一个习惯，小孩子之间不能称呼对方父母的名字，若直呼其名会挨揍的。所以在我调研农家行为时，好多人说不出祖辈姓名也就不奇怪了。

这事。从这一点可以看出，我母亲的伟大，她因"善良地为别人着想"而流下泪水，永远是我们后辈学习的榜样。

《父爱如山》是为了完成这部《育人成才》而作的纪念之作，为让自己心中不留遗憾，应急而写，同样也是为了纪念父亲去世20周年而写。父亲大山般的爱，不仅表现在他对大自然的敬畏与关爱、对"绿水青山就是金山银山"的朴素认知，还表现在对家庭和亲人的呵护与关爱，夫妻恩爱是根本，子女关爱重在行，亲情关爱平常心。作为大山的儿子，父亲用一生诠释了人是自然的一分子，关爱自然就是关爱自己，关爱他人就是关爱自己，以一颗平常心对待一切。父亲那知足常乐、脚踏实地、感恩自然的心态永远是我们追求的目标。

我可能在语言上有先天缺陷，我的语言学习如狗熊掰棒子——学一路，丢一路。所以有的同志见我就问："史老师，你讲的话学生能听懂吗？"是啊！我也在想，一个连国家推广的标准语（普通话）都讲不清讲不好的人，怎么能在大学里当教授？这个大学怎么能容忍他呢？可反过来想，为什么会有这个问题存在呢？一个已上了大学，再上研究生的人，英语都能听得懂，怎么连一个普通中国人说的话都听不懂呢？况且普通中国人讲的都应是"普通话"，他又不是在讲鸟语，不就是讲话带着点地方口音，真的听起来会有那么困难吗？若真有困难，我们的教育就应当在此方面下功夫，把用于学外语（英语）的时间，拿来学中国话，这才是解决问题的根本。

当然，这是我的诡辩。我也曾为此努力过，就是效果不佳，语言天赋不足，不仅让我吃过大亏①，也让我在母语家乡话上丢了不少分——回到家乡，同学都说我捣②"京腔"说"沪语"。后来我没再刻意在口音问题上下功夫，似乎我的学生也习惯了我的"清华语"，特别是2012年在西藏大学农牧学院支教，一帮藏族学生对我的"清华语"领悟那么地通透，更让我不在意这个事了。当然，对我支持更大的还是我的贵人们给予我的信任，

---

① 1986年，在我考研时，总分全校第一（北京农业大学刘宗鹤老先生语），只因英语差两分，就连面试机会都没有了。英语以及普通话成了我一生的梦魇。以至工作后，想方设法逃避英语考试，上博士选在职读，上职称选择破格的渠道。这里特别感谢中国农业大学在1995年开通在职读博渠道；感谢山西省人事厅的规定：读博者，上职称免考英语；感谢浙江大学，博士后上职称免考英语。到交通大学当教师，因有教育部规定"1965年1月1日前出生者免考普通话"，让我再一次逃过普通话考试，有了教师证。我自觉自己是大学里缺陷最多的教师，当然也是特点最丰满的教师。多亏上海交通大学的宽容，给了我这个育人成才的机会。真的谢天谢地谢交大！

② 捣，山西土话，捣"京腔"即操着一口"京腔"、说"京腔"。——编者注

他们鼓励我放开手脚，相信自我，大胆前行。比如，华南农业大学经管学院原院长罗必良先生，就在我刚做教师①不久时专门给我安排了一个 2 小时的学术报告机会，数百人的大讲堂，胆战心惊地应付下来了。我讲得汗流如注，与会同志的聚精会神使我信心大增，从此有了给学生讲课的胆量。在此特别感谢我亲爱的罗院长。

感恩是一个人与生俱来的天性，也是动物本能的再现。俗语讲："羊有跪乳之恩，鸦有反哺之义。"人类自称动物中的最高级，理所当然更应比其他动物心存感激。事实上，感恩之心也往往是我做事和行动的动力所在。

从小爱看戏、爱听书的我，很早就知道了，一个人来到这个世上，需要时刻牢记"一个好汉三个帮，一个篱笆三个桩"的道理，需要认真践行"在家靠父母，出门靠朋友"的真谛，同时也需要认真领会"有钱的捧个钱场，没钱的捧个人场"的处世哲学。

在我一路走来的过程中，类似罗必良院长这样的贵人的支持得到无数。我曾将《贵人襄助》在 2009 年出版的专著《中国农家行为研究》中以附录形式收录。

得到贵人襄助是每个人的梦想，但也要永远记住，"出来混总是要还的"。这个还不同于生活中的对等，而是要把贵人襄助的行为或意念用接力的形式传递下去，我想这才是他们助我的本意。我一路走来，尽管起点比较低，但在贵人襄助下，总体感觉还是比较顺的，也是世人眼中的成功者。故我想尽最大努力将这些记录下来。本书最后一章就是 2022—2023 年新旧年交替期间，贵人们相继离开时我的一些心情记述，期望用这种方式表达我的感恩。

2023 年 7 月 13 日星期四

---

① 我到交通大学做教师是有言在先，不用上课，只做研究。2006 年教育部一纸通告——"教授必须给本科生上课"，才使我被迫走上讲台。现在想来，也正是这一通告让我有了进一步和本科生接触的机会，让我也有了在"教书育人"领域获奖的可能。2022 年获得上海交通大学"教书育人奖"（二等奖）证明了我是一名教师，但还不够优秀，需要努力。2023 年获得上海交通大学首届"佳和"优秀导师奖证明了我是一名研究生导师，且是一名优秀的导师，算是对自己 20 年努力的一种认可，这 20 年真的不容易。

目录

第三篇 心存感恩

第一篇 我的价值观

第一章
公家人

注：此文乃是我为自己的首部专著，也即博士论文《农户经济增长与发展研究》出版写的自序。同时也是我在准备学位论文答辩时的一篇"无聊之作"。前后 20 余天写了 20 余稿，差不多一天一稿，都自觉不满意，撕掉。在临近出版社责任编辑姚红女士的最后截稿日期 1999 年 4 月 15 日时，一气呵成。内中表达多和本书无关，反映的是 1990 年被抽调到山西省农村工作队，在国家级贫困县山西省屯留县余吾镇河头村进行"三同"（同吃、同住、同劳动）生活的感悟。全年住村 305 天，免费（好像自己没有付过钱）吃了 305 家派饭。业绩：用更换新品种的手段，实现全村粮食产量当年翻番。证明了当代大学生也是可以当好农民的。

我的《农户经济增长与发展研究》书稿几经修改终于脱稿。但当我掩卷思考时，总感到这部书稿里还缺了点什么，使得书稿显得不够完整与系统。无奈出版社有字数限制，权且将全面系统的农家经济分析想法留到下部书来完成了。由此，我的农家情也就要继续延伸下去了。

我是一个从农家走出，又走回到农家的学子。虽说在形式上已完成了父母望子成龙的心愿——"跳农门"，成了一名名副其实的、有国家干部编制的公家人，但在行动上，却总也跳不出这个生我养我的农家门槛。事实上，我打心眼里也从来没有想过要跳出这个门槛。因为身世决定了我与农家是不可分割的，虽说那不是我的选择，但却是我应当尊重的现实——我是一个农家之子。我骨子里流的是农家的血，言行中印的是农家的痕，我对农家有一种说不出的爱，打心眼里喜欢农家。俗语讲得好："羊有跪乳之恩，鸦有反哺之义。"何况我们这些吃农家奶汁长大的农家之子。回归农家，为农家的兴旺发达，尽自己一点微薄之力应当说是我毕生奋斗的目标。

我上大学选择的是与农家有关的农业学校，我上研究生选择的仍然是农业学校。我喜欢农业，更喜欢农家。无论是看电视，还是听广播，我选择的也多是一些有关农业、农村和农民的节目，也许是职业习惯使然，但是我的深深的农家情结却是其中之根本。我看过路遥先生的《平凡的世界》，也看过浩然先生的《苍生》，他们的小说使我进一步被农民这些普天之下最平凡的苍生，为了生活所进行的生生不息的奋斗所折服。作为一个从农家走出，又要回归农家的学子，我拿什么作见面礼呢？所以，只好用这一农家研究作礼物去见农家。

我喜欢农家还有一个原因，那就是农家的质朴。我从农家来，深深懂得农家生活的艰辛，但也多次受到过农家"敬神"一样的待遇。记得在 1990 年我到山西一个普通农村进行"三同"生活时，面对农家间的待遇高低差异，几位同行的大学毕业生议论纷纷，都感到有点吃不消，但我则不同。虽说我也有这种感觉，但和他们有明显区别，对农家的境况、对农家的质朴之了解，我要较他们高很多。

众所周知，农家大多是信佛的，至少行动上是如此。每逢初一、十五都要到庙里去烧香、去祭"神"，村里的庙通常也是最有人气的地方，定时定点到庙前集会就成为农民生活中一个不可或缺的环节。通过观察可以发现，在这一活动中，农家所用祭品有好有坏——有用白净的馒头祭神，

有用发黄的馒头祭神，更高级的还有用蛋糕、肉类等祭神，但每一农家祭神的心意却是完全一样的，不分黄白、不管荤素。事实上，神也没有因祭品的好坏而对农家差别对待。我常常拿农家的祭祀活动与其待人接物活动进行比较，发现农家在接待类似我们这等"公家人"时各家的用心似同"敬神"。神对农家都能一视同仁，我们这些从农家走出，又回到农家的学子又有什么资格对农家说三道四，对农家进行挑剔？难道农家拿出自己十二分的努力接待我们，我们还有资格说长道短吗？从某种角度看，农家的质朴应当说是其特有的，而它恰恰是构成一个国家经济持续增长与发展的基石。

通过几年来的研究，发现：农家是一国经济增长与发展的最强大的基础，

她于国于民所求甚少，而奉献却是最大的。她的经济增长与发展缓慢与她的质朴行为有着很大的关系。农家是一国经济增长与发展最大的人力资本和物质资本输送源。而与此同时，这种资本的外流也成了农家经济增长缓慢的根源。就拿农家人力资本建设投资来说，一般地，农家在子女教育上投资很多，但回报却十分有限，为什么山西十村跟踪观察户的高中水平类农户家庭经济收入没有随学历上升而增长，可能与我们这些上了大学的农门子女很多都真的"跳了农门"有关。

说实在的，上了大学的农村孩子基本上可以说是农户经济发展最有潜力的人力资本，但他们却远离农家。从国家经济发展来说这是一件好事，但从农家经济发展来看，这能说不是一种悲哀吗？农家进行投资不仅不能直接为其服务，还在这一经济活动中失去了很多的人力资本和物质资本，难道这不是农家的质朴文化的结果？试想除了农家，哪一个组织愿意无偿投资于人力资本建设呢？也许这种做法对单个农家来说，非借贷性收入在一定时期会有一定的增长，但对整个农村经济的发展来说却造成了很大的损失。从这一个角度看，国家向农村进行一定的无偿投资是应该的。在农村开展义务教育是政府义不容辞的责任。

农家问题作为农业、农村与农民问题中的核心，应当是受到研究者与决策者十分关心的大问题。但是目前这一关心还多停留在口头上。让我们以实际行动一块儿为农家以及"三农"经济的振兴服务吧！

1999 年 4 月 15 日
写于北京中国农业大学马连洼校区

第二章
农民观

在一次谈话中，我的一位研究生问我："史老师，农户研究有什么理论？"我思索再三，没有直接回答这一问题，而是从"理论"这一概念开始和他谈了起来。我问："什么是理论？"对此，他做了简单的解释，并列举了许多例子，诸如微观经济学中的"供求原理"，资源经济学中的"稀缺定理"，国际贸易学中的"比较优势原理"等。当我问及"农户理性行为准则""农户家庭生命周期规律"是不是理论时，他开始陷入沉思。

理 论 的 形 成

事实上，在我们的研究与教学中，老师们通常是按照书本所提供的信息，向学生讲述着各门学科的理论及其表现形式，但是很少对理论的形成或来源做更多的介绍。对于每一个学过西方经济学的学生来说，收入需求规律是十分明白的，这一规律在吉芬之前很少有人怀疑，直到吉芬对市场上的商品销售与人们的收入水平关系进行考察后才发现，有些商品，诸如土豆，并不完全遵循这一规律——随着收入水平的增长，销售量也相应提高，而是当收入水平上升到一定程度时，销售量不仅不提高，反而呈下降趋势。由此，著名的"吉芬之谜"理论[1]得以诞生。这一事例不仅告诉我们什么是理论，同时也告诉我们理论是如何形成的。依托于实践，并对实践中的大量事例或样本进行归纳总结所得出的一个有规则性或规律性的结论即是理论。而先有假说，后进行实证所形成的有规则性或规律性的结论，是不是理论？当然是理论，这一类理论与直接

---

[1] 在市场上有一种商品，当价格在一定幅度内上升时需求量本应下降，却反而增加，比如土豆。好奇的英国经济学家罗伯特·吉芬，最早对这一现象进行了记录和思考。后来学者们把"在其他因素不改变的情况下，当商品价格在一定幅度内上升时，需求量增加，价格下降时，需求量减少"的商品定义为吉芬商品（Giffen Good）。参见：E. 曼斯菲尔德. 微观经济学 [M]. 北京：中国金融出版社，1992：128.

由实践案例或样本归纳所形成的理论在思路上有明显不同，但这一不同也仅仅是理论形成的顺序差异，理论的根本是无差异的。除此之外，在形成理论的效率上亦有明显不同，后者的效率明显高于前者。所以，学术界最推崇的理论形成方法是假说（演绎）实证法。

在农户经济行为研究中，由于面对的是千家万户、芸芸众生，有代表性且有一定数量的样本获取相当费时费力，所以，在研究中学者们运用最多的方法即是假说实证法。这里有一个著名例子，即舒尔茨的理性农民假说：**在传统农业中，生产要素配置效率低下的情况是比较少见的。**为了证明这一假说，提出者先后对南亚（印度的塞那普尔）和南美（危地马拉的帕那加撒尔）两个小村进行了细致考察，并对此假说进行了验证。

众所周知，中国是一个以农民为多数的大国。在经历了改革开放后，中国的农村正由传统农业经济时代向非农经济时代过渡，农民家庭经济也正处于转型时期，其经济运行是否也遵循着经济理性行为准则？家庭经济结构变迁过程中要素配置是如何进行的？是否也很少有低效率的行为发生？经济发展过程中不平衡性加剧化演进的根源在哪里？储蓄、借贷、消费等行为变迁有哪些特征？税费负担对农民经济增长有何影响？村级管理在农户经济增长过程中扮演着一个什么角色？等等，这一切都需要通过大量的实证予以揭示。但要想全面揭示农户经济运行机理，特别是处于转型中的中国农户经济运行机理，必须对其运行之轨迹有所掌握，并从这些轨迹中找到深藏的机理。单有假说还是不够的，需要有大量的调查资料作基础，强有力的分析工具作手段，丰富的经济学、社会学、人类学以及行为管理学等知识作后盾。

农家经济运行的准则

我们知道，在所有社会组织中，农户家庭是一个非常特殊的组织，它不只担负着人类自身繁衍发展之职能，还兼有经济发展之功效。农户家庭可以说是一个融社会学、人类学、经济学于一体的特殊组织。就其经济学特征而言，这个组织同其他组织一样，追逐经济利润是其发展的重要目标，与一般厂商的功能没有多少差异，它的投资、它的用工以及土地的配置都是以效率最大化为指导。在资源配置上，农户家庭服从效率优化导向原则①，也即服从舒尔茨假

---

① 史清华．农户家庭经济资源利用效率及其配置方向比较［J］．中国农村经济，2000（8）：58-61。

说。我们说农户是理性的也好，说农户是小农也好，大量的数据分析都揭示了农户家庭经济运行与结构变迁都服从这一原则。改革开放后，中国农民家庭经济结构变迁的非农化趋势正是基于这一准则运行的一种结果。需要说明的一点是，单个农家行为与整个农家行为存在不一致性。我们说农家经济演变的趋势，并不是说全部农家都会如此。农家经济运行的非农化趋势就好比"九曲黄河归大海"，中间有很多曲折，有不少黄河水在途中就被蒸发或用掉，归入大海的只是其中一部分。在农户经济的运行过程中，非农化只是处于转型期的中国农户经济的一个重要特征或一条主线，这一特征与家庭的农业特征并存才是中国农户经济的真实写照。

在农户经济结构变迁的过程中，资源的配置与产业的选择完全是与家庭资本储备与产业发展要求相适应的一种结果。产业间资本需求弹性大小是农户家庭选择产业、配置资源的一个重要指示器。弹性较大的产业通常是农民离农过程中的首选产业。有关这一点在我的《农户经济增长与发展研究》（1999）一书中被界定为"农户非农化的资本门槛理论"。

由于农户经济在成长与发展过程中，本身存在着一个资本积累的过程，不同时段的家庭资本积累不同，所以，其发展形态必然千差万别，其经济收入水平也必然有高有低，经济发展过程中的两极化问题由此也就是一种客观问题。这一问题的形成与演变很大程度上是由农户家庭生命周期规律作用的一种结果。我们说在收入分配中，高收入户占据的份额越来越多，而在这一份额背后是他的资本积累也越来越多。由资本积累所带来的收入分配"马太效应"正是形成农户经济发展不平衡性加剧的重要经济学根源。在农户经济发展不平衡性形成的过程中，固然还有很多因素在起作用，诸如自然区位、政策环境等，但在同一区位与同一政策环境下，这一不平衡性的存在与发展很大程度上是其家庭本身固有的生命周期特征的一种反映。农户家庭生命周期反映在家庭组织前期是资源占有的不均衡性，中期是组织管理能力的不一致性，后期则是收入或效用水平的不平衡性。家庭生命周期规律可以说是农户经济运行中继理性行为准则之后的又一重要规律。

就其社会学或人类学特征看，农户家庭组织不同于一般经济组织，由于它担负着人类繁衍这一特殊职能，所以，在以组织整体形式从事经济活动时，家庭内部的分配常常有别于其他经济组织。在资源配置上，不是靠某个人指派，而是靠自觉、自愿。对于单个人的报酬考虑则是非常少的，组织内部每个成员的行为不是以个人效用最大化或利润最大化为准则，而是以家庭整体利润最大化为准则，所以，在整个经济活动中，内部分配很少是"按劳"分配，而更多的是"按需"分配。利他主义是农户经济运行有别于其他经济组织运行的一大重要特征。A. 恰亚诺夫在其《农民经济组织》一书中提到农家不是一个厂商，不能按照一般厂商行为①去分析。这是因为农家经济活动中大量劳动是不计报酬的。事实上，农家行为是融厂商行为于其内的一种特殊行为，作为一个整体，其劳动报酬是要计算的，而在家庭内部则由于利他主义的存在通常不计算，厂商行为可以说是农家行为的一种外在经济特征，而利他主义则是其内在本质。由此，可以将农家组织行为定义为一种融利己行为与利他行为于一体的组织行为。这种外方内圆的组织在经济发展中一般是有较高效率的，但由于代际传承中存在着严重的衔接问题，一般地，"富不过三代"的民谚又经常被世界各地的案例所一再证实。这可能就是制约农户经济做大做强的一种重要因素。

我 的 农 民 观

在农村经济发展研究中，学术界有一种普遍的认知，即农民是愚昧的、落后的，由此也是需要帮助的。从目前看来，这一说法没有错，但也不是十分正确，原因是他的推导——农民由此会出现许多非理性行为——存在错误。在我的分析中，很少能看到这一现象出现。

农民的愚昧是因为他们接受的教育有限，文化上较其他民众低，但并不能说明农民的行为就是非理性的。这好比黄河水未流到大海，就说黄河水不是向着大海流一样。农民的理性视角站位应当是农民本身，而不是观察者。

农民的落后是指农民的收入水平较其他人群低，生活消费不如他人，但农民对中国文化固有特征的理解并不比一般人弱。要知道中国传统文化的根在农村、在农民，而不在城市，"君子爱财，取之有道"是每一户农家父母向子女灌输的第一信条。尽管农民也是历朝历代"造反"的生力军，但农民的反抗很大程度上是被逼迫的。要知道，农民的忍耐程度是所有民众中最出色的。在城乡壁垒森严、收入日趋悬殊、生活反差明显的环境下，农民们依然过着以"乐土"为底色的生活，很少有给政府找麻烦的。倒是我们一些媒体在宣传中时不时地将一些正当申诉的农民说成是"刁民"。

农民需要帮助，也是一种局外人的看法，同时也是在农民长期贡献不求回报的情况下，局外人的一种良心发现。从农民自身角度看，他们需要的不是帮

---

① 厂商行为通常被认为是一种利己行为。

助，而是尊重与信任。只要相信他们、尊重他们，给他们一座泰山，他们都能将其移开。

为了早日改变农村的面貌，政府应当予以农民和其他公民同等的待遇，拆除各种不合理的城乡壁垒，给农民以应有的信任与尊重，就像 80 年代改革初期那样，要相信农民有改变自己家乡面貌与自身生存境况的能力。

2004 年 12 月 2 日于上海闵行好第坊

第三章
把根留住

注：这是一篇写于 21 世纪第一个以"三农"为主题的"中央一号文件"出台之际的短文。曾简要发表在《解放日报》2004 年 8 月 15 日。三年过去了，现在读来感觉依旧有新意。这是因为文中所谈的问题不仅没有得到很好的解决，反而严重恶化。在"振兴三农"的过程中，"三失农民"问题如何解决是摆在我们面前最为现实的问题。实际上，从我们对长三角 15 个村 20 年的变迁分析中也可约略感觉到，农村土地问题依然是当前"三农"问题的核心。基于这一看法，将此文列为《长三角农家行为变迁（1986—2005）》自序二，以与读者共勉。

在我们辞别旧岁、迎来新春之际，一个惊人的消息由新闻媒体传出——为了实现中国的"三农"振兴，阔别我们已有十八个年头的以"三农"为主题的"一号文件"再一次从中央发出。这一惊人的消息使我这位长期致力于农户问题研究的学者感到无比的振奋与激动。要知道，正是 20 世纪 80 年代连续五个以"三农"为主题的"一号文件"出台使得中国有了创造今日之奇迹的可能，也正是这五个"一号文件"的连续推出使得中国有了第二次"农村包围城市"（由农村改革向城市改革推进）的机会。尽管在 80 年代中后期推动中国"三农"问题不断向前的"三农"主题"一号文件"停止下发，但并不意味着这些文件的精神已经过时，正是在这些文件的指导下，在随后的 10 年里，中国农民创造了一个又一个辉煌：还是这些人，还是这些地，农产品供给却由长期短缺走向结构性过剩，农村工业品生产由内销走向国际化（在这一过程中，农民也由"离土不离乡"走向"离土又离乡"）。但也正是这些辉煌使我们忘掉了农

第一篇

我的价值观

业依然是一个弱质产业，依然需要政策保护；农村依然是一个相对落后的区域，依然需要政府扶持；农民依然是一个弱势群体，依然需要各方关怀。各级政府纷纷将经济发展的重心转移到非农上，使"三农"领域"非农化"进入了一个空前阶段。最为引人注目的是"三农"发展的根与基——农地的非农化相当严重。

据统计，自 1996 年农业普查开展以来，中国的耕地规模由 13 003.92 万公顷锐减到 2001 年的 12 708.20 万公顷，年均减少 59.14 万公顷，人均耕地由 1.59 亩减少到 1.48 亩，减少幅度达 6.9%。尽管中国的农业法、土地法、基本农田保护条例等法律、法规早已颁布，但在"一切向钱看"的观念影响下，支撑中国"三农"发展的农地这一根基不断受到侵蚀，各种名目繁多的"开发区"纷纷上马，农民被迫走上"离土又离乡"之路，在占地较为严重的城郊地区，农民的利益被严重剥夺，他们由安居乐业者沦为"失地、失业又失居"的"三失"群体。失地农民问题也逐渐由一个局部问题发展成一个典型的社会问题。在"城市开发"较为活跃的这些年，农村经济由盛转衰，进入一个持续多年的徘徊期。尽管在这一时期，粮食供给一直保持在一个相当高的水平，但受粮食供给结构性过剩所引发的粮食价格持续多年下降与粮食生产根基被侵蚀的影响，2003 年粮价突然间出现大幅反弹，与此同时，粮食供给也显著回落，由历史最高的 5 亿吨突降到 2003 年的 4.3 亿吨。这一结果再次提醒我们，关注农业、关注农村、关注农民是当前乃至未来一段较长时期中国经济发展必须面对的。只有把"根"留住，把"基"夯实，才能为我们的经济发展减少后顾之忧。

2004 年的"中央一号文件"正是看到这一不良势头——在人群中占有绝对权重的中国农民的经济发展步履维艰，"三农"发展的根基被严重侵蚀——首次将农民收入增长作为主题，并且在时隔不到两个月，中央再次对这一文件的具体落实进行细化，出台了"千方百计增产粮食的九项决定"，针对遭到侵蚀的根基下发了《关于尽快恢复撂荒耕地生产的紧急通知》。从新的"一号文件"到具体落实措施，不难看出，本届中央政府对"三农"问题之重视，尽管在新的"一号文件"中并没有对农民地位做出明确说明，但字里行间已充分显示，作为正常的国民，农民的问题也是中国的问题。中国农业问题的真正解决，必须依靠中国农民，也只能依靠中国农民。而要由中国农民来解决中国农业问题，就必须把根留给他们，把基给他们夯实，从法律上，从政策上，为农民排忧解难。

对于如何把农民的根留住、把基夯实，尽管中央最近已出台了不少具体措施，各地也制定了相应的对策，诸如上海的"八个确保"，但最根本的办法只有一个，即尊重农民。要知道，土地是农民的命根子，尽管有 80％ 多的农民认为种地"不划算"，但还有 60％ 的农民的就业是依靠土地来解决。把土地还给农民，使农民真正成为土地的主人，使土地在主人的支配下

活跃起来，各级部门尽量克制自己，将伸向农民土地之手缩回来，严格按照法律程序办事，减少在土地上对农民利益的剥夺。基于基本农地非农化这一客观现实，有关部门在征地过程中应尽量多从农民的角度去想一想，与农民进行必要的沟通，使他们真正了解政府之本意，只有这样才能减少在农地非农化过程中农民心理的严重失衡，才能使千年前宋代大政治家范仲淹先生的愿望——"居庙堂之高则忧其民，处江湖之远则忧其君"——变为现实，也只有这样才能使国家与人民进退无忧。

2004 年 4 月 1 日写于上海闵行好第坊

第四章
农民的福音

2004 年春节，我的学生张改清博士邀我为她即将出版的博士论文《农户投资与农户经济收入增长的关系研究》写序，我欣然同意，但真要动笔时却不知写什么好。说实在话，从改清同学考进浙江大学，到她的论文选题、构思、写作以及最后审阅，我都亲历了，好似半个导师，但更似合作者。改清同学进校后，很快就参与到由我主持的两个国家自然基金项目[①]的整个研究过程中，并积极努力地主持了山西部分的调查与研究。这次书稿的修订本，我也看了，感到作者把要说的都写了，写得也比较好。再就论文说什么似有多余，为此，我想借此机会写一篇《农民的福音》和之，以代序。

农 民 的 梦 想

半个世纪前，天安门城楼上那惊世动人之声——"中国人民从此站起来了"——似惊雷，又似闪电，震撼了世界亿万心灵。一头沉睡了百年的东方雄狮觉醒了。一个皇朝不断更替、文明传承达数千年的东方民族，从此走上一条新的民主之路；一个以农民为大多数、以农业经济为国之命脉、以农业文明为标志，雄踞世界数十世纪的古老国度，从此走上了一条超英赶美的工业振兴之路。尽管在这一征程中，祖祖辈辈面朝黄土背朝天的中国农民，绝大多数时间还依然向国家贡献着"皇粮"与国税，但日子与皇朝统治时有了质的区别。作为共和国的缔造者、"农民老二哥"，中国农民用执着的主人翁精神，不仅亲自参与了整个国家的工业化与城市化过程，同时，还承担着税负之外的高额的工农产品剪刀差。尽管如此，他们依然无怨无悔，为着心中美好的梦，用

---

① "东西部农户经济发展机理及政府管理行为研究"（70173016）和"农村金融体制变革中农户储蓄借贷行为研究"（70141022）。

青春的激情和终生的努力来换取整个国家的工业化发展、城市化推进。这是因为他们将"跳农门"作为自己长远奋斗的目标，将"成为城里人"作为自己永远追求的梦想。

农 民 的 创 举

二十五年前，安徽小岗村一间农家草房里那一群彻夜未眠的农民的举动——18人摁下一纸生死契——似雄心，更似妄为，震惊了全中国。由此，被冠之以"农村改革"名号的一场实践行动就在中国大地上开展了起来。在这场改革中，一个明显的标志就是农民用亲身实践证明着他们的行为是理性的，而政府则用自己的权力在不断地规范着农民的行为以使国家平稳发展。农业发展的实绩与农民收入增长的统计数据证明了农民行为之理性，而中央政府从 1982 年到 1986 年连续出台了五个具有重要历史意义的"一号文件"，留下了规范农民行为的"痕迹"。这场改革中，农民所采用的方式始终如一，而政府所采用的方式则视实际情况在不断调整，从事后总结到事前推动然后又转到事后总结，反映在文件上是编号由数十号到一号，又由一号到二号以及数十号，文件形式也有"决定""通知"，以及后来的"会议纪要"和"部署"等①。在这一改革过程中，中央政府所采用的这些方式从某种角度反映出"三农"问题经历了"受重视—非常

---

① 改革开放以来，中央政府有关农业发展的重要文件：
1979 年 10 月 14 日，《中共中央关于农业和农村工作若干重大问题的决定》；
1980 年 9 月 27 日，中共中央印发《关于进一步加强和完善农业生产责任制的几个问题》的通知；
1982 年 1 月 1 日，中共中央批转《全国农村工作会议纪要》；
1983 年 1 月 2 日，《中共中央关于印发〈当前农村经济政策的若干问题〉的通知》；
1984 年 1 月 1 日，《中共中央关于 1984 年农村工作的通知》；
1985 年 1 月 1 日，《中共中央、国务院关于进一步活跃农村经济工作的十项政策》；
1986 年 1 月 1 日，《中共中央、国务院关于 1986 年农村工作的部署》；
1987 年 1 月 22 日，中共中央政治局《把农村改革引向深入》；
1988 年 11 月 25 日，《中共中央、国务院关于夺取明年农业丰收的决定》；
1989 年 10 月 25 日，《国务院关于大力开展农田水利基本建设的决定》；
1989 年 11 月 27 日，《国务院关于依靠科技进步振兴农业加强农业科技成果推广工作的决定》；
1990 年 2 月 3 日，《国务院关于切实减轻农民负担的通知》；
1990 年 12 月 1 日，《中共中央、国务院关于 1991 年农业和农村工作的通知》；
1991 年 11 月 29 日，《中共中央关于加强农业和农村工作的决定》；
1992 年 9 月 25 日，《国务院关于发展高产优质高效农业的决定》；
1993 年 11 月 5 日，《中共中央、国务院关于当前农业和农村经济发展的若干政策措施》；
1994 年 4 月 10 日，《中共中央、国务院关于 1994 年农业和农村工作的意见》；
1995 年 3 月 11 日，《中共中央、国务院关于做好 1995 年农业和农村工作的意见》；
1998 年 10 月 14 日，《中共中央关于农业和农村工作若干重大问题的决定》；
以上文件参见《中国新时期农村的变革》，中共党史出版社，1998.

受重视—受重视"的反复变迁，同时也反映了常被贴上"愚昧""落后"标签的中国农民，其行动有着很强的合理性。尽管在这场改革中，农民与中央政府均处于"摸着石头过河"的状态，但农民用自身不屈不挠的实践所完成的一个又一个伟大创举无不令世人称颂。随着"家庭联产承包责任制"的成功推行，长期困扰中国政府的亿万人温饱问题，在著名学者莱斯特·布朗的"谁来养活中国?"质疑声中，于90年代中后期由农民用自己的实践给出了满意的答复；乡镇企业的异军突起开创了具有中国特色的农村城市化与乡村工业化之路；农民自发外出寻找就业门路，这一行为尽管被称为"民工潮"，农民也受到这样那样的不公待遇，但始终坚信自己的行动正确的农民，并没有受"城里人"设置的种种壁垒所左右，坚定自己的外出计划，用实际行动为中国的城市带来一片繁荣，同时也为自己回乡重振雄风积累了最微薄也最有用的原始资本。但是，我们也应当看到，在农民在改革中取得一个又一个辉煌成就的同时，改革初期所获取的城乡差异明显缩小的成果，受长期的"二元结构思维"影响，相继被"剥夺"。尽管在1998年的《决定》中，中央对农村改革20年的经验用了四个"必须"①来概括，但恰恰在实际工作中有些方面我们违背了这四个"必须"。在粮食问题得到成功解决的同时，农村税费负担却日益加重，这是造成农民收入持续多年徘徊不前或下降的重要根源。由此，农民负担减轻与收入增长问题，特别是粮食主产区的这一问题就成了新时期中国"三农"问题的焦点所在。

农 民 的 福 音

1998年，中央政府就着手对解决这一问题进行了不懈努力，在全国以试点的形式开展了农村税费改革试验。尽管关于农民税费负担问题的出现并不是在这届政府才有，1984年的"中央一号文件"中已有"制止对农民的不合理摊派，减轻农民额外负担"的提法，1990年国务院还曾专门就此问题发了一个通知，但在上届政府任期内，这一问题达到新中国成立以来最为严重的程度

---

① 《决定》明确指出，农村改革20年的基本经验是："必须承认并充分保障农民的自主权，把调动广大农民的积极性作为制定农村政策的首要出发点；必须发展公有制为主体的多种所有制经济，探索和完善农村公有制的有效实现形式，使生产关系适应生产力发展要求；必须坚持以市场为取向的改革，为农村经济注入新的活力；必须充分尊重农民的首创精神，依靠群众推进改革的伟大事业。"

则毋庸置疑①，由此，媒体对此的关注也格外多。新一届政府上任后，首先需要解决的就是这一问题，在农村"费改税"试点结果在各地褒贬不一的情况下，仍将试行了多年的农村"费改税"政策全面推开，与此同时，一个新的大胆的历史性想法也在中南海开始酝酿。在确立了对农政策必须坚持"多予、少取、放活"六字方针的基础上，新一届政府再次以下发"中央一号文件"的形式开始了新一轮对农业、农村与农民经济发展的扶持。从 2004 年的"一号文件"的主题②可以看出，本届政府把本属于农民自己的事纳入工作日程，这在中国历史上可谓"破天荒"。中央政府之所以如此，是因为对"三农"问题的认识有了质的变化，比较一下 1979 年中央的《决定》③ 与 2004 年的《意见》可以看出，过去我们对"三农"问题的重视重心在"农业"，而今天的重视重心则转到"农民"。农业的发展固然与农民的生活息息相关，但并不等同。如果说过去"三农"政策关心的重点是"结果"的话，那么今天关心的重点则转为"过程"。正是这一转变体现了本届政府对农民的人文关怀。《意见》中对"农民收入上不去"，用了四对"不仅……，而且……"④ 作了精辟阐述，把农民增收放到"政治问题"这一高度来认识。可见，中央政府对农民这位昔日的

① 据国家农调队调查统计，农民人均支出税费在 1985 年为 16.35 元，到 1990 年升至 33.38 元，五年上升了 104.16%，而同期农村人均纯收入仅上升了 58.40%；到 1995 年，税费支出进一步上升至 76.96 元/人，相对 1990 年上升幅度为 130.56%，同期纯收入的增长则达 150.52%；税费支出到 1999 年达到历史高点，人均支出为 99.98 元，较 1995 年上升了 29.91%，而同期纯收入上升了 40.10%。之后在政府与媒体的共同努力下，农民税费支出呈现逐年下降趋势，到 2002 年，税费支出降至 78.70 元/人，相对 1999 年降幅达 21.28%，而同期纯收入则上升了 12.00%。另据全国农村固定观察点统计，在 1986 年，农村人均税费支出为 31.01 元，到 1990 年升至 49.11 元，上升幅度达 58.34%，同期纯收入上升幅度为 63.46%；到 1995 年人均税费支出进一步升至 115.89 元，相对 1995 年上升了 135.99%，同期纯收入上升了 169.95%；到 1997 年人均税费支出达到最高，为 145.90 元，较 1995 年增加了 25.90%，同期纯收入增加了 9.74%。之后呈现逐年下降趋势，到 2000 年，税费支出降到 137.78 元/人，较 1997 年下降了 5.57%，而同期纯收入则上升了 0.63%；到 2003 年，税费支出进一步降至 120.28 元/人，较 2000 年下降了 12.70%，而同期纯收入则上升了 12.73%。

② 2003 年 12 月 31 日，《中共中央、国务院关于促进农民增加收入若干政策的意见》。

③ 《决定》对过去 20 多年中国农业发展的经验与教训总结道："我们一定要长期保持安定团结的政治局面；我们一定要正确地认识和处理农村以及全国范围的阶级斗争，正确地进行农民的社会主义教育，……；我们一定要集中力量抓好农业技术改造，发展农业生产力；我们一定要持续地、稳定地执行党在农村现阶段的各项政策；我们一定要坚定不移地执行以农业为基础的方针；我们一定要正确地、完整地贯彻执行'农林牧副渔同时并举'和'以粮为纲，全面发展，因地制宜，适当集中'的方针；我们对农业的领导，一定要从实际出发，一定要按照自然规律和经济规律办事，按照群众利益办事，一定要坚持民主办社原则，尊重和保护社员群众的民主权利。"

④ 《意见》中写道："农民收入长期上不去，不仅影响农民生活水平提高，而且影响粮食生产和农产品供给；不仅制约农村经济发展，而且制约整个国民经济增长；不仅关系农村社会进步，而且关系全面建设小康社会目标的实现；不仅是重大的经济问题，而且是重大的政治问题。"

"老二哥"在改革中沦为"农民工"这一问题的觉醒。21世纪首个以"三农"为主题的"中央一号文件"让农民感受最深的就是中央政府明确提出"逐步降低农业税税率，2004年农业税率总体上降低1个百分点""为了保护种粮农民利益，要建立农民的直接补贴制度"。2005年的"一号文件"[①] 则进一步指出："扩大农业税免征范围，加大农业税减免力度""继续对种粮农民实行直接补贴"。尽管这份"一号文件"的主题再次转向农业，用了三对"既是……，又是……"[②] 对提高农业综合生产能力的紧迫性进行表述，但与历史上的任何一份农业文件都有质的不同，它与2004年的"一号文件"一脉相承，完全相通，农民问题依然是本文件的核心所在，不过是强调的角度更加全面罢了。用我那已含笑九泉的老父亲的话说[③]："农民种地免皇粮，免国税，还直接拿钱，在我所经历的和听到的历史中从来没有，这真是农民的福音。"中国农民的这一福音，我相信它不会是短期的，目前仅仅是个开始，未来的福音会更多。

农 民 的 回 答

从新世纪以来我对中国农民的问卷调查中可以看出，本届政府的所作所为已基本得到农民认可，特别是时隔18年再次出台的"三农"主题"中央一号文件"，使农民对农业发展的信心有了明显增强。以农民对土地经营的看法为例，当问及"你认为种地划算不划算?"时，在给出答案的样本中：2002年，74.14%的样本回答"不划算"，其中，样本集中的山西和湖北这一比例分别为68.39%和80.95%；2003年，79.70%的样本认为"不划算"，其中，样本集中的山西、河南和湖北这一比例分别为68.24%、89.89%和81.89%。2004年，"三农"主题的"中央一号文件"正式实施后，农民的回答有了质的区别，回答"不划算"的样本明显下降，降到调查以来的最低点，仅为40.38%，其

---

① 2004年12月31日，《中共中央、国务院关于进一步加强农村工作提高农业综合实力若干政策的意见》。

② 《意见》中写道："加强农业基础，繁荣农村经济，必须采取综合措施。当前和今后一个时期，……，提高农业综合生产能力，……。这既是确保国家粮食安全的物质基础，又是促进农民增收的必要条件；既是解决当前农业发展突出矛盾的迫切需要，又是增强农业发展后劲的战略选择；既是推动农村经济发展的重大举措，又是实现农村社会进步的重要保障。"

③ 2004年4月7日，父亲在听完山西省襄垣县组织的中央农村政策进村宣传后一直非常激动，在回家的路上与村民们谈论这新世纪农民之福音时，脚下一滑即走完了他那近80年的人生。隔日从沪返乡的我，看到父亲那面带笑容的遗容，我的心中一下子似乎涌现出一种交感。政府的微小努力就可以使农民获得如此大的满足，即使还未兑现，我这等被父亲称为"公家人"的农民之子，还有什么可奢求的呢? 竭尽全力为中国农民贡献自己那微薄之力即是我最大的追求，也是父亲最大的心愿。

中，样本相对集中的山西、江苏和吉林这一比例分别为 43.58%、36.19% 和 39.06%。再看农民对农政执行的看法，当问及"乡村干部在执行国家土地政策时，有没有曲解政策本意的现象发生？"在给出答案的样本中：2002 年，23.60% 的样本回答"有"，其中，样本集中的山西和湖北这一比例分别为 31.49% 和 13.48%；2003 年，32.36% 的样本认为"有"，其中，样本集中的山西、河南和湖北这一比例分别为 37.14%、43.48% 和 30.76%。2004 年，经过连续 2 年的吏制整顿后，农民的回答有了明显变化，回答"有"的样本占比明显下降，降到调查以来的最低点，仅为 12.91%，其中，样本相对集中的山西、江苏和吉林这一比例分别为 18.99%、8.17% 和 3.54%。

数据的变化从某种角度反映出，长期持续的农民外出就业是一种不得已行为。尽管农民受到诸多歧视，也只能外出，当中央农业政策调整后，基层政府"不作为"之风得到基本整治后，农民回归土地，对土地增加劳动与投资则成为一种必然。农业实力的增强由此也会在不远的将来实现。与此同时，农民的就业心态变化也会对长期依赖廉价劳动力发展的城市产业带来一定的冲击。从目前的媒体报道中可以看出，在中国大地出现多年的"民工潮"已演变成今日的"民工荒"，东南沿海的一些城市，诸如广州、深圳与厦门等，许多企业为民工缺乏大伤脑筋，不少企业高层及政府决策层正在为寻找农民工改变着自己的政策。从中央农业政策的改变，到农民就业心态的变化，再到地方企业政策的修正，充分显示了本届政府的务实精神，也充分体现了他们对占中国人口大多数的农民的尊重。这不由得使我想到宋代大政治家范仲淹先生的政治愿望："居庙堂之高则忧其民，处江湖之远则忧其君。"这难道不正是今天我们农民的期盼与政府的努力方向？新一届政府目前正在全国推进实现的建设和谐有序社会的宏大目标难道能不包括我们的广大农民？请农民们放心，在政府与我们的共同努力下，一个和谐有序的社会正向我们走来。请农民们记住，21 世纪是包括我们在内的全体中国人的福音世纪。

2005 年 4 月 3 日写于上海闵行好第坊

第一篇

我的价值观

第二篇　育人之路

第五章
法眼开启

注：选择这样一个标题，想表达的意思是：这是我按照自己的既定思路，开启博士培养的首个结果。尽管在招收程名望同学时，没有在理论或方法上做过多说明，但心中的想法是有的，比如，看动机，察动力，阅人际，审分数。这也是日后在总结时写的招生序。尽管在之前，我曾在浙江大学做过见习博导，在交通大学也做过副博导，参与过从招生到培养的全过程，但真正以博导身份开始工作时，情形可能完全不是那么回事。作为博导，自己要为自己的行为负责。要实现"一个不掉队，人人成才"的目标，要让自己的育人思路在实践中经得住考验。故名"法眼开启"。结果到底如何，也请读者品评与检验。

答应名望的写序请求后，我就一直在思考，应从哪几个角度来写这篇序？苦思冥想两月有余，也未有个好的头绪。好在两年前对此曾有过一次思考。现顺着这一思考写起。

这本博士论文专著的主题是中国农村劳动力转移机理探索，可在进行研究综述时，大量的外文文献却是人口迁徙。我们不免思考，转移和迁徙二者之间到底是什么关系，其内涵是否一致？

迁徙 VS 转移

从哲学层次上看，迁徙应是一个组织的行为，诸如蜜蜂搬家，在蜂王的带领下整体从甲地向乙地迁徙。人类的迁徙行为似乎与此相似，在家长的带领下举家从甲地移至乙地。在这一过程中，人类的迁徙遵循着这样一个道理："人挪活，树挪死。"为了整个家庭组织生活更加美好，无论是被迫还是主动，无论是因工作调动还是为了寻求工作，其行为都是迁徙。从这个角度来看，迁徙有一种彻底性，尽管有重返故里的可能，但一般来说，重返的频繁程度会很低，这是因为迁徙的成本很高。与此相对，转移似乎是单个人的事，也即单个人的行为。诸如工蜂外出采蜜，整天飞来飞去，但不论飞得多远，其行为的归结点或中心点仍是那个出发点，即家（或蜂窝）。工蜂转移即是以蜂窝为中心，以离窝外出距离为半径的一种圈内移动行为。劳动力转移似乎就属于这种行为。从这个层面上看，劳动力转移行为与迁徙行为不属于一类。

对照现实生活会发现，中国农村劳动力的转移似乎越来越有迁徙之意，但又受各种各样制度的约束，使得这种迁徙呈现一种不彻底性，其行为绝大部分属于一种转移行为。尽管在此过程中，融合了举家迁徙之核，但从制度层面上看，这种转移的不彻底并没有使劳动力的流动形成一种真正的迁徙。尽管有不少劳动力的转移属于举家外出，但居住的临时性与就业的短期性决定了其举家外出也仅仅是一种转移行为而非迁徙行为，顶多算是一种对迁徙行为的补充。

传统的中国，人类的活动既有迁徙行为，也有转移行为，且二者的存在都相对自由，能够满足"人挪活，树挪死"的家庭效益最大化之规律要求。但当时间推进到20世纪中后期，僵硬的城乡户籍制度似乎将迁徙自由之门给堵死了。尽管进入21世纪后，我们也看到不少有关城乡二元户籍管理制度改革的报道，大中城市诸如郑州、石家庄以及重庆①等在户籍改革方面均十分努力地做了工作，成效也不错，但客观的情况是：这些城市没有一个允许进城务工农民无条件入籍，均设有这样那样的门槛，只不过各地入籍门槛

---

① 2010年8月，重庆以推动符合条件的农民工特别是新生代农民工转户进城为突破口，全面启动统筹城乡户籍制度改革。在户籍迁徙政策方面，以农民工就业转户为前提，规定在主城区务工经商满5年或在其他区县城区务工经商满3年的本市籍农民工，可以申请转为城镇居民，其配偶、子女、父母可以随迁，完全畅通了符合条件农民工的户籍迁移通道；在城市待遇政策方面，实施"五件衣服"一步到位，明确规定农民工转户后，同等享受城镇居民在医疗、养老、就业、教育、住房等方面的福利待遇；在农村土地处置利用政策方面，明确规定转户不与承包地、宅基地挂钩；在保留农村权益政策方面，为防止农民工转户"急转身"带来问题，明确转户居民可以继续按规定保留种粮直补、农资综合补贴、良种补贴等各项惠农政策，继续享有集体资产收益分配权，在规定期内继续保留农村生育政策等与农民身份相关的待遇，最大限度地确保转户居民实现平稳过渡。这一系列政策措施，保障了农民市民化之后的权利，体现了统筹城乡发展的综合配套改革理念。

高低有所不同罢了。在户籍改革的研究与实践中，城镇户籍特别是大城市户籍的身份象征，在学者和决策者心中的地位依旧那么坚固，进城农民工被迫过着寄居城市边缘的生活。尽管从职业特性和居住特性来说，进城农民工的确已不是传统意义上的农民，但从归属感角度看，他们依然是户籍所在地的农民，被迫过着"候鸟式"的生活。

"民工潮" VS "民工荒"

在改革开放进程中，农民曾先后尝试运用"离土不离乡"（就地办厂）、"离乡不离土"（外出务农）、"离土又离乡"（外出打工）等多种形式，以单个劳动力转移为核心，努力改善自身生活状况。改革开放之初，运用最多也最为广泛的"离土不离乡"模式，不仅在很大程度上解决了从土地承包责任制中释放出的大量农村劳动力的就业问题，其形成的产值也曾一度占据中国工业产值的半壁江山，但这种模式并没有得到政府长期而有效的（金融）支持。随着国企的改革、"三资"企业的引入，农村乡镇企业的发展明显放缓，在这一情景下，以"离土又离乡"为核心的农民就业模式就成为改革中期的主要模式。随着农民工进城就业不断增多，出现了一波时间长达近 20 年的城市"民工潮"。

任何事情的形成都有明确的原因，"民工潮"的出现也不例外。显然，农村恶劣的生存环境是形成"民工潮"的重要根源。但随着政府对农村发展的再一次重视以及 21 世纪新农政的实施，在中国沿海存在了近 20 年的"民工潮"突然退去，随之出现的是一种政府和企业都不愿意看到的"民工荒"局面。这到底是怎么了？难道说一项新农政出台就把农村原本恶劣的生存环境改善了？从我们目前掌握的情况来看，这方面的原因的确是核心，但更为重要的是，在城市打拼了近 20 年的农民工"青春"已不再，但之后的生活却因身份问题始终得不到保障，20 年的辛苦换来的多是"竹篮打水一场空"。在此情形下，那些希望到城市实现梦想的农民工重新回到自己的生身故地。显然，农民工放弃城市生活，并不是他们原来出去时就有的打算，实在是城市不给力的结果。事实上，农民对此也没有什么办法，但他们很快又找到发挥自己长处的就业门路，到城市郊区或山野从事自己最为擅长的农业。在大都市上海的郊区，农田基本都是由外来农民承包经营。尽管他们在经营时得不到政府的任何补贴，还要向农地使用权拥有者交纳数额不菲的租金，但这些外来农民依旧快乐地经营着，这是因为他们在大都市郊区开展农业经营依旧较在家乡开展经营要划算得多。

　　2012年9月我有幸应邀到西藏农牧学院讲学，利用空闲到林芝八一镇周边的山寨做了一段时间的走访，发现林芝大山里有不少来自内地的农民①从事山地藏香猪、藏鸡以及牛马的饲养活动。在与他们的交谈中，我看到了一种新的远离城市郊区的农民就业模式，即"离乡不离土"模式。尽管他们的居住与生活条件十分简陋，但从他们脸上流露出的微笑可以看出，这样的生活方式还是比较幸福的。只是由于户籍管理，他们不属于当地人，政府公共产品的阳光未能照到他们。例如，通往他们住地的交通就十分不便。看到此情景，我在想，农村劳动力转移的出路到底在哪儿？一个人烟稀少的大山都能把农民夫妇吸引来，而且一住十多年，他们抛家别子到底为了什么？农业经营到底有没有出路？他们这样在大山里经营生猪散养算不算一种就业？当地政府对他们的行为到底如何看待？从他们的经营绩效中，我看到了在大山中致富的希望，只是这种希望如何进一步推广实现，就需要政府组织力量加以研究。

劳动力转移：梦与行

　　从程名望的博士论文名：中国农村剩余劳动力转移：机理、动因和障

---

　　① 在林芝八一镇的大山里我访问了一户来自四川资阳的杨姓农民。在驻守林芝的家乡子弟兵的引荐下，杨先生携妻子来到人烟稀少的西藏林芝，在八一镇章麦村的大山下一住就是10余年。他与妻子共同经营着一个藏香猪场，生猪存栏规模达3 000余头，年出栏量在1 000余头。这里的生猪像野猪一样满山跑，属于一种典型的散养模式。他们在租赁场地建了一些猪舍，只需每天晚上给猪槽添些饲料，这些猪就会回到猪舍，这样猪的走失率就大大下降。据杨先生讲，一头中等大小的藏香猪价值在800元左右，他们夫妇一年的净收入在10万元左右。

碍——一个理论框架与实证分析，可以看出，这是一个非常具有挑战性的主题，也是一个能够充分展示其才华的主题。论文运用局部均衡、一般均衡、静态均衡、动态均衡等现代经济学分析模式，从新古典主义方法、结构主义方法和行为主义方法三个视角，构建了中国农村劳动力转移的一般理论模型，并对此进行了实证研究。在分析中，名望采用经济学较为前沿的动态递归和博弈论等理论与方法对所构建的模型进行了实证，使内生增长思想、劳动力转移机理、农村经济发展模式有机地联系在一起，不仅揭示了从"民工潮"到"民工荒"农村劳动力转移动力变迁的内在机理，更从政策层面提出了农村劳动力转移对未来农业增长与发展带来的挑战。论文的创新性非常突出，具体表现在：一是对中国农村剩余劳动力转移最基本问题的回答，即农村剩余劳动力转移的基本机理是市场经济的资源（要素）配置原理，根本动因是城乡收入差距，根本障碍则是人力资本积累的缺乏和制度制约；二是对中国农村劳动力转移机理、动因与障碍的理论体系创新性构建；三是对新家庭经济学思路的采用与验证。名望同学的这些努力不仅将中国农村劳动力转移的理论研究大大向前推进了一步，更从实证角度对中国农村劳动力转移的政策制定提供了可资借鉴的理论基础。论文的学术价值正是基于他的努力才得以体现，同时社会对其努力也予以良好的回应。以该论文核心内容为基础的《中国农村劳动力转移动因与障碍的一种解释》一文，发表在国内经济学顶尖期刊《经济研究》（2006 年第 4 期）。论文发表后受到国内学者的重视，其转载引用频度达到 154 次（2006—2012 年），年均达到 22 次。论文也于 2008 年获得国内农业经济学最高奖"中国农村发展研究（论文）奖"（别名"杜润生奖"）。同年，程名望同学的博士论文被评为上海市优秀博士论文。

尽管程名望同学的博士论文写作非常成功，但也不乏这样那样的不足。比

如，我这次在西藏大山中看到的"离乡不离土"的创业农民，他们的转移机理或动力是什么？基于这种模式，政府的政策引导着眼点应放在哪儿？再如，我开篇谈到的迁徙与转移主题，到底农民在哪种方式下更能实现家庭效用最大化，哪种方式更对他们有利？基于此，政策的变动应从哪个方向入手？等等，这些可能是本论文需要进一步完善的地方。

当然，不足的完善与论文的出版是两回事。不足的完善需要一段很长的时间，是一个没完没了的过程，而论文的出版则是一个很短暂的过程。在论文即将出版之际，作为导师，我首先向程名望同学表示祝贺，其次当极力向读者推荐该书。程名望同学的这本博士论文专著是国内近年来研究中国农村劳动力转移问题不可多得的一部学术专著，质量优，品位高，可作为高等院校教师、硕博研究生以及政府相关部门人员的重要参考书籍。最后欢迎读者对本书提出中肯的建议或有益的意见。

2012 年 9 月于西藏林芝

再 读 感 想

今天（2021 年 9 月 30 日）在翻看自己写的东西时，看到了 10 年前我为弟子程名望博士写的一篇书序。再次读来，感觉好陌生，不知这些想法是怎么生出来的，似有点认不得自己了。老了！自然规律，不能不服。从署名视角看，这篇书序应不是我为他人写的首篇，在浙江大学做见习博导时，协带的弟子张改清，其博士论文《农户投资与农户经济收入增长的关系研究》出版时，书序就是由我写的，只不过那篇序，不是专门针对作品本身，而是用了一篇我写的文章《农民的福音》代之，故在作品名后加有"代序"二字。针对作品专门用心写的书序，程名望的《中国农村剩余劳动力转移：机理、动因与障碍——一个理论框架与实证分析》之书序当是第一篇，且写于我支教西藏之时。也许正是这个特定的时间与地点，让我的灵感有了升华。今天读来依旧有新鲜感，故特地放在公众号"SJTU 华村一家"，选择国庆佳

节来展示我们的努力。同时与更多的朋友分享！谢谢！

此书在学位论文答辩完长达 5 年之后才着手编辑出版，故也融入了不少此间的想法。由此也让这一作品在出版两年后就有一个意外收获：2014 年荣获上海市第十二届哲学社会科学优秀成果一等奖。在此，祝贺弟子为"华村一家"增光添彩！

（发布于"SJTU 华村一家"公众号）

第二篇

育人之路

第六章
老王卖瓜

在我的鼓励下，晋洪涛同学的博士论文《理性与效率：农户粮食生产行为研究》①就要出版了，出版社的一校清样已放在案头，再一次阅后似乎较学位申请之时多了一种沉甸甸的感觉。尽管清样到来与学位申请时间相隔也就半年，也似乎有一种久别之新鲜感。细细想来这一感觉可能与其师兄程名望博士的论文《中国农村剩余劳动力转移：机理、动因与障碍——一个理论框架与实证分析》（2012）刚刚出版有关。

"卖个瓜"

程名望同学是我在上海交通大学独立带的首位博士研究生，毕业已五年有余，在我一再催促下终于决定将论文编辑出版。由于论文出版与他赴美访学的时间重叠，作为导师的我便主动承担了论文出版的最后审阅工作，五年前的论文在今日读来仍有新鲜感，仍有时代味，足见给其颁发优秀学位论文的上海市教委之慧眼识珠。由此，再次审阅晋洪涛同学的论文，有新鲜感也就感觉顺理

---

① 晋洪涛在我在交大带的博士中，入门排序第三，分类排序则属在职首位。对于在职博士，通常的理解，应是"有想法，想做事，但需要充电"的学者。现实却开了一个大玩笑，在职博士最终演变为"混文凭"的代名词，故此类博士招生被多数学校陆续关闭。我在交大累计招收了三位在职博士（晋洪涛、彭小辉和张锐），效果非常好，前两位都在攻读博士期间实现了国家项目主持零的突破，并在获得博士学位前实现了华丽转身——破格晋升副教授。从晋、彭两位在职博士攻读经历中可以约略感知，在职博士，行或不行，不是博士生本身的问题，而是导师选材的问题。制度固然有漏洞，但属于可控漏洞，最终演变为关闭招生实乃行政不作为或乱作为的问题。资质一般的晋洪涛通过自己的努力，在诸多不可能的情况下，认真听取导师意见，不断挑战自我而实现了逆袭。博士期间先后成功申请到国家社科基金（10CGL048）和国家自科基金（U1204707）各一项，并协助导师完成两部重要专著《中国农家行为研究》（2009）和《中国农村文化市场发展研究》（2012）的设计与编撰、开启"华村一家"专著品牌化建设。《理性与效率：农户粮食生产行为研究》（2013）一书就是拥有"华村一家"品牌Logo的首部作品。此书也是"华村一家"品牌专著中首部获奖专著，2014年先后获河南省教育厅人文社科优秀成果特等奖、河南省哲学社会科学优秀成果二等奖。

成章。也许学者们会说，你这是"老王卖瓜"，对的，的确是在"卖瓜"。至于这个瓜到底是好还是坏，需要您来真诚品味。因为对任何一位学者来说，都有自己的视角、自己的站位，视角不同、站位不同，自然对专著的品评结果也会不一样。到底老史我卖的瓜如何，真诚邀请您给出评价。在这里先替弟子们表达感谢！

平 常 且 重 要

就选题看，晋洪涛同学的论文选题是最受农经学者关注、也最为常见的问题。有关中国农民营粮行为，不仅今天的国人关注，过去的国人也非常关注；不仅学者们关注，决策者更关注。要知道粮食问题事关一个国家或地区民众的生存与安定，特别是在中国这样一个人口大国，粮食的自给化程度实在是决策者最为头痛的大事。由此，营粮农民的行为或动机到底如何，不仅是决策者最想知道的信息，也是在决策中最为有用的信息。真正要把此问题搞清、写明，就具有巨大的挑战性。关于理性与效率问题，国内外学者都在探讨，并留下诸多经典供世人研读。尽管在这些经典中有直接针对农民行为的研究，诸如恰亚诺夫（А. В. чаянов）、舒尔茨（Theodore W. Schultz）、黄宗智、斯科特（James C. Scott）、波普金（Samuel L. Popkin）等的研究，也有间接针对农民行为的研究，诸如西蒙（Herbert A. Simon）、贝克尔（Gray S. Becker）、萨缪尔森（Paul A. Samuelson）、阿罗（Kenneth J. Arrow）等的研究，有直接从经济学角度出发的研究，也有从社会学、历史学角度出发的研究。上述学者中有多位是诺贝尔经济学奖的获得者，可见，研究水平之高，研究难度之大，想进一步拓展的空间之窄。

迎　接　挑　战

　　从晋洪涛同学的资质①来看，选择这一主题极具挑战性。最具挑战性的就是梳理浩如烟海的文献。能对有关农民行为的理性论述进行全面细致梳理本身就十分困难，更不用说还要对此进行高度评述。基于此，我对洪涛同学的博士论文能否做出明显创新，说心里话，未持太乐观的预期。事实上，也是因自己的经济学功底实在太薄弱②，对这一领域了解也实在太有限，不敢过高奢望。但实践的结果却让我有意外惊喜，印证了俗语——"功夫不负有心人"，只要自己铁了心要做的事，没有做不成的。对一个人来说，天资聪颖的确很重要，但这也只能为他的成功贡献1%，事实上一个勤勤恳恳、脚踏实地、心无旁骛的人，其成功的99%来自勤奋。洪涛同学正是站位正确、勤奋有加，才在诸多前辈的肩上创出了一片天地。尽管他的论文创新不在农民行为理性与效率的理论方面，而在实证应用方面，但也足以说明，他在这方面是下了一定功夫的，有了一定积累的。对此，我是心知肚明的。

切　入　点

　　从他进校后编写第一篇"博弈论"课程习作《中国征地制度：现有缺陷与改革方向——基于讨价还价博弈的分析》开始，我就再三与他讲，论文写作是一个典型的"修楼房"过程，其间如何配置各个部件，都有一定的内在逻辑规律。文献综述就是要把前人在你选择的研究领域所做的努力用一定的方式表达出来，既要找到它们之间的内在逻辑关系，也要找出它们的矛盾与不足，从而为自己在这方面的开拓留出空间。在该文中，他谈到了纳什（John F. Nash）

---

　　① 在招博士生时，他的分数排名第六，没有任何优势，本科和研究生就读于河南农业大学农经专业，其学校在国内排名中等，竞争力有限，他本人年龄也偏大，同样在学弟学妹间没有优势，正常情况不会进入导师的视野。可偏偏遇到了性格偏执的我，在选材中关注点与他人不同，考分高低、背景如何固然重要，但考研动机与志向更重要。我要的是做事业的研究生，对研究感兴趣，有沉得下心、耐得住寂寞、吃得了苦头之准备，洪涛同学在面试时将这一特点表现得淋漓尽致，在10多位报考我的研究生中脱颖而出。尽管在做决定时，我有过担心，参与面试的同事也给予了提示，但我最后还是选择了"赌一把"。

　　② 确切地说，我没有上过经济学课。在大学，尽管我读的是农业经济管理专业，但所开设课程中只有一门简化了的"社会主义农业经济"；到研究生期间，尽管中国社会的开放程度有所提高，我们农经专业的学生开始接触经济学，但读的也仅是简编的《西方经济学》，原汁原味的《经济学》从来没有读过。当然，从教后有机会读，但也因这事那事，很少系统地读。

对讨价还价博弈模型的贡献，也谈到了罗宾斯坦（Mark Rubinstein）对讨价还价博弈模型的贡献，但感觉二人之间显然缺乏一个过渡的桥梁。在修订论文的过程中，我提出如何过渡，是谁帮助过渡的问题。洪涛同学经过查阅大量文献，发现斯塔尔（Ingolf Ståhl）[①] 正是这一桥梁。从此，洪涛同学对文献间的逻辑关系开始了关注，找到了文献阅读中的奥妙与乐趣。也正是这一习作帮助他打开了完成博士学位论文的大门。尽管这篇学术论文的完成与发表相距三年有余，多次被主编拿下，但在我的支持与鼓励下，该文经过不断完善，最终被国内农经学科最好的期刊——《中国农村经济》刊载[②]。

认 识 家 乡

尽管之后，洪涛同学的博士论文选题偏离了农村土地制度，但这一研究为他成功申报国家社会科学基金"制度变迁和程序公平视角的征地制度改革研究"（10CGL048）奠定了坚实基础。说实在话，他的论文选题由最初的农村土地制度，确切地说是农村征地制度转向农民营粮行为，一个重要的原因就是几篇关于农村征地制度的文章迟迟得不到主编的认可，未能发表，受此影响他决定改题，此选择乃是一种逃避或妥协，当然，也是我支持或说纵容的结果。不过，我也有自己的想法，一个来自中国人口大省河南的学生，应当以探讨自己最熟悉的家乡问题为核心。而对于洪涛来说，最熟悉的问题莫过于他家乡的农村生产与农民生活，加之他选择的是在职攻博，这更有利于走进家乡农村，了解农民生产与生活。作为农业经济专业的学生，与自己家乡农民生活有关、也与国家社会稳定有关的主题，顺理成章地就成为其博士论文选题的首选。河南是中国人口第一大省，同时也是中国粮食生产第一大省[③]，在有限的农地资

---

① 由于斯塔尔的论文是用瑞典文写的，而不是用大伙熟悉的英文写的，故引述此文的人非常少，晋洪涛差不多花了半年时间才找到。从用时可以看出，他对于回复导师的疑问是那么的执着，也是那么的认真，从来不应付对待。这也是我在选材时最看中他的一点。

② 发表时，编辑部又给出了中肯的修改意见，经过修改与完善，最终以"谈判权、程序公平与征地制度改革"为题，发表在《中国农村经济》2010年第12期。

③ 据2010年人口普查，河南户籍人口高达1.04亿，占全国总人口的7.80%，较处于第二位的山东份额高出0.66个百分点。与2000年相比，其人口份额尽管下降了0.07个百分点，但第一的地位依然保持着。据国家统计数据，2010年河南全省粮食总产量5 437.10万吨，占全国粮食总产量的9.95%，较处于第二位的黑龙江份额高出0.78个百分点。与2000年相比，其粮食产量份额上升了1.08个百分点，这一上升使其勉强保住自己的第一位置，但2011—2012年被异军突起的黑龙江超越，沦为老二。这一超越是否意味着小规模家庭粮食经营模式将被大规模农场经营模式取代？家庭小规模经营模式在效率方面是否出了问题？它的营粮动机是否发生了改变？这些问题值得进一步探索。

源支撑下，依靠一家一户典型的小农经营模式，不仅成功地解决了一亿人的生活问题，同时还将部分粮食输送给邻省，为国家的粮食安全做出应有贡献。对河南农民的行为从深层次上进行探讨，不仅是一个农经学人应当做的，更是中国决策者需要做的。若能以河南为例把中原农民的粮食生产行为搞清楚，那对中国粮食生产与安全的决策贡献将是巨大的。这比探讨农村征地制度的意义不知要大多少。这也是我带研究生以来梦想要做的事，借洪涛同学之手来完成自己的梦想也是我的一个最好的选择。

梦 魇 不 再

说实在话，一想到河南，便想起冯小刚拍的电影《一九四二》，能将一亿人养活的河南，为何在 70 年前连三千万河南人都养活不了？延津县的逃荒惨景一直停留在我心中，久久不能散去。改革开放后，河南人口一天天增多，由改革初（1982）的 7 000 万升到目前（2010）的 1 个亿，按照常理判断，河南人的灾难会更多，可实践的结果是他们的生活质量不仅没有下降，反而由温饱跨进小康，这一奇迹难道不正是一个河南学生最应当探讨的问题？除此之外，随着国家工业化与城市化的推进，人地矛盾本来就十分紧张的河南这一形势会越来越趋紧，基于这一情形，河南还能在把本省民众的生存与生活问题解决好的同时，对邻省做出贡献，就此展开博士论文探讨就是很好的。当然，关注河南这个中国第一大粮仓，还有一个特别意义，那就是尝试解答一家一户的中国传统农业发展模式到底还有没有出路？还有多大出路？能否继续支撑中国朝前走？

付 诸 行 动

洪涛同学的选题确定正是考虑了这些问题，从自己最熟悉的家乡河南入手，在文献梳理与理论分析的基础上，运用河南 16 村 1 000 户 1986—2008 年国家农村固定跟踪观察的农村与农家资料，来验证自己的判断。

假说提出。论文从农民理性问题分析开始，通过文献综述，首先创新性地构建了一个新的分析框架：家庭经济周期理性模型，进而提出了"农业外部兼业度与农户收入水平之间呈倒 U 形关系"和"农业内部兼业度与农户收入水平之间呈负相关关系"两个假设。按照收入水平将农户家庭发展周期划分为贫困、温饱、小康、富裕四个阶段，并将各阶段农户的理性表现分别确定为生存理性、生活理性、收入理性和经济理性，在此基础上对不同理性表现下农户的行为目标和特征进行深入细致的讨论。运用典型调查研究发现：现金收入最大化成为当前农户家庭的行为目标。在现金收入最大化目标下，农户粮食生产目标已从产量最大化转向"自给型"生产——满足家庭口粮所需即可，家庭粮食安全也由自我防范转向市场保障。

验证假说。接着从新古典经济学和新家庭经济学视角，在对农户粮食和消费行为之间的制约关系进行理论分析的同时，运用河南观察户典型面板数据，对农户家庭粮食生产和消费行为进行了联立考察。发现：农户粮食生产和消费行为之间存在一定的关联性；农户的粮食生产决策可以独立并先于消费决策进行，劳动和粮食相对价格变化会明显影响农户粮食生产和消费决策；追求现金收入最大化的农户在大幅减少粮食生产的劳动投入，之所以实现了粮食的稳产增产，主要是依靠技术进步下的单产水平提高；受收入水平提高的影响，在恩格尔定律作用下农户的口粮消费出现大幅下降；农户将家庭粮食安全由自我防范推向市场保障，家庭粮食收支平衡已经趋向脆弱。

随后又从家庭劳动力分配角度研究了农户粮食生产行为。发现：在当前"男性外出务工、女性留守在家"的新家庭分工模式下，女性正在越来越多地承担起家庭农业生产劳动；随着农业生产率的提高，女性支配时间的自由度显著增大，而劳动和粮食相对价格的变化直接影响到农户家庭以及妇女的时间配置；农户劳动力资源配置的非农化呈现加剧态势。

最后从农户粮食生产效率视角对"小农户是否更有效率"的命题做了实证。结果表明：小农户在粮食种植上依旧有效率，只不过种植规模不同，效率有差异，种植规模对小麦、玉米和水稻三大粮食作物的生产效率均有显著影响，但方向并不一致。这一结果意味着，政府在制定粮食政策时必须要有针对性，针对不同粮食作物实施分类指导。

给出建议。作者的分析，对中国政府在传统农区制定粮食发展政策是具有建设性意义的。他论文的政策建议可以确证此观点：第一，农民的经济行为是理性的，政府在制定粮食政策时要充分尊重农民意愿，相信农民的智慧；第二，在当前由温饱向小康过渡的阶段，农民的行为理性表现为现金收入最大化，政府制定粮食政策时必须考虑农民的致富愿望；第三，由于粮食相对价格的下降，在现金收入最大化理性指导下的农户开始将家庭粮食安全由自我防范推向市场保障，"自给化"成为当前农户粮食生产的基本特征，以劳动力配置为代表的农户家庭资源配置表现出典型的非农化趋势；第四，农户粮食生产目标和政府粮食安全目标并不完全一致，对于不同地区、不同规模农户而言，实现政府粮食安全目标的土地生产率与实现农民增收目标的劳动生产率、成本利润率之间可能存在冲突，政府在制定粮食政策时需要实施分类指导。

阅 后 之 感

通过再次审读一校书稿，可以肯定地说，晋洪涛同学的论文不仅在思维方式上给我们带来了创新，更在研究方式上将农户研究推向了一个新的高度。记得我在给学生们上课时曾讲道："不是我们的农民不行、不能与不会，而是缺乏让他们行、让他们能、让他们会的各种环境。""要相信他们，也只有相信他们，我们的农业才有出路，我们的农村才会改善，我们的农民才能富裕。"改革开放初期的实践也证明了这一点。

事实上，不管做什么，我们都要事先对所做的事有所思、有所想。政策的目标是提高农业综合实力，而能使目标实现的唯有农民。即使科技水平很高，离开农民照样不行。教育的目标是提高学生的悟性，教师再有能耐，如果不能把学生的悟性开通，即使再聪明的学生也做不出像样的

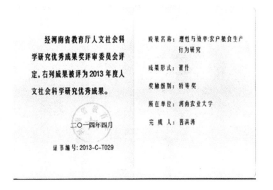

论文。晋洪涛同学作为"华村一家"团队的成员，尽管资质不是最优，但通过"勤能补拙"的信念与实践完成了这样一篇博士论文，作为导师的我非常满意，在论文即将付梓出版之时，借此书序，我衷心地祝贺他，愿他的未来更加辉煌、前程更加光明。当然，此文也非十全十美，还存在着许多不足，希望读者不吝赐教。要知道，你们的建议恰是我们前进的动力与方向。

2013 年 3 月 15 日写于上海交通大学闵行校区

第七章
教育之魂

进入 2015 年以来，自己什么事也不想做，整个人一直处在一种迷迷糊糊、晕晕沉沉的精神状态之中。睡梦中多少次想好要做的事，醒来后坐到办公室电脑前似乎又思路全无，一点要写作的感觉或欲望都没有。答应好的或计划好的事，一推再推，以至于看到相关朋友来电都有点怕了，不敢面对。当然，这也许是人到中年的一种反应。细细想来，这种现象不是今年才发生，似乎已有三年之多，只不过今年尤其严重罢了。我也时不时问自己："你到底怎么了？病了？还是怎么？"作为一名教师，美其名曰：教书育人，可自己的

表现是什么？怎么才能对得起"教师"这个称号？我也经常这样自问来提醒自己，可还是没有多少用。说起来头头是道，可要动笔写似乎一点思绪都没有。是啊！作为一名来自大山里的学子，能走到今天，坐在上海交通大学教授这个位置，有多少同辈羡慕，可我吃过的苦又有谁知？苦归苦，但事情还得做，"躲得过初一，躲不过十五"，答应的就要努力完成。本书的序，我想从以下几方面谈起：教育之魂、博士培养与论文写作，最后加一点说明。

教育之魂：人之悟性提升

一个社会要发展，就离不开教育。这是由教育的本质决定的。我们知道，一个人来到这个世上，并不是一个真正社会意义上的人，它仅仅是一个"人胚子"或生物学意义上的人，要成为一个真正社会意义上的人，需要经历一个漫长的社会化过程。从这个角度看，我们必须有一个"做人的过程"，这也许就是我们常说的"做人"之来历。记得我在给大学生们讲述社会学时，第一句话便是："**同学们，你们是人吗？**"顿时整个课堂鸦雀无声，同学们都不知老师今天怎么了，用怀疑的、不可思议的、甚至愤恨的眼光盯着我，仿佛心里在问："怎么第一堂课，老师开口就骂人？"的确，这句话有骂人之嫌疑，但真的不是

第二篇

育人之路

37

在骂人，我也不能这么做。一位堂堂的国内名校教授，开口就骂人成何体统，这样的教师交通大学能容下吗？我的原意是想借用这句话，把社会学要讲的核心道理讲出来。客观上，这句话也起到了这个作用。那么，社会学到底在讲述什么，它和这句话有什么关系？围绕这一问题展开了我的社会学讲述。

我们清楚，任何学科都有它的基本假设，社会学也一样，它的基本假设就是**"人类行为由社会和社会环境所塑"**。从这个假设出发，社会学讲述了一个关于"人类社会和社会互动"的故事。学习社会学最大的好处就是帮助我们超越"将社会视为一个整体的观念——即认为社会成员、构成该社会的群体和机构以及改变社会的力量均享有共同价值观念"的想法。在社会学中有一重要章节即人的"社会化"①，即如何做人或如何成为人。在人的社会化方面，家庭的作用意义重大，是人的社会化之起点或说重要场所，教育的作用功不可没，是人的社会化完善并升华之重要途径。事实上，社会化也是家庭和教育等主要社会设置的功能之一②。在读中学时，记得有一篇古文，荀子写的，名曰"劝学"，开篇就讲道："君子曰：学不可以已。"什么意思？难道学习真的是不能停止吗？是的，随着阅历的提升，对这句话的理解会有一种升华，人的学习真的是不能停止的，也停不下来。作为一个生物意义上的人的学习似乎可以停止，但如果想要成为一个社会意义上的人，那学习真的是不可能停止的。这句话客观地道出了一个人在"社会化"过程中所应遵循的基本规律：**终身学习**。将荀子的话译成白话即"活到老，学到老"，译成英语即"Old and Learn"。

学习既然是一个终身问题，辅助学习的主要社会设置——教育，当也是一个长久问题。尽管我们知道教育在人的行为塑造上作用有限，远比家庭要弱得多，但也是仅次于家庭的一个重要社会设置③。教育工作做得如何，不仅关乎一个社会能否有序运行，还涉及一个社会能否进步与变革。尽管从社会学的视角看，教育的主要功能是教人遵章守序，也即守成，但也有一个重要功能是教人创新或革新。特别是今日正在大学攻读学位或已完成学业走上社会的学子，担负引领社会创新之责任应是他们接受教育的主要动机。但事实是这样吗？从

---

① 社会学给出的社会化定义：一个人获得自己的人格和学会参与社会或群体的方法的社会互动过程。参见戴维·波普诺. 社会学［M］. 李强，等，译. 第 10 版. 中国人民大学出版社，1999.

② 按照社会学功能主义的观点，家庭担负的主要功能有社会化、情感支持与彼此伴侣、性规则以及经济合作等；教育担负的主要功能有社会化、社会控制、筛选和分配、对外来人员的同化以及社会革新与变迁等。参见戴维·波普诺. 社会学［M］. 李强，等，译. 第 10 版. 中国人民大学出版社，1999.

③ 不记得在哪里看到过一种说法，即一个人的行为塑造：70%～75%来自家庭，15%～20%来自教育，还有 5%～10%来自社会。

媒体报道中获知的一些"奇葩"现象看，显然不是。比如让李克强总理恼火的一件事："证明我妈是我妈"。一位公民外出旅游填自己母亲为紧急联络人，却被要求证明他和他母亲是母子关系，这要求实现起来看似简单，实则不易，这一典型的行政刁难案例，让人哭笑不得。对媒体报道的这些事，我有时会同情，有时也会愤恨，但更多的感觉是对今日教育工作的不到位的一种悲哀。一些混乱的社会管理现象让我们这些教育工作者不得不对今日之教育进行反思。特别是对大学教育进行反思。

　　我深知自己的身份：一位普通的教育工作者。从走进大学门，站上讲台那一刻起，我就在思考大学教育。也许受原来的职业①影响，我形成了严谨科学的研究思维，在面对"有教无类"的教育工作时，需要从理念和行动上做出调整与适应。正是基于这一判断，我从大学生班主任做起，通过带班去体会当今本科生的思想，同时也将"真爱、公平与担当"等一些重要理念潜移默化地灌输给每一位学生。通过给本科生上课展示自己独特的"态度＋勤奋与努力＋团结合作"教学法，让同学们充分感知"四我"②精神之重要；通过担任博导，一对一地培养博士研究生，来充分展示圣人的教育理念"有教无类"③。

　　我每次在首节课堂上为学生讲授"做人与做学问"时，都会放出绝话：**"天下没有差的学生，只有不合格的教师。"**尽管我的这一说法遭到不少人的反对或不认同，但我在认真践行着，践行效果截至目前应当说是通得过的，确切地说，是"非常优秀的"。何以如此，自我感觉，在教书育人中，需要认真理解和把握圣人的"有教无类"之精神。俗话说得好："十年树木，百年树人。"人才培养这一"百年"工程，岂能用目前教育界通行的标准化法完成？尽管大伙儿都知道，"因材施教"是圣人之教育理念的最好体现，但在实践中又逆行之，更谈不上什么教育之魂——"悟性提升"了。当然，谁都知道，要想通过教育提升一个人的悟性是相当难的，也正因为相当难，故才有"百年树人"之说。我不能说自己有多高的悟性，但在培养学生方面，我始终坚持把学生"悟性提升"作为自己的首要职责。如何践行，最简单的做法就是用大量时间与学

---

　　① 在成为大学教师之前，我在研究所从事科研工作长达12年。2001年底正式成为交通大学的教师，曾对自己的前途存在很大担忧。一是自己的普通话不过关，担心教学效果不良被赶下讲台；二是我有自己的教育理念，担心找不到教育空间把自己的理念传递出去。

　　② "我行、我会、我能、我在努力"，这是我最认同的学习理念，故传授给同学们。

　　③ 参见拙作《中国农家行为研究》（中国农业出版社，2009）之附录："我的三十年"之"为人师表"。

生展开交流或辩论。因为我相信一句话：**"灯越拨越亮，理越辩越明。"**从我的感知看，学生在校期间写不好论文，一个很重要原因就是与人就问题交流不够或辩论不足。尽管这样的学生或许也能够钻教育之漏洞侥幸拿到毕业证书，但在走进社会、进入职场后，特别是进入管理部门后，他们所制定出的"规制"，在施行中能不让人哭笑不得才怪，比如前述让李克强总理恼火的"证明我妈是我妈"事件。依我看，闹出此等笑话，一个重要的原因就是教育理念出了问题，把教育之魂给丢了。试想圣人在教育其弟子时，敢于判定"三八二十三"① 是对的，而今日还有多少教师会这么教导学生？

教育，一个担负着人类社会团结、和谐、稳定与进步的社会设置，从常理看，其运作理应回到本质：顺应人类成长规律，启迪人的悟性。为此，我建议应当对担负教育设置运行职责的教育制度从保障人的受教与培育两个方面着手进行校正，去掉教育制度中不合常理的部分，加强教育活动中启迪人之悟性的部分。让教育之魂回归到中华大地，让中华子民享受拥有中华特色的，且有益

---

① 颜回爱学习，德性又好，是孔子的得意门生。一天，颜回去街上办事，见一家布店前围满了人，上前一问，才知道是买布的跟卖布的发生了纠纷。只听买布的大嚷大叫："三八就是二十三，你为啥要我二十四个钱？"颜回走到买布的跟前，施一礼说："这位大哥，三八是二十四，怎么会是二十三呢？是你算错了，不要吵啦。"买布的仍不服气，指着颜回的鼻子说："谁请你出来评理的？你算老几？要评理只有找孔夫子，错与不错只有他说了算！走，咱找他评理去！"颜回说："好。孔夫子若评你错了怎么办？"买布的说："评我错了我把头给你。你错了呢？"颜回说："评我错了我就把帽子输给你。"二人打着赌，找到了孔子。孔子问明情况，对颜回笑笑说："三八就是二十三呐！颜回，你输啦，把冠取下来给人家吧！"颜回从来不跟老师斗嘴，他听孔子评他错了，就老老实实摘下帽子，交给了买布的。那人接过帽子，得意地走了。对孔子的评判，颜回表面上绝对服从，心里却想不通。他认为孔子已老糊涂，便不想再跟孔子学习了。第二天，颜回就借故说家中有事，要请假回去。孔子明白颜回的心事，也不挑破，点头准了他的假。临行前，颜回去跟孔子告别。孔子要他办完事即返回，并嘱咐他两句话："千年古树莫存身，杀人不明勿动手。"颜回应声："记住了。"便动身往家走。路上，突然风起云涌，电闪雷鸣，眼看要下大雨。颜回钻进路边一棵大树的空树干里，想避避雨。他猛然记起孔子"千年古树莫存身"的话，心想，师徒一场，再听他一次话吧，急忙从空树干中走了出来。他刚离开不远，一个炸雷，就把那棵古树劈个粉碎。颜回大吃一惊：老师的第一句话应验啦！难道我还会杀人吗？颜回赶到家，已是深夜。他不想惊动家人，就用随身佩带的宝剑，拨开了妻子住室的门闩。颜回到床前一摸，啊呀呀，南头睡个人，北头睡个人！他怒从心头起，举剑正要砍，又想起孔子的第二句话"杀人不明勿动手"。他点灯一看，床上一头睡的是妻子，一头睡的是妹妹。次日，颜回返了回去，见了孔子便跪下说："老师，您那两句话，救了我、我妻和我妹妹三个人呐！您事前怎么会知道要发生的事呢？"孔子把颜回扶起来说："昨天天气燥热，估计会有雷雨，因而就提醒你'千年古树莫存身'。你又是带着气走的，身上还佩戴着宝剑，因而我告诫你'杀人不明勿动手'。"颜回躬身说："老师料事如神，学生十分敬佩！"孔子又开导颜回说："我知道你请假回家是假的，实则以为我老糊涂了，不愿再跟我学习了。你想想：我说三八二十三是对的，你输了，不过输个冠；我若说三八二十四是对的，他输了，那可是一条人命啊！你说冠重要还是人命重要？"颜回恍然大悟，"噗通"跪在孔子面前，说："老师重大义而轻小是小非，学生还以为老师因年高而欠清醒呢。学生惭愧！"从这以后，孔子无论去到哪里，颜回再没离开过他。——从网络搜来。

人类社会化的启迪与升华教育。把中华之地的大学真正办成世人羡慕的、有教无类的，以方块字和汉语言为主体的，特色鲜明且丰富多彩的，国际一流大学。

博士培养：兴趣发掘

说到博士培养，严格地说，我也是一个"门外汉"。尽管自己已拥有博士学位，并晋升为教授，但自觉离一名真正的博士①还差得很远。所以，从 2001 年博士后出站选择进入高校做教师那天起，我就把与学生们一块儿学习作为自己的工作定位。2003 年我的博士生导师资格审查通过，正式成为国内著名高校上海交通大学安泰管理学院②最年轻的博导。尽管当时自己也有些许高兴，但更多感受到的是压力和责任。如何才能实现将一名自愿跟我学习的学子带出来、使其成为"训练有素的专业学者"的目标是当时摆在我面前最迫切需要解决的问题。确切地说，我对这一目标感觉也并不十分清晰，看似简单的几个汉字，可能包含的内容远非几个汉字能表达。由此，只能根据自己读博士时的一点体会去悟。我自感，训练出一名合格的博士，需要从两个方面着手，一是选材，二是育才。对于选材，我主要从三点考察。一是攻博动机，成为一名博士的良好动机应是想在某一领域或行当有所建树，并把博士学业作为自己未来的事业来看待，同时有付诸行动的可能；二是专业兴趣，成为一名博士，良好的兴趣和十足的动力当是完成博士学业的必要条件；三是自身悟性，即对问题的认识如何，能否提出自己独到的看法，也即能否不"人云亦云"。至于考试分数与本科出身这两个当今博导们最为看重的条件，我反倒考虑得较少。这是因为，我始终相信唐朝韩愈先生在《马说》中写的一句话："世有伯乐，然后有千里马。千里马常有，而伯乐不常有。"作为一名博士生导师，能否培养出"训练有素的专业学者"，最为关键的不在学生优秀与否，而在自己能否识别优秀，能否点拨优秀，我坚信："没有差的学生，只有不合格的教师。"故在实践中，认真践行着自己的信念。从 2000 年在浙江大学协助黄祖辉、和丕禅、袁飞以及贾生华等几位先生带博士，到 2002 年到上海交通大学与顾海英女士合作带博士③，这短短三年的经历让我体验到做一名博导的艰辛与责任之重大，

---

① 按照现代博士标准，一名合格的博士应是"一位训练有素的专业学者"。
② 2006 年更名为"安泰经济与管理学院"。
③ 赵德余，2004 年毕业于上海交通大学，获管理学博士学位。现为复旦大学社会发展与公共政策学院教授。

同时也摸索了一些经验、找到了一些窍门。2003 年我正式挂牌招收博士研究生时，选材的理念正如前述，从动机、兴趣到悟性三个方面对当年报考我的数位学子进行筛选。本科就读于山东烟台大学，硕士毕业于广西大学，考博笔试总分差 2 分及格的学子程名望进入了我的视野。的确，从出身看，本硕非常一般，从成绩看，要招只能破格，但我看重的前三条完全具备，故大胆地招了进来。2004 年秋，程名望同学如期报到，从而开启了我独立担当博导的新征程。在博士生培养上，一改博导们"把项目研究与博士生培养直接挂钩"的方式，我把尊重并发掘学生兴趣作为核心手段，通过与学生多次互动，寻找他的博士论文主题。程名望同学的博士论文选题"中国农村剩余劳动力转移：机理，动因与障碍——一个理论框架与实证分析"就是在多次讨论后形成。这篇论文与我主持的三个国家级项目①并不相关，但却是一篇非常优秀的博士学位论文。此文为交通大学文科发展、为我的博士培养增了不少光、添了不少彩②。徐翠萍同学作为我在交通大学直接招收的第二位博士研究生，晚其师兄一年进校。论资质，本硕均为浙江大学，优；论专业，本硕皆非农经，弱。但经过面谈，发现她攻博动机足，对农经学科兴趣浓，个人悟性也非常高，遂录取之。在培养方式上，我依旧采用与培养其师兄一致的方式，即不与课题挂钩的兴趣发掘法。她的博士论文选题"中国农户收入、生产行为与技术效率研究——基于税费改革背景下的实证"同样是经过多次讨论的结果。与我主持的五个国家项目③之完成没有直接关系，但同样是一篇水平非常高的学位论文，徐翠萍挟其师兄之势，以"巾帼不让须眉"之勇气，再为交通大学文科发展、再为我的博士培养增光、添彩④。其后毕业的四位师弟，晋洪涛、俞宁、盖庆恩以及彭小辉，无论是课程训练、项目申报书撰写与申报、学术论文撰写与发表，还是学

① 国家自然科学基金"农村金融体制变革中农户储蓄借贷行为研究"（70141022）和"东西部农户经济发展机理及政府管理行为研究"（70173016，后评"优"）；国家社会科学基金"农村税费改革与农户经济增长研究"（03BJY061）。

② 程名望同学的博士论文于 2008 年获评"上海市优秀博士论文"，填补了交通大学文科论文在上海滩"无优"之空白。这篇论文 2012 年出版后，于 2014 年获得上海市哲学社会科学优秀成果（著作类）一等奖。他本人 2007 年毕业后到同济大学管理学院工作，经过 7 年努力，于 2014 年成功晋升教授，2015 年获得上海市东方学者称号（上海市特聘教授）。

③ 前面三个加上：国家自然科学基金"农民生产风险态度的假说与实证：基于实验经济学的视角"（70673065，后评"优"）；国家社会科学基金"中国农村文化市场演变与未来引导研究"（07BG49，后评"优"）。

④ 徐翠萍同学的博士论文于 2013 年获评"上海市优秀博士论文"，为交通大学文科第二位获得此殊荣的学者，同年参与全国"百优"博士论文评比，最后获国优提名，这一荣誉同样填补了交通大学文科论文在全国百优论文评选中"无优"之空白。

位论文选题、研究到最后成文，都做得非常出色，个个优秀。史家门下弟子不仅依靠自身努力为交通大学农经学科做出应有的贡献，同时也助力我在博士生培养上探索出一条良好路径，即"土鳖学子成才之路"①。

徐翠萍同学的这篇博士论文之所以能够走出强手如林的交通大学，进入国家百篇优秀博士论文评审，成功晋级市优论文②是前提，但真正使其突破交通大学"工科""医科"强势印象的还是其师兄程名望同学在上海市优秀博士论文评审中为交通大学文科做出的突破性贡献。尽管最后徐翠萍同学的论文仅获得百优提名③，也是交通大学文科发展的历史突破。

说到这篇优秀的论文，最好还是介绍一下她的成长。自进入交通大学攻博以来，徐翠萍同学非常刻苦用功。由于当时我的家庭情况有特殊性④，她及其他几位师妹还帮助我做了不少包括带孩子在内的杂事，对此我特别感激。2007年我们团队写了一部《长三角农家行为变迁（1986—2005）》（简称《长三角》）书稿，在出版前，我交给她一个任务：将书稿中的核心部分整理成小论文进行发表。此时的她在美国普度大学农业经济系王红老师处做访问学者。小徐对我的交代非常用

———————

① 从我这里毕业的博士，除一人到企业从事研究工作外，其他全部就职于高校。可以说绝大多数是"训练有素的专业学者"。赵德余，2004年毕业，复旦大学教授；张跃华，2006年毕业，浙江大学副教授；程名望，2007年毕业，同济大学教授；徐翠萍，2010年毕业，（美）Dillards公司商业研究员；晋洪涛，2012年毕业，河南农业大学副教授；俞宁，2012年毕业，（美）EMORY大学助理教授；盖庆恩，2013年毕业，上海财经大学助理研究员；彭小辉，2014年毕业，南京师范大学副教授。

② 2013年交通大学在上海市的优秀博士论文评审中，文科方面的论文有两篇成功晋级，作者均为安泰经济与管理学院的学生，一篇是农经组由史清华老师带的徐翠萍同学的《中国农户收入、生产行为与技术效率研究——基于税费改革背景下的实证》，另一篇是金融组由吴冲锋老师带的徐维东同学的《多维风险视角下的期权定价和资产配置研究》。

③ 事后，从有关方面获悉，全国"百优"博士论文在小学科间实行配给制，2013年的农业经济管理学科最高也就是一个"提名"。若早知如此，我一定要优先推荐另一位安泰优秀博士。2013年全国百优博士论文提名，共273篇，其中农业经济管理学科有3篇，作者分别是东北农业大学的王颜齐（编号：2013094，导师：郭翔宇）、上海交通大学的徐翠萍（编号：2013117，导师：史清华）、南京农业大学的黄惠春（编号：2013151，导师：褚保金）。

④ 我的结发之妻张美荣女士于2005年不幸因病去世。

心，不到半年时间就整理出 5 篇小论文，分别发表在《中国人口科学》（2007.06）、《华南农业大学学报（社会科学版）》（2007.06）、《管理世界》（2007.07）、《农业技术经济》（2008.08）、《农业经济问题》（2008.03），但之后再没有结果，使我有 10 篇左右论文可以整理出来的希望未能实现，她没有解释，我也没有问。随后进行的 Email 交流与讨论完全转到她的博士论文主题上。尽管之前，我们也有过关于她的博士论文选题的交流与讨论，但都未能实现聚焦主题，在 5 篇论文整理完后，她的博士论文选题就基本确立，焦点大体聚在"中国农村税费改革政策微观绩效评估"上。现在回过头来看，显然，她的这一选题与小论文整理有着直接的关系。尽管在我的《长三角》书稿中也有"经济收入增长与税费负担"（第四章）这样一章，但她硬是"视而不见"，抑或受此启发，没有去继续整理，而是转到对整个农村税费改革政策的关注与思考上。她以"长三角"农家行为变迁为出发点，以全国农家行为变迁为背景，结合"华村一家"团队的数据资料，逐渐向"大三角"晋浙鲁三省农家行为变迁聚焦。论文最初也没有考虑冲优，只是她和我，以及美国普度大学的王红老师均对此主题感兴趣。顺着兴趣，结合在美国访问的条件，以英文直接完成了两篇高质量的学术论文，分别发表在 *The Chinese Economy*（2009 vol. 7）和 *Journal of Agriculture Economics*（2012 vol. 2）。与此同时，也用中文完成了一篇高质量的学术论文，发表在《中国农村经济》（2009.02）。这三篇论文构成了徐翠萍同学的博士论文《中国农户收入、生产行为与技术效率研究——基于税费改革背景下的实证》的核心。

论文以中国农村税费改革为历史背景，重点研究了农业政策对农户的收入增长和生产行为决策的影响。研究首先定量分析税费负担与区域、家庭经营类型、非农化程度、文化类型和社会地位等农户表观变量之间的关系，进而运用政策形成理论构建了年度个体双向固定效应模型，并实证研究了农村税费改革与农户收入增长关系。

论文最突出的创新点：以农户作为微观经济单元，基于大规模农户调查的面板数据构建固定效应模型，从微观角度来评价农村税费政策的效应；利用山西、浙江、山东三省 28 个村连续 11 年（1995—2005 年）的固定观察点面板数据对税费改革与农户收入增长的关系进行实证分析。运用两阶段工具变量研究方法，证明税费改革确实促进农户收入增长，且模型分析表明农户生产投入行为也随之调整，并具有显著的地域特征。

整篇论文行文非常规范，聚焦也非常明显，尽管主题很小，宽度有限，但有足够深度，为未来其他农经博士研究生的论文选题提供了方向。尽管徐翠萍同学由于工作和地域关系，不再从事农业经济与管理研究领域工作，没有职称晋升和职务提拔之压力，但我们还是选择出版，理由就在此。

事实上，这篇论文还有一个很大的创新，即对扭曲制度的校正效应予以充分证明。随着中国改革开放时间加长，中国社会出现了重大转型，已由传统的农业社会转向工业社会，农业税这一古老的税种，早在20世纪80年代中后期就应当调整，政府却迟迟未有动作。中国农村的改革开放，的确是农民用双脚的行动推着政府进行的，这是一种无奈的结果，农民的行动仅仅是为了一个简单的目标："吃饱肚子。"为此，他们把不应承诺的风险都承担下来。从"交够国家的，留足集体的，剩下都是自己的"的承诺，可以充分看到中国农民之伟大。新中国成立以来，农民日日都在期盼农村改革。从终结"三年困难时期"的1961年中央出台的《农村人民公社工作条例（草案）》（简称《农业六十条》）算起，持续了16年之久才稍有起色，而真正的改革是20年后的1982年中央批转《全国农村工作会议纪要》（中发〔1982〕1号）。《纪要》的核心内容包括：进一步放宽农村政策，肯定"双包"（包产到户、包干到户）制。现在想来，为了吃饱肚子的农村改革，对当时的农民来说，可能想得没有那么多，而对政府来说，则不是那么简单。改革的奇迹就是由没有多想的农民缔造的，他们成功地兑现了自己的诺言，说实在话，对于缴皇粮纳国税，只要在能交出的情况下，中国农民从来就没有失信过，但让农民没有想到的是"二道税"，即各种名目繁多的"费"的泛滥。在1984年后，随着集体经营体制的全面削弱，农民负担与日俱增，种粮积极性大大减弱，结果：粮食总产量由历史最高1999年的5.08亿吨降至2003年的4.31亿吨。农民的行动引发了中央政府的高度关注，在20世纪末开启了"中国农村的第三次改革"。这次改革始于1998年，在持续了大约5年的局部试点基础上，到2003年有了重大起色，"费改税"进入全面试行阶段，又过了2年，即2005年冬，全国人大常委会正式宣布：自2006年1月1日起废止农业税条例。这一宣布也标志着一个旧时代的结束与一个新时代的到来，即中国正式由传统的农业国时代进入工业国时代，一个在中国大地上存在了2 600多年的古老税种就此终结。

署名：一个特别说明

按照我自己一贯之认识，博士论文属于研究生们在博士期间自己所创造的一项独创性成果。故在出版时，通常的作者署名也只有博士生一人。事实上，我在对待自己的博士论文出版时，就持这种看法，同时也得到我的导师、中国农业大学教授郑大豪先生的理解与认同。郑先生还亲自为我的首部作品《农户经济增长与发展研究》作序。自此，我在成为博士生导师后，也依葫芦画瓢、师规徒随①。在我指导的博士生要出版其博士论文时，由我来作序，学生作为独立创作人署名。我的首个交通大学独带弟子程名望同学的博士论文《中国农村剩余劳动力转移：机理，动因与障碍——一个理论框架与实证分析》出版时是这样安排的。第三个独带弟子晋洪涛同学的博士论文《理性与效率：农户粮食生产行为研究》出版时同样是这样安排的。我的认识水平一直停留在这个阶段，在此期间还发生了一件至今让我记忆犹新的事②。我身边的一位同事，其博士论文要出版时，导师给予了经济支持，她考虑再三，决定参照其他同学的做法，将导师放在署名第二位。我听说后直接将电话打到她导师那里，并用我的理由"成功"地阻止了此事的发生。是的，从论著署名顺序来看，通常导师作为第二署名人，并没有抢取学生的首署权，但我还是认为不妥，原因有二：一是博士论文是授予在此领域做出独创性贡献者，导师不在其列；二是导师作为第二署名人，说明其水平不及学生。我的这一认识一直维持了很久。直到2014年的一天，我与交通大学安泰经济与管理学院李垣院长③交谈，说到当下博士论文出版署名之"不正常"现象，李老师给了一个至今都很让我心悦诚服的说法，即"双产权"概念。他从多个视角对博士论文的性质予以界定，认为："博士论文不同于一般作品，拥有典型的双产权特性，产权人为学生与导师。"就我的话题，还给予反推："若按照你的理解，在博士论文'出事'后，担负责任的应当是学生，与导师无关；可现实是，一旦'出事'，导师负有不可推卸的连带责任，严重地还包括学校在内，也要承担相应责任。"真也是这样，日本就有一位学子因发表的一篇学术论文涉嫌造假，不仅直接导致其导师之一自杀、导师之二宣布辞职，同时还引发了人们对其4年前所获博士学位的怀疑，直至学校正式宣布取消其博士学位。从这一连串的事件中可以看出，在博士论文的生产过程中，导师的意义和价值所在，单纯地将博士论文看成是学生自己的独创作品，显然不够严谨，特别是涉及科学研究方面的论文，更是如

---

① 原词是"萧规曹随"，自己略加改造。

② 这也可以说是我认识提升后至今感觉惭愧的事。

③ 要知道，李垣教授，今日上海交通大学安泰经济与管理学院执行院长，可是我心中的才俊。他不仅曾是西安交通大学管理学院一位"年轻的老院长"，更是国家杰出青年，长江学者。我们相识早在20世纪他还是西交的学者之时。今天和他共事，也算自己"三生有幸"。与李老师的辩论总让我的认知有一种提升之感。为此，特别感谢李垣老师。

此。但是，真要是把导师名放在出版了的"博士论文"之封面，我总感觉怪怪的，导师排第二似乎也不太好，也不是自己期望。但基于徐翠萍同学毕业后赴美工作，也基于李垣院长的教导，我同意以第二署名保全学校产权，与弟子翠萍"合作"出版。

2015 年 11 月 30 日写于上海交通大学闵行校区

第二篇

育人之路

第八章
自然之理

我的博士研究生彭小辉同学的论文《制度变迁及其绩效：中国农家行为研究》就要出版了，邀我为其写序。我欣然同意。到底写什么呢？一时没有想好！偶然一天再次翻看他的论文，看到其选题由来时，我灵机一动，有了借此机会把多年来给同学们讲述的一个制度变迁的故事再现成文字的冲动。事实上，这一想法早就有，但万事说起来容易，做起来难。当真要去做，可能要出一身汗了。不管怎样，既然答应了小辉同学，就一定要付诸行动了！

制度变迁之故事

制度变迁，说起来似乎谁都知道，可为什么要变迁，变迁朝着哪个方向走，则很少有人去思考。因为大伙儿都有一个观念在作怪：制度变迁是领导的事，是由领导来决定的，自己只是被动接受而已。事实真是这样吗？我看不尽然。自己的切身体会：你、我以及领导都是这个变迁中的主角，对自己有利的，谁都不想变，对自己不利的，谁都期望变。你、我、领导，都是一样的心态。每一项制度出台，都有它的初心，都有它的约束条件，当初心或某一个条件出现变化，必然会引发人们对制度变迁的思考。当然，在此时，一般人只能思考，真正决定制度变迁的权力的确在领导，但领导却不是万能的，你看到的和他看到的，应是无差异的，真正能让大多数人接受的变迁方式之答案，在你那里、在领导那里均是没有的。特别是在领导那里，若有，领导去推动制度变迁的速度比谁都快。所以从这个角度看，制度变迁需要在实践中去不断探索，由此，实践也就成为制度变迁的根本动力。为了把这个过程讲清楚，我借助"猎人与猎狗"的故事将制度变迁进行了推演，你可从中窥视到问题的由来以及其中之奥秘。

（一）起点："和谐"社会

丛林法则，不仅是自然界生物的一条重要生存法则[①]，同时也是一种自然制度，正因为有了它，整个自然界才得以有序运转。世上的生物无奇不有，水生的、陆生的、两栖的，哺乳的、卵生的、混生的[②]（如鸭嘴兽），喜光的、耐阴的、厌光的，等等，只要你能想到的，自然界中应有尽有。这些生物基于丛林法则构成一条完整的食物链，每种生物各有天敌。自然界中物种的消亡尽管可能与其天敌有关，但很少能证明天敌是其消亡的根本，更多的可能是来自自然环境的巨变。特别地，当生物界中一个强大的物种——人类诞生后，这个社会的变迁方向将与传统的自然和谐社会的变迁方向出现重大偏差。丛林法则、天敌规则，可能在人类的干扰下，发生重大转变。尽管围绕社会变迁的自然制度还依旧存在着，但在对社会变迁有着重要影响的人类行为[③]干预下，整个生物社会秩序将随之作出调整。当然，这一调整从全局看属于局部调整，但千万别小看这一调整，正是这个局部变化使得我们的社会生存环境中潜藏着未知的风险。

（二）冲动：听者有心

猎人与猎狗的故事开篇是这样讲的：

一天，一只猎狗在追赶一只兔子，一直追了很久也没有追上。别的动物看到此情景，讥笑猎狗说："你们两个之间，个头小的反而跑得快。"

猎狗答曰："你们不知道，我俩跑的目标是完全不同的，我仅仅是为了一顿饭，它却是为了性命！"

动物们的对话被猎人听到了。猎人在想：猎狗说得对啊，我要是想得到更

[①] 记得有一次，我去蒙牛公司参观，墙上一幅字画让我久久思索。这幅字画讲的是动物界中狮子和羚羊的半步生存法。羚羊要想实现良好生存，只需要保证自己奔跑速度比最快的狮子快半步即可；而狮子要想实现良好生存，需要保证自己的奔跑速度比最慢的羚羊快半步才行。二者都是为了生存，两个半步就意味着两条命，多么可怕，又多么现实。我们人类难道不也是生存在"半步"之内？牛根生先生的这一动物生存观，不正好诠释了人类无论做什么，"半步"努力之重要。

[②] 大自然真的很神奇。我的一位有心的非记名研究生马银坡同学，在校对时竟然帮我找到了一种混生动物：鸭嘴兽，这种动物属于卵生动物，类似龟蛇，但它却是哺乳动物，尽管雌鸭嘴兽无乳头，但有乳腺导管。马银坡同学的这一努力，让我的原稿"可能还有混生的"直接简写为"混生的"。特别感谢！

[③] 其实人类的行为，在最初与自然界其他生物的行为无异，人类仅是生物链上的一个环节，行动目标也只限于生存与发展。随着人类认知的提升，对生存风险掌控能力的提高，财富观念的产生与加强，整个生物界的主宰似乎发生了变化，至少在丛林法则面前，人类让自己的处境发生了重大改变。

多的猎物，还得想想办法。

我们可以把这个故事开篇的场景简化为一个生物社会的开始。在这个社会中，有三类生物，一类是猎狗的主宰者——猎人，一类是忠诚的执行者——猎狗，还有一类是自由自在者——野兔。为了谋生，猎人和猎狗拥有共同的目标：狩猎野兔。在最初的社会中，野兔仅仅是猎人和猎狗的食材；猎兔标准，以填饱肚子为边界，够吃就行；食材部位的分配主从有别，猎人要食兔肉，猎狗仅食骨头，彼此无异议。显然，在这个社会中，无论是主宰者、执行者，还是被猎者，在多数时间都是"和谐"相处的。只有在狩猎时，才会发生一些短暂骚动。这也就意味着，三类生物的数量配置遵循着金字塔式的食物链规则。

在故事开篇，动物间的对话与我们日常的对话当说无异。但猎狗的回答确实值得深思。动机不同，出发点不一，结果的差异不说自明。个头比猎狗要小得多的兔子，在竞跑中能够超越猎狗，一个重要原因：动机之差所引发的动能之差。猎狗：为了一顿饭，很可能不用拼尽全力；野兔：为了一条命，却必须用尽十二分力量。由此可见，在面对工作、面对事业时，态度是多么重要。态度端正了，能力问题就好解决。通常，态度是第一位的，能力是第二位的，没有良好的态度保证，能力再强也枉然。对此，作为博导，我在带研究生时深有体会。从招生（人才发现），到训练（人才培养），到结业（人才兑现），我的工作重点在调整学生态度上，差不多80％的精力投于此。事实上，一个单位，一个企业，甚至一个社会，良好运转的根本也来自民众的态度，我们把这一态度的集合形象地称为单位文化，或单位风气，再宏观一点，也可称为社会文化或社会风气。领导的重要职责就是引领风气。

对于动物间的这一对话，一般很少有在意者。可是，一旦在意了，也即进入"说者无意，听者有心"的状态，特别当这个听者还是这个社会的管理者时，那么这个社会就可能发生制度变革。当社会制度变革到一定程度，自然地就进入了一个新的层次，也即社会变迁。我们的故事就从主宰者猎人的思考开始。

（三）应对：做者有意

正常的"和谐"生物社会，所有的生物与其天敌之间的关系基本遵循着食物链配置规则，天敌对其食材的猎取也通常以"填饱肚子"为边界，很少会发生灭绝式的采集或狩猎，恰恰相反，采用的是保护式采集或狩猎法①。也许它们深知平衡术，也许是大自然的安排，食材生物与其天敌之间的发展始终保持着一种生态平衡②。大自然的奥妙也就在这里。但是当这一自然生态中某一物种——如人类——出现变异，自然物种的发展就不只是它们自身的事了，很可能成为人类这一超越性物种的事。此时，自然生态平衡就可能出现失衡或再平衡。我们的猎人与猎狗的故事第二部分就从这里开始。

故事中的猎人，听了动物间的对话而深思的结果是：率先修正自己的生存与发展目标，不再以"肚子的满足"为边界，转而以"兔子多多"为追求目标。故作出如下举动：

猎人加强猎狗的繁育与培训，增加猎狗的数量，并给猎狗规定："凡是在打猎中捉到兔子的，就可得到几根骨头，捉不到的没有吃的。"

猎人的这招果然有效，猎狗们纷纷努力去捉兔子，因为谁都不愿意没有骨头吃。但是过了一段时间，猎人发现：猎狗捉到的兔子个头越来越小。

原本和谐运转的自然世界，在猎人的这一深思及行动之后，开始出现变动。为了实现"兔子多多"的新目标，猎人扩大了猎狗的规模，并在猎狗间引入竞争机制③，实行"捉到有吃，捉不到无吃"的奖惩制度（这里称 0 - 1 分配制度）④，以期实现目标。正常理解，应当会有效果，也会实现目标，但这

---

① 最典型的老鹰抓小鸡的故事似乎人尽皆知，但其描述的场景，有一定农村生活经验的人，都会感觉与现实不吻合。一般地，老鹰在选择目标时，很少将母鸡与小鸡母子作为首选对象，而是将已脱离母鸡独立生活，但还未达到其父母之健壮水平的青年鸡作为首选对象。老鹰的这种捕猎选择，也许是忌惮母鸡不顾一切的护雏行为，也许是大自然的一种安排，是一种保护性的狩猎行为。我倾向于后者。

② 看过《动物世界》的人们，都会对老鹰与老鼠的育儿方式之差异有所关注：老鹰一窝通常繁育不止一只小鹰，但最终成活的只有一只，其他都被同胞啄死，而母鹰却对此视而不见；老鼠一窝也通常不止一只，他们在母鼠的细心关照下，首尾相衔，共同成长，基本每只都成长起来了。对此，我们不能简单地说老鹰没有"人性"，而老鼠有"人性"，而只能认定这是他们的生存与发展规则。

③ 对于这种机制，正面看可称作"激励"机制，负面看则可称为"惩罚"机制。至于属于激励还是惩罚，纯粹是"仁者见仁，智者见智"。但有一点需要明确，机制设定者的初衷，到底是想给猎狗以真诚奖励，还是恶意惩罚猎狗？机制设定初衷很重要，这是判定机制性质的关键。

④ 对于这一制度，在多子女家庭中长大的我深有体会。记得在上小学阶段，母亲为了给家务劳作增加帮手，减轻大人在家庭活计中的压力，要求几个半大的男孩，放学后必须出去打猪草，每人一笾筐。明确规定："没有完成者不能吃饭。"老实的大哥从来都是把笾筐中的猪草用脚踩了又踩，收获实实在在的一笾筐，而我，一个淘气的小弟，却相反，用架子支空，只装虚虚的一笾筐。尽管也"骗"到了饭，但现在想来，没有大哥的实在，我是难以混得饱饭的。故在此，真诚地向大哥说一声："谢谢您！"当然，妈妈并非看不到，只是不去揭穿罢了，我的行动尽管与结果不合，但"行"可能是妈妈最想要的，大哥的"实"助力妈妈放过了我。在此，也向故去 20 年的母亲说一声："对不起，儿子实在不应'骗'您。"

一效果到底能否持续，可能还没有进入猎人思考的范围。事实也印证了我们的判断。猎人的这一改革，最初效果明显，与自己的期望一致。但是，所猎得的兔子个头越来越小，这一结果实非猎人改革的初衷，也是猎人没有预料到的。显然，这一结果是新制度运行中出现的一种衍生品。

熟能生巧，不只人类中有此现象，一些动物中也存在这一现象。故事中的猎狗就是如此。在一次次捕猎实践中，尽管猎狗们每次都会有新体会，每次都会有新发现，但在传统的和谐生存制度中，很少有猎狗会把见识或体会运用到实践中，也很少有猎狗去传播自己的见识或体会。但在 0 - 1 分配制度下，为了应对生存竞争，一些聪明的猎狗自然会把捕猎经验升华，并运用到实践中，其他猎狗慢慢地仿效，进而形成共识，专门去捕猎小兔子。猎狗们的有意为之，让猎人的目标"兔子多多"，出现了数量与质量的分歧，数量多多的目标如愿实现，但个头变小却不如人意，这实在是制度设计之先天缺陷所致[①]。

故事中猎人的这一招变革，相对和谐社会来说，可能引发至少三个变化。一是社会形态的变化，0 - 1 分配制度的引入，让蒙昧的自然和谐社会，进入了有追求且必须有追求的奴隶社会；二是原有的生物稳态格局被打破，猎狗配比增多，在短期内生态将出现局部失衡或再平衡；三是经验提升加速，从长远看，表面看来忠诚有余而智慧不足的猎狗，却在新制度运行中积累了捕猎经验，并广泛传播，让随机捕猎行为升华为一种选择性捕猎行为，专门针对小兔子的捕猎行为对兔子的原有生态形成冲击，进而使其种群出现失衡或再平衡。从这三个变化中可以看出，猎人的改革之喜，持续时间并不长，0 - 1 分配制度的缺陷让猎人不得不进行再一次思考。但是如何修补制度缺陷，答案可能不在猎人脑子中，而在有意钻制度漏洞的猎狗中。要想实现"兔子多多"（数量和质量双高）的目标，猎人必须走进猎狗生活中，去寻找引发这一新问题的根源，从而修正制度。

（四）补漏：按劳分配

在现实生活中，分配制度的确是一项非常重要的制度，从某种程度看，可以说是竞争社会中最重要的制度。猎人的改革，也可以说是顶层设计，由于对

[①] 这让我想到，在我读研时，学校并未明确规定研究生毕业必须发几篇论文，只是要求学生的学位论文质量必须合格，那时的学生今天看来，很少有不会写论文者，且不少是著作等身的学术大牛。可今天，学校对研究生毕业有明确规定，必须在某一级别的刊物上发几篇论文才能毕业，不少学校出现研究生论文抄袭与剽窃的现象，这不仅涉及学生本人，更影响学校整个研究生群体以及学校的声誉。但这仅仅是学生的问题吗？制度有没有改进的空间？值得我们这些教育工作者深思！

猎狗的认知静态化，致使结果与初衷在实践中出现偏差，猎人不得不到产生问题的猎狗中去寻找改革的答案，为第二次改革做准备。

猎人与猎狗的故事第三部分就从猎人到猎狗中调研说起。

猎人问："你们为何捉到的兔子越来越小？"

猎狗说："捉一只大兔子非常费力，而捉一只小兔子则相对容易。捉到的兔子，无论大小，得到的骨头没有区别，我们为什么要费那么大力气去捉大兔子呢？"

猎人想想，也是，猎狗说得对呀！经过思考后，猎人对骨头分配方案做了修改，根据其捉到的兔子重量给予其不同数量的骨头。

实行新的分配制度后，猎狗们捉到的兔子数量与重量均有明显变化，不仅兔子数量增加了，兔子的个头也增大了，猎人好开心。

但过了一段时间，问题又出现了，猎狗们捉到的兔子数量又下来了。猎人发现越有经验的猎狗（讲课时也称"Clever Dog"）捉到的兔子数量下降得越多。

当猎人从动物们的对话中发现奥妙后，调整目标（或说改变初衷），调整分配制度，调动从属力量去实现目标，这本是一条很好的路径，在改革初期也确实实现了自己的目标。但随着时间的推移，从属猎狗的捕猎经验得到升华，致使猎人的目标出现细分，影响了猎人最终目标的实现。如此，猎人不得不深入猎狗内部展开调研，发现问题，对制度进行改进，让0-1分配制度进一步深化，最终走向按劳分配。

按劳分配，这一制度对当今国人来说，再熟悉不过。其核心要义：劳动是成果分配的核心要素，也是唯一要素。在土地还没有被领地化、资本又未出现、管理还不被认可的时候，事实上劳动也就是唯一的生产要素。按劳分配就是再好不过的制度。猎人为了达到自己"兔子多多"之梦想，对从属猎狗实行"捉多多吃，捉少少吃"的骨头分配原则（这里称按劳分配制度）。一般地，按劳分配制度对0-1分配制度的缺陷确实做了补充和完善，是应当并能够得到猎狗欢迎与支持的，对于实现既定目标也是有保障的。实践也证明，确实如此，猎人为此开心地过了一段日子。但危机就在猎人开心的日子中一天天形成。细心的猎人发现，猎狗们捉到的兔子数量又一次下来了，且下降最多的恰是那些经验老到的猎狗。为什么？难道按劳分配制度有问题？猎人在思考，猎狗也在思考。

从这一分配制度变革看，至少有三点新变化需要引起重视：一是"肚子"边界的突破，不只表现在主宰者猎人的思维与行动中，同时也表现在从属者猎狗的思维与行动中，"够吃就行"的和谐社会状态被打破，生态平衡有被打破之危险；二是"食材"理念深化，正向财富理念转换，追求财富多多，不仅在猎人心中存在，在猎狗心中也开始产生，但食材分配的区别还依旧维持，彼此无异议；三是猎狗的认知会在实践中得到提升，熟能生巧是一个自然过程，这一过程中遇到竞争会加速升华。

（五）拓展：老有所依

在我的大脑中，分配一词很早就被灌输，要么与"按劳"相连，要么与"按需"相接。我们努力的终极目标——共产主义，实行的就是按需分配制度，你需要什么就给你分配什么，这是我们努力的方向与追求的梦想。尽管在中华人民共和国成立快70年的今天，能够把梦变为现实的人还只是少数，但方向是对的，我们矢志不渝。今天的中国，总体还处于社会主义的初级阶段，我们的社会形态离共产主义，尚有一定的距离，当下的社会主义实行的是按劳分配制度，你的劳动（包括数量和质量）是你获取资源的标准，劳动越多，你的需要得到满足的可能性就越大。这一分配制度被写进《中华人民共和国宪法》[①]，成为指导我们生活的根本分配制度。

显然，故事中猎人针对从属猎狗采用的按劳分配制度与我们今日的制度有一定差异，不能类推，但对于从属猎狗来说，算是一个不错的制度，为何在运行了一段时间后，一些猎狗要抵制？特别是那些聪明能干的猎狗，率先进行抵制，这确实让猎人想不通。为什么？难道猎人采用的"多劳多得"政策有问题？猎狗们到底在想什么？事实上，在现实生活中，这一现象经常发生。按照我们老家的土话："胖的也哼哼，瘦的也哼哼。"（本指猪）别以为得到的越多，满意度就越高，其实不然。猎人妄想把问题搞清楚，看来坐在家中是无法实现的，唯有到问题发生的猎狗中去寻找，答案很可能就在其中。

猎人与猎狗的故事第四部分就从猎人第二次到猎狗中调研说起，为开启第三次改革做准备。

猎人问猎狗："难道我的分配制度还有问题吗？"

猎狗说："我们把最好的时光都奉献给您了，主人，但是我们会变老，当我们捉不到兔子时，您还会给我们骨头吃吗？"

---

① 第六条 中华人民共和国的社会主义经济制度的基础是生产资料的社会主义公有制，即全民所有制和劳动群众集体所有制。社会主义公有制消灭人剥削人的制度，实行各尽所能、按劳分配的原则。国家在社会主义初级阶段，坚持公有制为主体、多种所有制经济共同发展的基本经济制度，坚持按劳分配为主体、多种分配方式并存的分配制度。——《中华人民共和国宪法》

显然，猎狗们提出的这个问题并不关乎按劳分配制度本身，但确实与这一制度有一定的关联。正常理解，这是一个关乎猎狗能否持续生存的重要问题，同时也是关乎猎人目标能否持续实现的重要问题。对此确实需要给予足够的关注，否则可能引发在实践中狩猎技能得到升华的猎狗的对抗。由此将分配方案与养老挂钩就将成为第三次改革的重点。

　　猎人再次经过思考后，决定当猎狗捉到的兔子数量累积超过一定量后，即使捉不到兔子，同样给它骨头吃。

　　一段时间后，一些猎狗所捉的兔子已达到规定数量。这时，其中一只猎狗说："我们这么努力，只得到几根骨头，而我们捉的兔子数远远超过这几根骨头，我们为什么不给自己捉，而要给主人捉？"于是，一些有头脑的猎狗开始出走，为自己去捉兔子，一些别的猎狗也开始效仿。

　　从猎人给出的对策看，这是一个很不错的方案，不仅保证了猎人目标的实现，同时也满足了猎狗们"老有所依"之要求。养老制度的推出让那些辛辛苦苦一辈子的劳作者老了有依靠，的确是聪明猎狗为大伙带来的一个福音，也是社会进步的一个好的表现[①]。但是，事情还远没有完。在猎人的努力下，新的分配方案出台，可好日子没过多久，新问题再一次出现。原来的"主从有别，食材需求无异议"得到挑战。显然，这一挑战的形成本质上是因为猎人与猎狗的地位问题，二者之间形成分庭抗礼之势。在猎狗的挑战中，猎人的"兔子多多"梦想能否继续实现？到了检验猎人智慧的时候了。

（六）挑战：股份合作

　　在我老家有一句顺口溜："主人吃饭，我喝汤；主人死了，我抬丧。"分工有序，主从有别，这是几千年流传下来的传统。但随着社会的变迁、人们认识的提升，人们的生活传统好像一个个地渐变被打破，这似乎是不以人的意志为转移的一种自然趋势。

　　在猎人与猎狗的故事中，猎人一个小的冲动，看似打开了"致富宝库"，实则可能开启的是"潘多拉魔盒"。当猎人突破"肚子边界"，为寻求宏大目标"兔子多多"去努力时，让他没有想到的是，一贯忠诚老实的猎狗在引入竞争

---

　　① 写到这，突然想到大学里的终身教授制（Tenure Track）。据说在美国，当一个人在高校被聘为终身教授，就意味着他的聘期可以延续到退休，且不受学校各种阶段性教学、科研工作量的考核，没有被解聘的压力，同时还享受学校颁发的终身教授津贴。这一 Tenure Track 思维不正是故事中猎狗的努力方向？猎人向猎狗开出获取终身享受体面生活的条件，也即猎狗经过一段时间努力可以晋升至 Tenure Track。

机制后，在不失忠诚的前提下变得愈发"聪明"，且每一聪明行为都直接妨碍到"兔子多多"目标的实现。尽管最初的聪明行为还可以说在猎人的掌控范围内，猎人只需要对分配制度略做修改或完善即可应对过去，但当猎狗提出：它们也要像猎人一样，要从猎人的"兔子财富"中分享一块，猎狗的这一意念直接对传统的"主从有别，食材需求无异议"发出挑战，让猎人的梦想实现之路生出无穷无尽的意外。事实上，这不仅是猎狗的食材变化，更是其社会地位的跃迁，传统的主从关系即将演变为一种平等的竞争关系，这的确是猎人想都没想过的问题。个别猎狗的出走形成的单独抗衡，似乎无碍大局，但当个别聪明猎狗有"拉杆子"集结队伍抗衡苗头出现时，猎人顿感恐怖，这可能不只是"兔子多多"目标能否保住的问题，而是猎人的主宰地位还能存续多长时间的问题。面对这一严峻的狩猎形势，猎人被迫开启第四次改革。

猎人意识到，猎狗流失后变成野狗正在与自己的猎狗抢兔子，情况变得越来越糟，决定再次对分配方式进行改革。猎狗们除了按照捉到兔子数量与大小分得骨头外，还可享受一定数量的兔子。随着时间的推移，贡献越大者分得兔子的比例越高。

猎人再次改革分配方式后，一段时期效果很好，一些已离散多时的猎狗也纷纷要求重新归队。猎人又过上了无忧无虑的日子。

随着捕猎队伍一天天扩大，日子一天天过去，猎人的收成却一天不如一天。而那些服务时间长，老得已不能捉兔子的猎狗们却过得有滋有味，享受着自己应得的那份食物。终于有一天猎人将老猎狗全部赶了出去，因为猎人需要更身强力壮的猎狗。

猎人的这次改革，用今天的话说，是一次典型的现代意义上的股份合作制改革①。让传统的主从生存一体，演变为主从经济一体。事实上，此时的"主从"可能相较传统意义上的性质有所变化，确切地说，应是全员（包括主宰与随从，有平等趋向）经济一体。

猎人的改革演变到这一层次，整个生物社会的格局已发生重大转变，作为生物社会的主宰，猎人的梦想或说初衷不仅受到其随从单独或"拉杆子"抗衡困扰，更受到他们共同的狩猎对象——兔子的自然繁衍能力约束，整个生态环境的变化让猎人越来越感到悲哀。事实上，也不仅仅是猎人在悲哀，那些单独

---

① 看过电视剧《乔家大院》的人，应对乔家实行的"身银制"有点印象。乔家在致富的道路上，为了激发员工的积极性、提升员工对乔家的认同度，不仅按时保量给员工发工资（对应骨头），还同时根据员工级别、工龄发放一定量的身份银子（对应兔子），这可能是国内最早的股份制雏形，全员股份制。

或"拉杆子"的猎狗也在悲哀。不是它们的狩猎技术不行，恰恰相反，由于它们的狩猎技术太行了，让狩猎对象兔子的繁衍跟不上它们狩猎技术的发展，大有"兔绝狗悲"之意。可对于造成这一局面的猎人和猎狗来说，谁都难以扭转这一局面，特别是率先打破平衡的猎人，更是深感"心有余而力不足"，还必须强忍各种压力兑现自己先前的"承诺"。对于在万般无奈的情况下，猎人采取的这种驱逐式的"背信"行为该如何理解？这一行为会产生哪些结果？有没有更好的办法让猎人渡过难关？可能这已不仅是猎人需要思考的事，而是整个社会都应该思考的事。

（七）重生："公共品"的诞生

猎人与猎狗的故事的结局是这样的：

被猎人出于无奈驱逐出门的老猎狗们将猎人告上法庭，并获得了一笔不小的赔偿金。

老猎狗们用这笔赔偿金注册成立了一家名为 Microbone（译名：微骨）的公司。它们采用连锁加盟方式招募野狗，向野狗们传授猎兔技巧，自己从猎获的兔子中收取一定的量作为管理费。当赔偿金全部用于打广告后，它们终于有了足够多的野狗加盟，公司开始赢利。

一年后，老猎人的全部家当被 Microbone 公司收购。

故事结束了，我们也应对故事中的猎人为什么要改革，改革为什么不能持久，老猎狗的做法给我们的启示有哪些，等等，做出自己的思考。

（八）思考：如何看待制度变迁

一个社会，自然有其运行规则，这些规则的存在是客观的，无关乎谁来制定，无关乎谁来执行。尽管生物界的运行遵循弱肉强食的丛林法则，但这一法则并非是破坏生物社会和谐运转的规则，恰恰相反，正是有丛林法则的存在，才使得这个社会保持和谐有序。

故事仅用了三种生物进行演示，猎人一个"肚子边界"的突破，就衍生出无穷无尽的结果，一个竞争机制的引入，谁曾想会引发自然社会的不和谐，甚至威胁整个生物社会的存亡。公共品的出现，尽管可以在某种程度上缓解竞争带给社会的不安，但社会能否可持续发展，是需要生物社会思考的重大主题。

单纯就故事本身讲述的制度演变看，猎人为了实现"兔子多多"的梦想，突破了"肚子边界"，衍生出无数制度，实非猎人的顶层设计。这些制度有的是公理式的，诸如忠诚制度（猎狗忠诚于主人）、守信制度（猎人守信于猎狗）、生命生存制度（为了性命都会尽十二分努力），有的是顶层设计的，诸如奖惩制度，但更多的制度是顶层设计的衍生品，或说补漏制度，诸如多劳多得制度（分配制度）、养老保障制度（退休制度）、产权明晰制度（股份制度）、自我价值实现制度、社会地位平等制度以及可持续发展制度（生态制度）等。从这一系列制度的产生可以看出，社会制度的形成实是一种不断补漏的自然过程。在这一过程中，努力与期望常常相左，这不是因为制度设计者无能，而是自然过程，并不因制度设计者而变化。从这个角度看，制度设计应多遵从自然法则，可能会更好些。

这个故事的演变过程有以下五点值得关注，对我们工作或学习会有启发。

第一，追求利润（或效用）最大化是人类社会发展的根本目标或动力。人类之所以能超越其他生物，之所以敢突破"肚子边界"以应对未来的风险，一个根本动力就在于此。当然，人类改变自然的能力在实践中不断提升，这也是其超越其他生物的资本。事实上，故事中对猎狗的驯化就是人类尝试改变自然的一个现实而又成功的案例。

第二，实现目标的核心手段或方法来自基层。问题产生时答案也随之产生。这就需要掌控者深入基层进行细致的调研与观察。对此，我深有体会。作为一名大学教师，作为一名农民行为的研究学者，我整日思考的不是什么大道理的传播、大理论的发现，而是如何把遵从自然法则传授给同学们。是的，我们在教与学中遇到不少问题，特别是研究生的论文写作，遇到的问题尤其多。学生们缺少的是实践，特别是田野调研。学生自己经常找不到问题，寻找答案更无从谈起。一切由老师来安排，怎么能写出好的论文？见多识广、熟能生巧，这是大自然赋予我们的最好的方法与手段。无论是从事自然探索，还是从事社会管理，都应当把寻求答案建立在探索问题的基础之上，到问题堆中去找答案。中国农村改革的开启，正是得益于一批有长期农村调研经历并拥有发言权的人，他们用广泛田野调查的案例说服决策者，从而开启第二次中国农村包围城市的改革。

第三，调研是策略形成的基础，也是支撑策略良好实施的核心。故事中，猎人面对风险，之所以能一次次化险为夷，一个根本方法就是放下身段，亲自到田野中去调研。尽管最终因支撑自己事业发展的兔子的繁殖能力跟不上，导致整个生态出现严重问题，猎人的改革也到此结束，但猎人并没有失败，兔子由野外自繁向人类圈养迈进，难道不是一个重大的进步吗？

第四，所有的问题均在发展中形成，由此也需要用发展的眼光去处理。没有一劳永逸的对策，但有永恒的方法——调研。这一条非常重要。问题是我们自找的，烦恼也是我们自找的，这是由我们的好奇心决定的。人类来到这个世上，探索自然奥秘似乎是其超越其他生物的标志。人类不仅要探索自身，也要探索其他生物，以及支撑整个生物群体的一切，包括地球以及宇宙。在对自身的探索中，人类不仅要探索自身之有形，还要探索自身之无形，诸如语言、思想以及由此支配的行为等。所有这一切，都是我们自选的，为此遇到艰辛，也应当正确乐观面对，只有这样才能实现我们最大的梦想——快乐人生。

第五，"麻烦制造者"往往是推动社会前进的动力，正确对待"麻烦制造者"有利于社会进步。故事中使猎人梦想实现的是猎狗，让猎人在实现梦想的路上遇到一个又一个麻烦的也是猎狗。应当说，猎狗既是猎人最依赖的对象，也是猎人最讨厌的对象，正是因为有了不断变聪明的个别猎狗，猎人"兔子多多"的梦想才不能持久。但从猎狗的角度看，猎人给予猎狗的每一项制度福利，难道不都是这个聪明家伙（Clever Dog）的行为使然？尽管猎狗们有时也感谢聪明猎狗，但多数时候却会讨厌它，认为它的行为让这个世界不太平了。其实聪明猎狗所"对抗"的不是猎狗群体本身，而是猎人。它的"对抗"从本意看也很少有恶意的，只是顺应自身本能的一种自然行为。从某种角度看，聪明猎狗的这种"对抗"均属于合理行为，主人很少能够找出毛病。对此，其他猎狗应当感谢之、保护之，"厌恶"是万万要不得的。

学位论文的选题

在给研究生们做这堂讲座时，我并没有刻意去把这个故事与博士论文联系在一起。只是想告诉同学们，世间万物的运行自有其规律存在。顺从自然、把握自然，按照自然规律办事应是我们努力的方向。

事实上，在培养研究生时，我受到这个故事的启发或影响非常大。我就像故事里的那只猎狗，老是对现实有这样那样的看法，老是惹领导不高兴①。在我的理念中，"天下没有差的学生，只有不合格的教师"。要想把学生培养好，不误人子弟，那就必须遵从"有教无类"之法。对此，我可以说是不折不扣的践行者。

到交大任教前，我只是一名研究者，对教学很少接触，确切地说是一个

---

① 当然，我很幸运，遇到的领导都是那么宽容，很少有给小鞋穿的；也许有，但我没有感觉到，因我的脚具有超强"伸缩性"，故补充"也许"之表述。在此特别要感谢生命中做我领导的每一位同志，谢谢你们了，各位书记、校长、院长、所长！

"教育"①。幸运的是，在浙大做博士后期间，由于精力旺盛，协助导师们带了一批研究生，让我有了近两年的"见习"博导经历。故在正式进入教育系统前，算是涉足了一点教育指导工作。在个人努力、合作教授支持以及浙大良好的研究氛围共同作用下，很幸运，我成为浙大博士后期间直接晋升正高的第一人。被引进到交大时，一切顾虑皆无，一心一意从一名普通教师做起。本科班主任是我到交大的第一份工作，硕士生导师是我的第二份工作，一年后我的博士生导师资格获批，在挂牌招生前先以副导师的名义，担当博士生指导工作，这可以说是我的第三份工作，也是未来的主要工作。从这个时候起，我就着手谋划着未来弟子的培养方案。尽管在交大这样一所百年老校中，早已有了一套招生与培养制度，但我对这一制度还是不完全认同，故想从招生开始走出一条自己的道。实践中，学院的领导及校研究生院也对我的想法予以了理解与宽容。

在招生时，我按照人品→学品→分数的顺序来考察和筛选学生；想跟着我做一番研究事业者优先，第一志愿报我者优先。在这些条件具备后，还有一条就是学生的悟性，我最看重。从以往协导的经历中觉得：悟性高，是一名学生成功完成学位论文的关键。由此，在面试学生时，我的核心工作就是检测学生的悟性，最常用的一道题目是：**"'墙上挂门帘，没门。'请你用自己学过的知识给出解释，这是为什么？（没有标准答案）"**之所以在题末加一小括号，是告诉学生，你到我门下来求学，学的是一种自圆其说论。运用这套招生思路所选的弟子最初有不少并不被同组面试老师看好，但经过3～4年精心培养，弟子们个个优秀，让"史家军"成为学院的一道风景。

在培养上，我奉行圣人之道——有教无类，把因材施教、兴趣发掘作为我行使导师职责的基本信条。对学生的指导从不拘泥于某个形式，指导内容也不局限于学习，生活与做人也常常包含在内。我与学生交流比较多，我们的交流通常是在一种只有思考没有答案的情形中进行，通过这种启发式交流来引导学生找到自己要做的选题。学生的选题也多是自我兴趣的一种体现。我之所以将学生兴趣点作为选题的核心，主要考虑到学习动力。兴趣式选题，学习是主动的，便于能动性发挥。我期望学生要做的题目是自愿的，有兴趣的。对于学生的考核，我从来不以成果数量与质量论英雄。作为导师，我重点考核学生能力的发挥程度。给学生奖赏通常也是按照其能力发挥程度来决定。尽管这种奖励

---

① 可以这么理解：一来我没有任何从教经验，不知道站上讲台是一种啥感觉，如果和我的硕博士学位论文答辩情形类似，那就是一种受罪了（汗流浃背）；二没有学过教育学，缺乏系统的教学知识；三不会教师必备的普通话，教学与交流可能遇到障碍。

制度看起来很不公平，但它却是一个以利他主义为核心的团队价值实现的法宝。作为导师，我所承担的职责主要是把学生"引进门"，至于学生的学习如何，我完全相信，他们在我指导下，通过自身努力，能够充分践行"修行在个人"这一真理。

彭小辉同学就是在这样的环境下，一步步地成长起来的。说实在话，从本科到硕士，他的出身并不够优秀，按照交大"985"或"211"的要求，他一点不沾边，进入交大基本无门。但在招生时，他的执著进取精神让我动心。尽管在培养时，确实受自身条件限制，无法与其师兄、师姐看齐，但他的勤奋可比其师兄程名望。针对其自身特点，我为其量身定制了一套培养方案。作为一名在职博士生，我的培养思路：把科研与博研结合起来，利用在职身份，通过交大培养，首先应成为一名国家基金项目的主持者，其次才是一名博士研究生。这一点，小辉与其师兄晋洪涛都做到了。洪涛在博士期间，先申请到国家社科项目一项，接着在毕业时又申请到国家自然科学项目一项，从而在攻博期间破格晋升为副教授。小辉在攻博期间，虽没有超过其师兄，但也很不错，成功申请到国家社科项目（14CJY082）一项，毕业当年即晋升副教授，也算是优秀了。小辉同学自己在前言中讲，他的博士论文选题"制度变迁及其绩效：中国农家行为研究"，受我的"做人与做学问"讲座影响很大。我倒不这么看，这个选题真正形成应当说是我们师徒多次交流的结果，也是他本科、硕士学业的一个延续。如果说有影响，可能在设计上有那么一点启发，但真正有影响的还是几次深入交流。因他这一兴趣发掘最终还意外迎来一个上海市哲学社会科学规划项目（2011XAE005）。从这个角度看，他的博士论文选题同时也是一个市级社科规划项目，论文的完成意味着项目的结题[①]。

本 书 的 价 值

从制度变迁视角来研究农家行为，是一个非常好的选题，也确实与猎人与猎狗的故事有一定的关联。但要能够把这个主题写透、写深、写好，却不那么容易。正如小辉同学在前言中所说："当初的构想比较大，……但因能力有限和时间仓促，研究内容最后收敛到制度变迁对农户生产和消费行为影响两个方面，还有很多问题只能留待以后继续研究。"

---

① 项目由我主持、以彭小辉为核心成员，结题报告在上海市社科规划办组织的评审中，被评为"优秀"。

传统中国一直是一个以农业经济为主的国家，农业政策或农业制度对农业发展、对农民行为有着重要作用。最典型的皇粮制度，一直是影响整个国家发展的根本制度，众所周知的摊丁入亩制，一下子打开了中国人口膨胀的闸门。农业土地的集体化制度，尽管在最初的二十年（1958—1978 年）让农业经过了曲折，但也让中国的工业与城市发展有了一个雏形；随后的四十年（1979—2018 年），以家庭承包经营为核心的农村土地经营制度变革，助力中国工业化和城市化得到全面发展，中国也由此从一个农业国转变为工业国，从而为2006 年农业税制度的彻底取消提供了基础。

农业税时代的彻底告别，表面看农业在这个国家的地位有所下降，实则不然。特别是 21 世纪初中央政府推出的以"工业反哺农业、城市支持农村，多予少取放活"为主题的系列新农政，让农业、农村和农民在这个国家政治生活中的地位有了明显提高，至少在中央文件中保持着相当高的水平①。在这一背景下，选择制度变迁与中国农民行为作为博士论文主题就很有时代意义。尽管我们不能说，我们所处的时代是一个制度急速变革的时代，但制度变革算是这个时代的主题是肯定的。

尽管小辉同学受阅历限制，在把握这个主题上有些不足，但他看清楚了变与不变的根本，也看清楚了从政府到集体到农民，在整个农业制度体系中各自的分工与协作。本书把握住"中央政府追求的是国家粮食安全和政权稳定"这一大局，从国家的追求，到集体的表现，再到农民的应对，从博弈视角去对三方的演绎进行逻辑推导，创新性地重新梳理了国家、集体与农户之间的收入分配关系，并指出："收入最大化越来越成为现阶段中国农民的理性选择，由此，农业政策调整必须兼容国家粮食安全与农民增收目标。"

本书按照"制度变迁—行为变化—绩效"的逻辑思路展开，以农户为基本研究单元，以全国农村固定观察点的资料和数据为基础，以新农政的出台与完善为脉络，进行农户的生产与消费行为变化研究。本书既有理论分析，也有实证支撑，在观念上有突破，在方法上有创新，在视角上有拓展，可以说是一部很好的"自圆其说"类专著。这也正是本书的最大价值所在。中国"三农"问题的决策者、研究者以及有兴趣的学者，均可参阅。

2018 年 7 月 26 日写于上海交通大学闵行校区

---

① 从 2004 年以来，"中央一号文件"全部以"三农"为主题，至今已连续 15 年（2004—2018 年），即出台了 15 个"一号文件"。

第九章
You Raise Me Up

作为"华村一家"科研创新团队的重要一员，张跃华博士的新作《农业保险：理论、实证与经验——基于农户微观数据的分析》就要出版了，可喜可贺！作为"华村一家"团队的牵头人，看到团队又有新成果要面世了，欢呼雀跃！在本书出版面世之际，跃华博士希望我写一点东西，以表达支持，我欣然应诺。

记得十多年前（2002—2006 年），跃华同学在交通大学完成自己的博士梦时，我们曾经亦师亦友，讨论着各种各样的农经问题，也许是年龄相差有限，也许是因为我个性童真。一篇小小的农家社会保障调查报告的数据识别工作，开启了跃华同学对"中国农业保险研究"领域的深耕，对此，我看在眼里，记在心上。这不，两年前就预告的书稿今日寄达我的案头。阅后，为师我深感痛快，真乃吾之弟子矣！

3 年前的春天，欣闻张跃华博士自然科学基金（70873102）后评估获"优"后，我曾以"天道酬勤"为题，写过一篇随感，今日再读，发现当时的心境和眼下无异。现略做修改置于此，算作此跋开篇。

天 道 酬 勤

当 Email 传来学生跃华之喜讯，作为与其一块儿奋斗了数年，对其有着指导之实的老师，我的心情是那么的激动。故借着祝贺之机，写下这篇《天道酬勤》随感，一方面表达我对跃华努力之认可，另一方面更希望跃华再接再厉，实现人生梦想。

说心里话，在我指导的学生中，跃华同学是一位非常优秀的学子。他的优秀不只表现在为人坦诚、做事踏实，更表现在拥有一流学者所具有的执着与灵感。在交通大学攻博期间，跃华最初给我的印象就是诚实，一个不会说谎而又十分风趣的学生。尽管他的直接指导教师是顾海英教授，但他作为我们"交大三农"[①] 团队中的学子，通常与各位教授相处都很好，且有不分彼此之感。确切地说，在对待团队中的学子时我没有"谁的学生"之分，故学生们与我相处均十分融洽。我也十分乐于指导他们。我与跃华的交往也基于此。在我们初次合作完成国家自然科学基金（70341009）时，他对课题组在山西做的一组问卷调查的真实性表示怀疑，特别是在查阅填写痕迹后，认为可能存在不少调查员代替农户填写的问卷，故将我交给他的一批刚刚调查回来的田野资料"判了死刑"，并言："资料全是假的。"对此，我也没有什么好说的，但心里并不认同他的判断，这是因为我们的调查事先未对调查员做出"有酬"承诺，仅在事后予以报答。按照常理判断，朋友们是友情支持，应当不会恶意造假，也缺乏恶意造假的动机。故根据我长期处理数据的经验，感觉跃华给出如此结论应是由于对田野数据缺乏把握，可以用我的经验教育他一下。为此，我花了大约一周时间，写出了一篇有关农户家庭风险、保险与农民保障的研究报告。在交与跃华校对时，我特地交代，让他先审核其中的数据，看报告的数据是否有对田野数据进行"修正"之嫌疑，我俩的数据库是否一致。在得到肯定答复后，我才开始给他讲如何看待和处理田野调查数据。说实在话，田野数据有"假"，那是不用怀疑的[②]，但对这个"假"来自哪个环节做出正确判断则非常重要。如果这个"假"来自被调查者，我们是可以接受的，这是因为"说假话"是被访问者的权利。即使他们真的说的是假话，我们也必须当真话来对待，因为我们没有别的选择，只能相信他们[③]。如果这个"假"是来自被我们派去的"可信"的调查人员，则是不可接受的，我们必须杜绝这类事件发生，不造假是从事田野调查工作的最基本要求。如果连这个底线都守不住，一切研究都是枉然。

我们的报告经过数轮讨论与修订，最后投在了《管理世界》，责任编辑程淑兰教授还特意为我们的标题"风险、保险与农民保障"做了点睛式的修订，最后以**"农民家庭风险保障：从传统模式到商业保险"**为题于 2004 年 11 月正

---

① 上海交通大学安泰经济与管理学院农经学科组共有三位教授，顾海英、于冷和史清华，因研究对象分别为农村、农业和农民问题，故被形象地称为"交大三农"团队。

② 如果要怀疑，那也只是对"假"的程度进行分析。通常，"八九不离十"应是我们的基本判断。

③ 还因为我们做田野工作的人，有一个基本判断：问题在哪里，答案就在哪里。我们到问题中心去获取答案，如果连被访问者的话都不信，那我们就永远找不到答案。如果我们相信被访问者，或许能找到部分或全部答案。

式刊出。在经历这一事件后，跃华对田野调查以及数据处理格外认真与关注，同时也为他的博士论文顺利完成以及后来到浙大从事教学与科研工作奠定了坚实的认知基础。

跃华同学的博士论文选题一来得益于我们的国家自然科学基金项目"农村灾害与事故保险制度研究"（70341009）的成功获批与资助，二来也得益于这一数据处理事件的发生与由此得到的认知提升。在着力完成博士论文**《农业保险需求问题及政策性农业保险的理论分析与实证研究》**期间，他充分认识并理解了田野调查的意义与价值，花大量时间亲身走进农家，与农家同吃同住，从而有机会真正了解到中国农业保险的现状，了解到农业保险对中国农业发展的意义与价值，了解到农民对农业保险的需求种类以及程度。与此同时，他对国内外文献进行细致梳理，特别是对近一个世纪有关中国农业保险的文献进行了全面细致的搜集与分析。完成了一篇质量非常高的文献综述——**《1935 年以来中国农业保险制度研究的回顾与反思》**。从题目看，除了"1935 年"有点久远外，似乎看不出什么，连投几个杂志也都被拒，后在我向《农业经济问题》编辑推荐并发表（2006.05）后，《新华文摘》很快于 2006 年第 18 期全文转载。事实上，跃华的这篇综述的确是一篇质量非常高的农业保险研究综述，它充分体现了一名想获取博士学位的学者应具备的基本素质[①]。跃华的这一努力成果至今被业界广泛认同并拥有较高转引量。

2006 年初，在其博士论文初稿完成之际，我交给他一个任务，让其把论文中的一个关键点写成一份自然科学基金申报书。说实在话，我对他完成这一任务并没有抱多大希望，事实上，我也在努力写一份有关土地问题的基金申报书。所以当新学期开学后，跃华同学将基金申报书初稿交与我时，我傻了眼。如何处理？要知道他是一名全职博士生，按照基金委规定不能独立申报基金。用我的编号申报，我的申报书又如何处理，我犯了难。尽管未在他面前做出表达，但内心里的两难感是别人无法想象的，毕竟他之前从未写过这类申报书。加之跃华起草的《农民生产风险态度的假说与实证：基于实验经济学的视角》申报书所涉及领域对我来说也是一个挑战，用我的编号申报成功率几何？我判断，用自己起草的《农地流转行为与农地使用权市场建设》申报书把握会高些，但答应学生的事，我能食言吗？最后，毅然决然放弃自己的申报书，启用跃华同学的申报书。是的，启用后，我的心有一阵子一直在打鼓，因为这样等

---

① 博士学位拥有者应是在某一学科领域得到承认的权威，即在研究领域里成为一个训练有素的专业研究者。

于放弃我的一个重要梦想：农地研究①，被迫转向一个新的农业经济领域：农业保险。由于我们有良好的研究积累，项目最终成功获批，但也由此使我离农地研究梦想越来越远了。不管怎样，我们的成功申报很大程度上体现了跃华同学的坚韧不拔与聪明睿达。由于涉及未来的研究，这一项目的获批，加速了我的网络研究团队构想的实施，交通大学"华村一家"团队的建设也由此快速向前推进。

2006 年夏，跃华同学以优异的成绩完成了博士学业，并在庹国柱老师和我的举荐下，用两篇工作论文赢得了社会保障与风险管理系主任何文炯先生的赏识，并由其美言，得到公共管理学院院长姚先国先生的认可，进入浙江大学"姚门"，从事博士后研究工作。跃华同学毕业后能够成功进入 C9 大学——在我们团队中，其师兄赵德余博士成功进入复旦，他是第二人——理应对其予以祝贺才是。毫无疑问，以德余和跃华为代表的这群交大学子，给交通大学当时刚获批不久的"农业经济管理"博士点带来了活力与正能量。尽管我们的博士点人员有限，只有区区三位博导，但我们在短期内取得了良好成绩，这离不开这群"特殊学子"②的努力。连续数年，交大最优秀的毕业生都出自农经学科组。从 2003 年建点到 2016 年，短短 14 年，我们组为交通大学在上海滩文科博士论文评优中立下了汗马功劳。交通大学累计七篇（文科类）市优博士论文，我们组就有三篇，且其中还有一篇获得国优提名。这功劳当有一份记在跃华他们这些师兄师姐身上，是他们做了好的表率。

在浙江大学从事博士后研究及出站留校工作期间，跃华同学的努力是大家有目共睹的，真正做到了一名师资博士后应当做到的。为师我看在眼里，记在心上，挂在嘴边，尽管他的努力在浙大职称评定中并未能得到体现，出站未能晋升副高③，工作两年仍未晋升副高。是水平不行吗？从我的感觉看，非也。跃华同学是一名业务水平较高的学者，在国内农业保险研究领域已居同辈之巅，只不过不愿意随波逐流，不愿意放弃自己的承诺和职责罢了④。客观地

---

① 要知道，对于农业经济学者来说，农地问题永远是我们最乐意探讨的方面。农地问题同粮食问题一样，是农经学者不能离开的问题，也是体现其研究成就的问题。

② 上海交通大学的"农业经济管理"博士培养点于 2003 年获批建设，跃华同学属于获批前的交大安泰管理学院"企业管理"博士培养点的农经学子。

③ 之前，我同他多次讲过，在浙大，上职称不看你教学有多好，看的是你科研做得如何。当然，不只是浙大如此，国内高校均是如此。我认为这是不合理的，要想晋升职称，只能把精力投在科研上，否则，没门。那教师还有多少精力去教导学生呢？实践也印证了我的预判。

④ 农业保险，因学科范围较窄、较冷门，很少被学者关注。正如农业保险在国内农业生产中的地位一样。

说，**浙大需要这样的人，中国需要这样的人**。一个没有方向感，没有持久力，整天只知道跟随别人脚步行动的人，是不会有创新业绩的，也是不会育出优秀学子的。

记得在 2007 年申报国家自科基金时，一位评委为他的申报书写下简单的评语："**农业保险没有必要研究。**"短短的十个字，这次申报的命运就这么简单地被决定。对此，我们只能默默接受现实。对跃华，我也只能鼓励再鼓励，让他相信自己的水平与实力。事实也印证了我的判断：又经过一年持续努力，以同样的题目，以同样的申报书①，略将自己的努力列述进去后，2008 年我们终于赢得了专家认可。虽然有点迟，但终是体现了我们所信奉的一个信条：天道酬勤。

事实上，课题申报永远不是学者追求的目标，学术梦想的实现才是根本。在这点上，跃华同学做得非常好。他耐得住寂寞，忍得下煎熬，经得起风寒。每当他深夜来电，向我分享他在田野走访中获取的信息和自己的努力时，为师我深感震撼与快乐。如果问跃华最优秀的特征是什么？以老师我的眼光看，那就是拥有优秀学者必备的"**敏锐的洞察力**"。从他就台风"罗莎"② 对浙江农业影响的独到分析中可以看出，跃华同学经过博士、博士后数年训练已完全具备了一流学者所具有的品质：**不为主流媒体所左右**。在我的督促与资助下，他经过努力，于 2007 年成功地将自己的博士论文《需求、福利与制度选择：中国农业保险的理论与实证研究》整理成专著予以正式出版。尽管与一般著作相比，此书的厚度有限，只有区区 20 万字，但对中国农业保险研究领域来说，却是一部具有开创性的作品。此专著为我们的首个有关农业保险问题研究的国家自然科学基金（70673065）后评估获"优"奠定了基础。

诚然，由我主持的 8 个国家自然科学基金，参与后评估的 4 个均为"优"（70173016、70673065、70941027 和 71073102），我们"交大三农"团队所承担的 20 多个国家自然科学基金，参与过后评估的，全部获"优"，似乎获个"优"并不难，为何作如此长篇的道贺？事实可能正好相反。特别是对于一名刚出师的、主持首个国家级项目的博士来说，一切都需要靠自己努力完成。依

---

① 国家自然科学基金项目"现行农业保险制度对农作物产量、农户福利的影响及其作用机制研究：基于浙江、上海的微观数据"（70873102）。

② 台风"罗莎"（Typhoon Krosa）由柬埔寨命名。2007 年太平洋上的第 16 号强台风"罗莎"于 10 月 2 日 8 时在菲律宾以东洋面上生成，4 日加强为强台风，5 日加强为超强台风，中心附近最大风力有 16 级。6 日 15 时 30 分在中国台湾宜兰县沿海登陆。7 日 15 时 30 分再次在浙闽沿海登陆，登陆时中心附近最大风力有 12 级。8 日，"罗莎"重创浙江，700 多万人受灾。

靠有限的团队力量争"优"的难度，业界当是明白的。跃华同学付出的努力可能比他的导师们（顾海英、史清华和于冷）要多得多。

向他道贺，理由有三：一是想借此机会表达对弟子成功的祝贺；二是想借此机会表示我对母校浙江大学的支持，希望母校对学者们更加宽容，以赢得更多硕果；三是想借此机会传达跃华母校上海交通大学对他的关注，希望他再接再厉，为母校增光。

超 越 梦 想

有一首中文歌，名曰"超越梦想"，我特别爱听，特别是那句**"超越梦想，一起飞"**的歌词，听后让人感到荡气回肠。是的，要"超越梦想"，单靠个人的天赋和努力是远远不够的，需要大家一起来，"一起飞"，由此，组团前行当是一个不错的选择。"华村一家"团队的组建正是基于这一背景。尽管受团队牵头人个人价值观"淡泊名利"的影响，团队成员无法在一个行政建制单位抱团工作，但目前这一看似分散的组织形式，在"互联网＋"时代，以师生情谊为关键纽带，其内在联系之紧密已超越建制组织。在这个信息技术发达的时代，分散在全球各地的成员，被拉进了一个个"微信群"中，成员间的交流受现实空间距离之影响越来越微弱。

"华村一家"团队的每一位成员，看似研究方向相异，实则相通。在团队中，专司农业保险研究的好似只有跃华同学一人，但稍微把视角放大一点到农村金融领域，我们团队成员就远不止他一人，还有朱喜和卓建伟两位副教授，事实上，跃华同学与朱喜老师的合作已非常深入，在他们共同努力下，已有一篇题为 "On the Impact of Agricultural Livestock Micro-insurance on Death-loss and Vaccine Use：Observations from a Quasi-Natural Experiment in China" 的学术论文发表在国际期刊 *The Geneva Papers on Risk and Insurance：Issues and Practice* （2016 vol. 41，issue 2，pages 225 - 243）（SSCI）上。

"华村一家"团队成员间的合作从来不局限在联合署名上，更多的合作体现在成员间的思想交流、相互促进中。因为我们相信：天下的道是一个道，天下的理是一个理。

为了响应所在单位的国际化办学理念，同时也为使我们团队的研究走向国际化，跃华同学率先进行了示范。从他的农业保险研究经历中可以发现，其合作者早已跨出国门。跃华同学的这一跨越，与他本人的积极进取，踊跃参与各类学术活动是分不开的。2007 年的一次学术会议，让他有机会结识了台湾逢甲大学刘纯之（Chwen-Chi Liu）教授，从而开启了与刘纯之和利菊秀（Chu-shiu Li）两位台湾学者（高雄第一科技大学）的合作研究。2009 年以来的数次境外访学，让他有机会把自己的研究视野进一步拓展、合作者的范围进一步扩大，数位美国学者成为其合作伙伴。由此，跃华开始了自己的"超越梦想"之旅。

一般地，学术研究是无国界的，但并不是说，所有的学术研究都是无国界的，应用研究可能就要例外了。跃华同学以政策性农业保险为对象，针对中国农业发展中的保险问题，特别是生猪养殖保险问题展开研究，显然，这一研究的服务目标非常清晰，针对性非常强。

在进行生猪保险问题研究时，人际关系的处理非常重要，不仅需要取得当地分管领导的配合，还需要与养殖户建立长久合作，更需要获取农业政策性保险各级有关机构的有力支持与认同。关于这一点，可以从本书的致谢中得到证明。俗语讲得好："一个篱笆三个桩，一个好汉三个帮。"在跃华同学"超越梦想"的征程中，良好的人际关系给他带来了莫大的帮助。无论是工作地浙江德清、江山，还是家乡河南济源，无论是分管领导、科员，还是养殖农户，无论是基层保险部门，还是高层保险机构，等等，对这些上上下下、左左右右盘根错节的关系的良好处理为其深入研究奠定了坚实基础。我们说，"超越梦想，一起飞"，想必，这里的我们，不只是研究者，也包括研究中与我们打交道的每一位。养殖户期望通过跃华的研究有一款好的保险产品可购买，保险公司也期望通过跃华的研究找出一款更加适合养殖户的保险品种，分管养殖的行政管理部门也期望从跃华的研究中获得启发，既能分摊养殖户的风险、保障养殖户的收入，又能实现养殖产业的平稳发展。显然，跃华同学从事的研究工作是一项多赢的博弈工作。

You Raise Me Up

有一首名歌曰"You Raise Me Up"，最能体现我此时的心态。跃华同学在致谢中对我褒奖有加，说是在我的鼓励下开始此项研究的。是的，的确如此。在我的支持与鼓励下，他才走上了这条路，他才实现了"To more than I can be"（超越自我，超越梦想）。但话又说回来，我又何尝不是，跃华等同学的不断自我超越，给予我同样的鼓励，让我把大部分精力放在了"教书育人"上，让我真正体会到"You Raise Me Up"的真谛。显然，师生间的合作是一个相互鼓励、相互促进的过程。

在安泰毕业的农经博士中，跃华同学是一位非常幽默风趣的学者。和他谈话，无论是谈学术，还是谈生活，都是那么的有趣。特别是在他要进行一项新的研究时，从问题发现，到想法实施，能让你听得如醉如痴，恨不得马上投身进去，一探究竟。跃华同学的研究思路很大部分形成于其对生活现象的理性观察与缜密思考。由此，研究的创新度非常高。

2007 年的台风"罗莎"对浙江经济的影响不可谓不严重，媒体的报道、保险公司的高额赔付，足以证明。一次偶然的机会，他去田野调查，却怎么也找不到与想象中的大灾影响相匹配的作物损失的感觉。为此，引发了他的好奇，到底是何种原因促使保险公司自愿超额赔付？职业敏感性引发了他对"巨灾"保险的长久思考。我分享到他的发现与思考后，鼓励他付诸学术行动，他真的在这一思考的驱动下，从学术视角撰写了一篇质量非常高的学术论文《政策性农业保险、巨灾赔付率与微观制度设计——基于浙江省罗莎台风的案例分析》。此文于 2014 年荣获中国保险学会"农业保险"专题征文一等奖。

同样，跃华同学在进行生猪养殖保险调研时，发现养殖户因保险不足额，被保险公司认定有"道德风险"。对此，养殖户普遍感到冤枉，而保险公司发现养殖户的生猪投保数量与实际不合也是实情，到底是怎么回事？真的是养殖户不诚实，有骗保行为吗？为此，跃华同学创新地开展了一个以"生猪保险'不足额投保'"为主题的系列专题研究。研究不仅有理论深度，更有田野数据佐证，此项研究不仅证明了养殖户的善良，同时也证明了这款保险产品设计存在着明显瑕疵。他的这一研究为养殖户的利益保全、为保险公司的产品完善提供了理论与经验支持。可见，跃华真正是一位受各方欢迎的学者。

政策性农业保险研究是一项专业性很强的研究，这是毫无疑问的。而跃华的农业保险研究已超越就保险谈保险的范畴，他将政策性农业保险的研究拓展到食品安全范畴，融入公共卫生领域。从他对养殖户对病死猪处理之思考，到对养殖过程中的抗生素使用行为的深入分析，足见其研究境界的提升。

记得王国维先生在《人间词话》中曾谈到：古今之成大事业、大学问者，必经过三种之境界："昨夜西风凋碧树，独上高楼，望尽天涯路。"（晏殊，《蝶恋花·槛菊愁烟兰泣露》）此第一境也。"衣带渐宽终不悔，为伊消得人憔悴。"（柳永，《蝶恋花·伫倚危楼风细细》）此第二境也。"众里寻他千百度，蓦然回首，那人却在，灯火阑珊处。"（辛弃疾，《青玉案·元夕》）此第三境也。这三种境界对一个学者来说，可以说是必遇之境界。通常看，处于"迷茫"中的第一境界是最熬煎人的，"十年寒窗"应是指这一境界中人；当一个人从"迷茫"走向"执着"的第二境界，尽管依旧过着苦行僧的日子，但摆脱了方向不明之困惑后，显然要较第一境界好过得多；在经过一段"苦且快乐着"的日子后，第三种境界，即"悟醒"境界就会自然而然到来。从科研视角看，第三境界当属于创新发现境界。对照上述分析，可以看出，跃华同学正处于由第二境界向第三境界跨越的时期。书中的不少章节可以给予很好的证明。

在本书的鼓舞下，一不小心唠唠叨叨说了这么多。我真的是在享受"You Raise Me Up"带给我的快乐。同时也期望通过此跋向读者展示：阅读一本书，一本好书，最关键的是你要了解作者当时的心态，只有了解了这点，才能使你取得预期的收获。期望读者们满意，也祝跃华博士更上一层楼。

2017 年 6 月 13 日写于上海交通大学闵行校区

第十章
育才之路

又到一本博士论文要出版之时，作为导师，我很乐意为弟子们在这方面效力。特别是在经历了为前面数位弟子专著出版作序或作跋后，我似乎找到了为弟子们写书序的一些窍门。由此，为袁方博士的专著出版作序，感觉比较轻松。希望这一轻松能够给读者带来相应的愉悦，也希望读者从这一序中获得期望的收获。

选　材

自从担任博士生导师以来，就面临一个选材的问题。记得有位研究生曾对我讲："史老师，当前中国的博士招生真黑。"我问何以见得，这位学生讲起了他道听途说的一些考博学生之经历。说什么分数第一被刷，论文发表多篇也被刷，甚至拥有名校就读经历也被刷，等等。我明确告诉他，他谈的这些在我10多年的招生中全部遇到过①。好像他谈的就是我，只是我不以为然。细想，作为从这条路上走过来的人，我何尝不想公平？何尝不想找到一种公平的方式去招收博士生？是的，"分数面前人人平等"，我认同，但不是用于博士招生

---

① 2006年招生时，11名考生过线，考分前五的全被刷，招的是第六名，这名学生无论从入学动机，还是个人经历来说都好于前五，唯一不足的是年龄稍大点。实践证明，我的这一决策是正确的。2005年招生时，一名考博前已有9篇论文发表的"学者"，因其提供简历中的信息（6篇是第一作者）与我顺手从中国知网搜到的信息（只有5篇一作，且篇幅长度均为2页，唯一1篇长度达4页的却是二作）不一致，被刷。当我问及这个不一致时，他赶紧解释，说什么同事要……，送了一篇。我问："送了人的东西，还属于自己吗？"他一时语塞。说实话，面对这样的学生，内心很想招，但也怕惹事，故让他回去反省一下隔天再说。可谁曾想，他刚出了门，走在楼道里就信口开河，骂了句"啥XX老师！"也巧了，同组的一位博士生正好要到我办公室，听到了此话。试想，这样的学生还有入选希望吗？2011年招生时，因考虑到生源结构，想招一名高校在职的，故放弃了一名"985"名校生。结果在职生因考试成绩太差无法招收，最后只好放鸽子了。

的，因为博士生的选材与分数并不完全相关；论文发表有无或多少或水平高低，的确是博士选材的一个重要指标，我也同意，但不是唯一指标，因为博士生的选材核心是能否被培养成一名"训练有素的专业学者"；名校经历，特别是本科经历，一般博导都喜欢，我也一样，但不唯名校、不唯"智商"，因为博士学业的完成光有"智商"不行，还需要有一种坚韧不拔的顽强毅力，一种耐得住寂寞的积极向上的阳光心态。加之，不同导师在培养弟子时有明确个人偏好，学生与导师间的适配性非常重要。至少我是一名个性鲜明的导师，选择学生有明确个人偏好！从这个角度看，作为一名负责任的导师、一名不想误人子弟的导师，结合自己的个人偏好去选择弟子，何"黑"之有？如果说在招生或选材中有"黑幕"，那也是一种光明正大的、有担当有责任心的"黑幕"，谁不希望招收一名将自己的事业发扬光大的弟子[①]？在我看来，唯有这样才能保证每一名弟子都达到获取博士学位的要求——成为"训练有素的专业学者"，才能实现吾任教之初衷——帮助每一名弟子"青出于蓝而胜于蓝"。

作为一名博士生导师，在招收弟子时，有自己的想法很正常，交通大学也支持我们这样做。导师们看中的学生，通常都可招进自己的团队。学校管理部门，一般地，对导师的意见也十分尊重。至少从我 10 多年的博导经历中感觉如此。记得在专著《中国农家行为研究》（2009）之附记《我的三十年》中有一段对博士招生的记述：

在研究生招生与培养方面，我同样有自己的一套。在招生时，我最看重学生的人品，其次是学品，然后才是分数。我最想招的是跟着我做事业的学生，由此对其第一志愿就非常看重，原则上不招把我列为第二志愿的。在招生过程中，我最看重学生的悟性。从以往协导研究生的经历中我觉得：悟性高，是一个学生成功完成学位论文的关键。由此，在面试学生时，我的核心工作就是检测学生的悟性。最常用的一道题目是："'墙上挂门帘，没门。'请你用自己学过的知识给出解释，为什么？（没有标准答案）"在题末加一小括号，用意是告诉学生，你到我门下来求学，学的是一种自圆其说论。

尽管写下这段话时，我独立招收并培养的博士总共只有 5 人，毕业的也就程名望一人，对自己"跟着感觉来"的招生思路的检验还在路上，但我坚信，顺着这一思路去选材，一定会好。故在接下来的招生选材中依旧"我行我素"。袁方同学的入选应当也属于这一思路的结果。

---

① 加之，现在的博士生培养通常是"烧钱"的活，一个没有项目支撑的教师，通常是不能招收博士生的。作为博导，必有项目，确切地说要有钱，没有钱如何保证学生生活？更别说工作了。

袁方，是我带博士以来第一个硕博连读培养的学生，也是安泰经济与管理学院 2010 年正式招收硕博连读生后的第二批学生之一。结识袁方当是在 2010 年安泰学院举办的夏令营上。作为博导，我对学院的招生创新非常支持，也期望从夏令营中尝试招收一名弟子，故主动参与了当年学院夏令营的考评工作。会上，袁方的学术思路介绍让我一下就感觉此生属于可塑之材。尽管从他提供的背景材料看，一般。**学校**：华中农业大学，"211"，和"985"比还有一定差距；**专业**：公共管理，和真正的农业经济管理比，还有点弱，但这个学校的核心专业土地管理可是全国农经系中开设最早的，有很厚重的积淀；**本人成绩**：专业排名第一，很好；**本人特长**：未见；**本人学术**：有两篇工作论文，会上讲的就是其中一篇。**真正引起我注意的是他的演讲思路，非常清晰，表述问题十分到位。**由此，会后专门把他叫到我办公室进行长达两小时的交流，建议他把演讲内容，结合在场老师们的点评，回去进一步细化，同时也告知，随时可以和我联系与沟通。袁方同学总体还是比较"听话"，回到华农后，把修改后的论文很快发给我，请我给予具体指导。一般地，这一工作要有 3～5 次反复，而袁方同学却只做了两次，我期望的第三次再没有出现。也许他感觉到烦了，也许有其他工作与此相冲突，总之来往之声断了。但就这两次反复，其耐心也让我非常高兴，毕竟他还是一位本科生，没有接受过这么严格的一步一步的训练。故在 2011 年春，我去信于他，咨询录取情况，他的回复——没有进圈——让我傻眼。在确认他愿意到交通大学来就读后，遂亲自找到学院教务办咨询，并去信于分管院长。经过这一番折腾，袁方的事情才算真正告一段落。这大概也算是"好事多磨"吧！

育　才

在博士生培养方面，选材固然重要，但真正要把一名学生培养好、培养成才，真正的工作在育才。记得唐代大文豪韩愈先生在《马说》中有一段对"千里马"的精彩描述："世有伯乐，然后有千里马。千里马常有，而伯乐不常有。故虽有名马，祗辱于奴隶人之手，骈死于槽枥之间，不以千里称也。"虽说韩愈先生在这里讲的是千里马与识马人伯乐的故事，但从教育的视角对照，难道不是一样吗？我常说：**"没有差学生，只有不合格的教师。"**千里马是伯乐相出来的，好学生也是教师识别出来的。由此，作为一名教师，特别是指导博士生的教师，就需要有较强的培养学生之能力。若把学生招进自己的研究团队，出现诸如韩愈先生所谈的"策之不以其道，食之不能尽其材，鸣之而不能通其意，执策而临之"，则可能就会说"天下无马！"呜呼！其真无马邪？其真不知马也！

在 10 多年的博士生培养经历中，时不时地看到或听到不少同行在抱怨，都言当今的博士生和以往的不一样，很难带！对同行的抱怨，我也感同身受，确实难带。可为什么难带，有多少同行做过认真分析？别的不说，就人群分位数看，今日博士生的分位数显然与 20 年前或更早不在一个位置。今日的博士生分位数是 4～7 年前学习成绩前 40% 的高中生；而 20 年前的博士生，是学习成绩前 20% 的高中生；若更早，30 年前，则可能是成绩前 5% 的高中生。博士生生源分位数的扩大，显然是当前博导们集体抱怨的主要根源。当然，在一些被"宝贝化"了的独生子女成为博士生后，担当和责任感下降可能也是一个重要原因。还有，在如今的网络化时代，看似获取信息非常方便，实际坐下来系统性阅读一本书的机会也丧失了，这对文科类博士生来说是致命的，单纯地依靠网络"快餐式"获取学术论文并研习之，通过这一渠道来完成博士学位论文，对系统性、整体性、全局性等方面的把握显然不会那么好，论文的粗制滥造由此就成为自然。更别说全国名校纷纷设置了"海归"门槛，自己培养的学生在国内名校就业之路几乎被断绝了。面对如此严重的形势，当今中国的博士生教育生态怎么可能会好呢？包括北大、清华、交大和复旦等在内的国内名校，有一句流行语说得很到位：**"一流的本科，二流的硕士，三流的博士。"**面对这样的生态，就算是留洋归来的博导们，有"千般能耐，万般本事"，培养的结果比之本土教师，又能好到哪儿去？依我看，照旧，甚至还不如一些接地气的"老土"。从这个角度看，博导们如若不抱怨，那才是不正常。

抱怨，对我来说，有时也有，但更多的是面对现实。教书育人，特别是培养博士生，分位数固然重要①，但现实更重要。一个博导若不能从现实出发，从兴趣发掘开始引导学生，一味地按照学校规定或海外模式去做，可能会适得其反。

在这一点上，我从担任"见习"博导和"副"博导时，就有了自己的想法，在正式担任博导后，带首个博士生程名望时，就开始了自己特立独行的博士生培养之路。**我的博士生培养，从关注细节入手，时刻掌握学生研习动态，把良好学风训练与兴趣发掘结合在一起，并融入学生的生活中。**让学生时时能感觉

① 交通大学近年来博士招生实施的资格审查制（没有细看，直觉感知），从某种角度可以反映出，高考分位数对其入选意义重大。通常，本科毕业于"985"高校，特别是 C9 高校，资格审查通过一定会"优先"，其次才是"211"高校，最后是普通高校。

到导师就在身边，时刻想到导师是他成功的最大靠山，和导师一块儿行动将是其博士生涯最重要的活动。**为人之师，"严"是必须的**，导师严格把关当是一篇优秀论文产生的必备条件，同时也是一位优秀人才育成的关键，由此有了"严师出高徒"之说。但"严"要有理，也要有情，要融情于理之中，让同学们从"严"中看到我的"慈"，同时也让我从"慈"中获悉同学们当前遇到的困惑或纠结。

尽管我的主要研究方向是"农户行为与农村政策"，我的博士生的选题却是五花八门，就同一主题展开深入研究的至今没有，虽然有点遗憾，但也得承认这一事实。也许同学们认为重复他人主题创新难度会加大，也许大家的兴趣本身就不在一个轨道上，更多的也许是我的纵容：尊重同学们的选择，期望他们因兴趣生出"灵感"进而获取真正的创新。实践证明，我的这一想法是行得通的，同学们在完成博士论文时，脸上的"阳光"给我以足够的暗示。也许这些"阳光"在每一位同学脸上有些许不同，但反映在我的脸上都一样——由笑而生的"皱纹"渐增。是的，青丝变白发谁都不愿，光洁面容谁都期盼，可时间总是不饶人，同学们的努力能够让我实现"一个不掉队"的承诺，却不能保证我的"青春永驻"，真的十分遗憾！

定　　位

什么是人才？不同单位、不同人有着不同的定义。依我看，许多定义并不那么正确或恰当，正确的理解应当是：**"是人就是才[①]。"**是的，我也不否认，人才有天生的，也即"天才"，但在人群中应属于极少数。对大多数人而言，之所以能够成为"人才"，能够满足社会运转的需求，是长期的耐心培养的结果，由此有了教育之需求。当然，这个教育不完全来自学校，但学校应是教育的主体。至于该如何理解学校的教育，我老家有句俗语讲得很好："长棵树，还需要课一课[②]，何况成个人呢！"从这个角度看，对学生们进行严格训练当

[①] 民间有句俗话："天生我材必有用。"这意味着，一个人从娘胎里出来就是"材"，但这个"材"如何转换为"才"，可能不是那么简单。俗语讲："十年树木，百年树人。"一个人在成为"才"之前，至少需要经过长期培养，由此，"十年寒窗"的修炼之苦是少不了的。

[②] 山西襄垣地方话，"课"（方言读 kuò），修理之意。"体罚"学生，这在过去的学堂上是老师的权力，老师手中都有一把戒尺。在我读书时，虽然没有看到过戒尺，但因"太乖巧"常被老师"体罚"，有时罚站，有时罚退（延迟放学），有时直接挨揍，这一切似乎都很正常，至少我对小学、初中乃至高中阶段的先生们，心中存着的全部是"敬意"，根本想不到有"恨"之说。我的父母，也即我的监护人，如果说对此完全不知，那是假话，延迟回家，肯定是被老师"扣下了"。对此，他们对先生们的做法也没有任何怨言，除了支持，还是支持。

是博导们的核心业务。

袁方同学进校后，总体来说是一个中规中矩的学生。但他的这一"中规中矩"显然与其师兄师姐有着本质不同。每次和老师相谈，总会拿着一个小本子，把我们讨论的内容记下来。对导师的称呼也与其他同学不同，进校一年之内，从来都称我"史教授"。直到有一天，我问他：**"教授、先生、老师，哪一个称呼与自己距离更近？"** 他对我的称呼才转入常规。从这一点上看，袁方同学身上体现的"中规中矩"是有着特定内涵的。对于老师的话，视如圣旨，言听计从，不折不扣地去完成，即使有不同的意见，也多是用商量的口吻试探性地交流。在他的整个博士生涯中，似乎受到的"课"很多[①]，人变得不是越来越灵，而是越来越"傻""呆"了，我为此感到十分懊恼，由此鼓励他多和同学们、老师们交流，多出去走走看看。在交通大学五年的研究生生涯中，袁方给我留下最深的印象是：每天都是按照计划行事，其硕博士研究可以说就是一个有计划的操作过程。

进校后，按照交通大学硕博士培养方案，两年的硕士阶段，重点是完成学位课程、学分研修，导师也很少给学生安排科研活动。袁方同学则不同，利用空余时间，不仅把在本科期间由其导师华中农业大学蔡银莺教授指导撰写的两篇工作论文——《城市近郊被征地农民的福利变化测度——以武汉市江夏区五里界镇为实证》和《城市近郊被征地农民的福利变化及个体差异》做了多次完善，并成功发表（《资源科学》，2012；《公共管理学报》，2012），同时，结合自己的学位课程，开始了新的研究思考，一篇名为"不平等之再检验：可行能力和收入不平等与农民工福利"的课程论文就在"管理思想史"的研修启发下诞生。经我们师徒数次修改，投到了国内管理学科顶级期刊，在其即将转入博士阶段之际，该文也在《管理世界》（2013）成功刊发。袁方的这一努力，开创了安泰经济与管理学院硕士生之先河。

这篇《管理世界》论文的发表，标志着袁方的博士研究行程正式开始。根据他的设想，我将国家统计局上海市调查总队授权我们开发的"农民工调查资料"（2009—2012年）交予他负责，同时我们"华村一家"科研创新团队也在此基础上，于2013年同步开展沪京深汉四个大城市农民工调查。袁方同学首先根据已有资料，在2013年底前先后从静态和动态两个视角完成了《城市梦

[①] 其实正相反，他好像一次也没有受过"课"，我反倒经常表扬他。

究竟有多远？农民工福利贫困的测量和分解》① 和《农民工福利贫困按功能性活动的变动分解：以上海为例》（《中国软科学》，2014）两篇工作论文。从他的这一组研究中我看到：国家自科基金项目有戏了。故在 2014 年寒假期间，建议他围绕"农民工福利"这一主题做一个综述，同时也给了他一个 2012 年国家自科基金申报书模板。认真、刻苦又敬业的袁方，按照约定，在 2014 年春节前即把基金申报书的草稿交到我的案头。又经过一个多月的讨论与修改，一份题为"城镇化背景下的农民福利问题研究"的项目申报书顺利完成，并被提交到国家自然科学基金委员会。经过基金委的两轮评审，很幸运，申报书得到专家认可，基金委给予的编号为：71473165。由此，在我指导的博士研究生中，袁方同学开创了一个先河：自创博士项目。其博士学位论文的研究定位——"农民工的福利问题"——也自此而来。

随着国家基金项目的申报结束，袁方同学接受我的建议，在项目申报书的基础上，于 2014 年春完成了博士论文开题工作。其选题为"城镇化进程中农业转移人口福利问题研究"。

说实话，对于"农民工福利"问题，尽管也属于农民行为之行列，但与我之前的研究有明显差异，属于开拓性领域，由此有较大的挑战性。但对于这一挑战，我相信袁方同学有足够的实力和信心去应对。他也用行动和成绩给了我最好的回馈。在完成工作论文的投稿与修订工作的同时，他又先后写出《农民工回流行为的一个新解释：基于森的可行能力理论》（《中国人力资源开发》，2015）、《居住证会改善农民工福利吗？——以上海为例》（《公共管理学报》，2016）、《示范效应、城市认同与农民工消费——以上海为例》、《破解中国农村的贫困成分之谜》和 *Is the Experienced Mediator the better Mediator? A Study of Disputes* 等数篇学术论文。在其博士毕业时，这些论文又有 3 篇得到正式刊发，还有 4 篇处于在投和在审中。

在其博士论文基本成型、处于完善阶段时，袁方同学再一次接受我的建议，围绕投在《中国社会科学》上且在退修中的《破解中国农村的贫困成分之谜》一文，起草一份国家自科基金申报书（初稿）。这次，他信心十足，并在 2016 年春节期间将任务顺利完成。

从上述经历可以看到，"一个训练有素的专业学者"之锻造过程。

---

① 由于后一篇"动态分解"的论文先发，导致以"静态分解"为主的此文永远留在书柜中。说遗憾，也遗憾；说正常，也正常。毕竟做一个博士研究生，不能单纯是为了发文章，而应以体现求真的科研精神为宗旨。

成　才

　　在安泰经济与管理学院信心十足地于 2010 年开设"硕博士连读项目"时，谁都不会怀疑这个项目的前景，但却出现了意想不到的情况，产生了严重问题。项目在开设 8 年后，被残酷无情的现实摧毁①。2018 年学院被迫中止了这一项目，取而代之的是"直博士生"项目。

　　对于硕博士连读项目，从其 2010 年诞生到今天，我始终深表认同。在 2010 年夏令营②，因有农业院校的学生入选，故我有机会接触这一项目，并成功从中招收到一名硕博士连读生。也就在这唯一一次的接触中，我了解了这一项目的运作，尽管当时也有些疑惑，但感觉还不至于演变到后来的状况。好在"上天"给了我一个机会，让袁方同学在我的指导与努力下证明这一项目的初衷是完全正确的。

　　博士生培养，不同于一般的本科生或研究生培养，更不是当前社会上传说的写几篇论文即可。

　　记得有一本关于博士要求的著作，好像是德国的。书中对标准的博士有这么一个描述。

　　基本要求：博士学位拥有者应是在某一学科领域得到承认的权威，即在研究领域里成为一个训练有素的专业研究者。

　　具体看，一个博士学位拥有者，或说一个训练有素的专业学者至少应具备以下六方面素质：

　　第一，在最基本水准上说，你要能够议论同辈人想要听取的某些东西；

　　第二，为了达到第一点，你必须熟知在专题领域里发生的事情，这样你才能够评价其他人正在进行的工作的价值；

　　第三，你应具备敏锐的眼光去发现你有能力做出贡献的地方；

　　第四，你必须掌握当前正在运用的适当技术，并了解其局限性；

　　第五，你必须有能力在专业活动场所有效地交流你的研究成果；

────────────

　　①　被以"硕博士连读生"名义优先招收进来的学子，在进入"博士资格考试"时，起先有个别，最后衍生到大面积故意不及格，自愿降为硕士生，以至学院在 2016 年被迫出台新政，降为硕士者，学制改为三年半，以示惩罚。细观察，这一现象的产生，与项目本身没有关系，根本问题出在招生"优惠"制度上，让一部分"聪明"学生钻了制度空子。他们原本就不想读博，只想读硕，"优惠"政策让他们看到捷径，看到希望，最后致使项目流产。不能不说，这是一所名校的悲哀！

　　②　这个夏令营是为 2011 年招生做准备的。2010 年的学生是 2009 年夏令营招收的。

第六，所有这些都必须是国际性的，因为你的专业同行们是世界范围的。你对国际学术界正在发生的事情、正在争论的问题，以及已经成文和发表的结果必须有所了解。

围绕着上述要求，袁方同学兢兢业业、勤勤恳恳地努力着。其博士论文选题，即"农民工福利"的确定，是他自己在修管理思想史课程时敏锐地发现，并在导师和两位主讲教授周祖城和梁建的共同指导与支持下完善的。从这个角度看，虽说还处于硕士阶段，但袁方同学已初露"一个训练有素的专业学者"的锋芒。在发现问题后，袁方同学围绕这一问题，从文献梳理到研究定位，从研究思路形成到具体框架设计，从数据获取、处理到具体方法掌握，从小论文的撰写到学位论文的具体操作，都做得那么流畅与自然。按照项目最初的设计，硕博士连读五年学制，袁方同学做到了按时完成学业，并且成为上海交通大学安泰经济与管理学院这一项目开设以来首个硕博士连读的毕业生。可喜可贺！喜的是学院的这一项目设计的确不错，袁方用行动证明了；贺的是由我这个农业经济管理专业的学者指导，且来自国内农业院校的学生又一次抢了风头①。当然，也有美中不足，袁方同学因按项目计划毕业，与学校实际执行的学制6年冲突，在毕业时，未能和同学们留下一个集体合影②。

培养博士生，不仅要提升学生发现问题的敏锐性，还要检测学生对解决问题的一般方法与技巧掌握是否熟练，同时还要观察学生在解决问题的过程中的细心与认真程度，并有意地进行一些细节挑剔与辩论，最终使其实现研究悟性的提升。在这一点上，袁方同学做得是非常到位的。他的每一篇学术论文的撰写与再修，都严格地按照导师要求，保留过程，以备审查；对阅稿人提出的每一个问题与建议，都细致认真地思考，"求真而不附和"已成为他研究生涯中的一道亮光。记得在向《中国社会科学》投稿时，审稿人对数据的代表性③提出了疑问，为了回答这一问题，在导师的协调下，他亲自跑到上海市调查总

---

① 我在安泰带的近10名博士毕业生，数次抢风头。开门弟子程名望（2004—2007年，企业管理专业），学位论文获评上海市优秀博士论文，开交大文科先河；弟子徐翠萍（2006—2010年，农业经济管理专业），巾帼不让须眉，学位论文再获评上海市优秀博士论文，且获国家百篇优秀博士论文提名，为交大文科争光；弟子盖庆恩（2009—2013年，应用经济学专业），学位论文同样获上海市优秀博士论文，为交大安泰应用经济学添彩。由我指导的三篇优论文，占上海市优秀博士论文开评阶段（2000—2016年）交大累计获得的7篇的近一半。

② 袁方毕业当年，学院组织的是首届硕博士连读生的集体留影。尽管他也认识这些学长学姐，但要加入这个团队合影似乎有点不那么妥当。待到来年，他的班级合影时，他因工作原因无法抽身，由此，他留下了一个"终身遗憾"！

③ 通常我们对国家统计局的调查方案、执行及其数据代表性，很少怀疑。

队，对调查方案的设计初衷与执行细节，对照抽样调查方法，与负责人和执行人（调查员）进行了差不多一个月的讨论与沟通，回复时对审稿人的质疑给出正反两个方面、自认为圆满的答复，初审的三个结论"支持，修改，反对"到再审时演变为"反对，修改，支持"。尽管结果让人哭笑不得，但这一结果，也让我们真正见识了在《中国社会科学》上发文之难！这或许是一种审核中的"众口难调"，但"摁下葫芦起了瓢"是学者们在退修过程中最怕遇见的，偏偏让我们遇见了。正常理解，审稿人之间意见相左时，可能已超出作者的回复能力，至少目前我还没有找到一个解决这一问题的办法。在这一过程中，袁方同学对学术研究的严谨性之认识、自身能力都得到极大提高。正应了一个成语："塞翁失马，焉知非福。"

为了实现国际化的目标，袁方同学在读博期间做了一个重要选择：国际访学①。考虑到公派时间与自己的计划有冲突，故对安泰学院访学建议流程"先申请国家公派访学，不成，再申请学院公派访学"选择了不接受。于 2015 年 2 月至 2016 年 1 月休学自费赴美，在南加州大学马歇尔商学院（Marshall School of Business）访学一年。虽然一年的国际访学时间好像也不短，但在学术研究成果表达的英文化上，进展似乎有限，尽管期间完成了两篇英文学术论文，但与高档次学术杂志发表之间尚有一定距离。当然，不能因此否定访学的价值与意义。通过国际访学，至少让他这位拿着国内文凭的学子在就业时，更具优势。

"老王卖瓜，自卖自夸"是很自然的事。袁方作为我在交通大学带的首个

---

① 按照学校当时的规定：国际访学，不管公派还是自费，都要办理休学手续，这意味着，访学期间的费用要么由派出方支付，要么自付，与此同时，学校的博士津贴自动停止发放，学制时间照算。在访学归来后，若因访学延迟毕业，意味着该生落入"无津贴"的"陷阱"。目前这一"陷阱"得到部分改进，访学归来，有津贴，学制时间顺延。

硕博士连读弟子，以优异的成绩从交通大学毕业，不仅为安泰"硕博士连读项目"正了名，也为我的"华村一家"团队争了光。以6篇"一作"（其中一个A，两个B＋，三个B）、协助2个国家自科面上项目成功申报、2个国家奖学金（硕士和博士期间各一个）、一篇优秀学位论文的成绩换取的交通大学博士学位，可谓货真价实。按照一般说法，所有的学业都完成了，应是成才了！可是否达到成才标准，真的还不能由"文凭"说了算。按照我老家的话，"是骡子是马，拉出来遛遛"，我们培养的人才也一样，需要由"人才市场"来检验。

在袁方同学的求职过程中，目标是大学教职。我建议他在国内两个经济发达地区长三角和珠三角进行选择，投出去的简历差不多都有回应，有"985"的东南大学和华东师大，有"211"的华东理工、上海大学和暨南大学等，他都去应试了，效果也都不错。但袁方结合家庭情况以及个人意愿，最终决定南下广东，就职于广东外语外贸大学。广外虽不是一所名校，但这所正沿着国际化方向发展的高校，至少为袁方同学未来的研究提供了一种可能。

到广外工作两年来，袁方同学应当说基本展示了交大学子的风采。在认真做好新教师所需要的一切准备和适应工作的同时，将自己在交通大学的科研训练成果尽情地展示着，继2017年争取到一个广东省社科基金项目（GDXK201720）后，2018年又争取到三个：一个国家自科青年项目（71803032），一个广东省自科基金项目（2018A030313490），一个广州市社科基金项目（2018GZQN26）。同时还实现了SSCI类论文"零的突破"，两篇SSCI类期刊论文在2018年正式发表（*Asia Pacific Journal of Human Resources* 和 *Empirical Economics*）。项目的到来，不仅为其在南粤大地开展研究提供了不错的财力后盾，更让导师我由衷地感到满满的欣慰。

现摆在读者面前的这部《农民工福利问题研究》专著，**不仅代表了学子袁方在上海交通大学攻读博士期间的努力，同时也融入了他在南粤大地研究两年的部分心血**。为本书作序，按照常规本应多介绍一些有关此书的内容才是，考虑袁方把我也拉入作者行列、序与前言的区别，同时也考虑到我的读者中有不少是期望成才者，或期望育好人才者，故将着墨点放在了袁方博士的培养过程上。期望读者理解我的良苦用心！也祝愿读者通过阅读本序能够有所收获！认为书中有何不妥均可来信与我们沟通。热切欢迎您提出宝贵的修改意见或中肯建议！

2019年1月28日写于上海交通大学闵行校区

第十一章
薪火相传

自从 2013 年团队产品之一——专著，添加"华村一家"Logo 正式面市以来，团队已出版专著 7 部，现在到了第 8 部，即张锐同学的博士论文《**农村能源消费与结构升级研究**》。依照惯例，仍旧由我来为其作序。到底写点什么呢？思来想去，我给这篇序起了一个名：**薪火相传**。想表达的意思有二：一是专著本身研究的内容，农村能源及升级问题，换言之，由传统生物能源**柴薪**向现代清洁能源**气电**迈进过程中的问题；二是我们师徒的职业——教师，被人喻为红烛，燃尽自己，照亮他人。我深深相信，形骸有尽，思想永传。

课 题 由 来

在我主带博士研究生以来，有一个不成文的约定：**学位论文的选题均来自对学生兴趣的发掘**，与导师承担的项目没有直接关系或不把项目与学生的学位论文进行绑定。尽管做过学位论文的同仁都知道，学校有一明确规定：**招收博士的导师必须有项目承担，有经费保障**。这一规定意味着什么或暗示着什么，不言自明，这也是当前诸多研究生把其导师称为"老板"的理由。对此，我有自己的看法：**不允许学生称我为老板，也自觉不是他们的老板，也不想做他们的老板，只想做与我身份相称的"老师"或"导师"**。我与学生之间的关系乃师父与徒弟的关系，这一关系的主体内容应是思想传递、碰撞与升华。而老板与学生的关系，世间原本不存在，要说存在，也只是老板与打工仔的关系。老板与打工仔的关系主体内容应是金钱传递、雇佣与两清，主要存在于工商业领域中，而非神圣的学校。在当下的学术圣殿中之所以会出现这种原本不存在的新型关系，可能是受社会"铜臭气"影响，商业性之味浸入学堂。

在"华村一家"科研创新团队中，我尽最大努力将学生求学的风险降到最低限度，让原本纯洁的师生关系保持原貌，这也是我带队的初衷。

记得在 2009 年出版《中国农家行为研究》一书时，我曾在附记《我的三十年》中展示了我做博导后的思想、行动与效果。但喜欢"变变变"的我，也想尝试一些其他方式。故在 2011 年招收张锐同学时，就确定对其博士论文选题做一新尝试：**做一种既定选题下的行动。**到底如何？本书可以说正是这一尝试的结果。

关于农村能源问题的探讨，原本不在我的研究视野内，也从不曾想过去探讨。一个偶然的机会让我走进这一领域。2008 年秋，一个陌生来电、一次意料之外的来访，打破了我的宁静。

于娟，一位本科曾就读于上海交通大学，研究生到北欧挪威深造，毕业后到复旦大学工作的女博士，在网上发现了我的研究范式与之有重合，故带着挪威的合作团队造访。由此开启了我的国际化合作研究之先例。

绿色的、低碳的能源消费方式的确是我们生活质量提升的方向，这个谁都知道，但要改变几千年来形成的生活方式并不是那么容易，这个也应谁都知道。作为研究学者，我们明白自己能够做什么。在生活质量提升、能源消费方式改变方面，我们首要的任务就是摸清现状，通过田野调查的方式，从现实出发，去探索改变的路径。我们相信："**哪里有问题，哪里就有答案。**"调查不仅是为了了解问题，更是寻找解决问题的路径或方式。顺着这一思路，以复旦于娟博士为主，联合交大史清华博士，与挪威国际气候与环境研究中心（Center for International Climate and Environmental Research-Oslo，简称 CICERO）于娟的导师 Solveig Glomsrød 女士，一道向挪威研究理事会提出了一个主题为 "Large Developing Economies：Current and Potential Future Contributions to Climate Change" 的项目研究申请。尽管首次申请被拒，但拥有执着精神的我们次年又一次申请，这次得到幸运女神的眷顾，成功通过。正当好消息到来、准备大干一场之际，我的中国合作伙伴、复旦大学的于娟女士[①]却不幸被突如其来的重病击倒，虽经多方努力救治，仍不得痊愈，最终遗憾退出这一国际合作研究。在其病重期间，我及家人几次到医院或她家

---

① 于娟祖籍山东济宁，海归博士，复旦大学优秀青年教师，两岁孩子的母亲，乳腺癌晚期患者。2009 年 12 月被确诊为乳腺癌，2010 年 1 月 2 日她被进一步确诊乳腺癌晚期，于 2011 年 4 月 19 日走完了她风光的一生，享年 32 岁。在病重期间，她以坚定的信心和顽强的毅力，借网络博客以日记形式为世人留下了数百万字的"反思"，诸如《活着就是王道》《为啥是我得癌症?》《此生未完成》等，每一篇读来都让人思绪万千，都会给人良多警醒：选择良好的生活方式，不只是对自己的关心、对家人牵挂的最好回应，也是对朋友负责、对祖国的担当。虽说其生命短暂，但留下百万字的日记式反思，这也算一种安慰吧！

里探望或慰问，她都表现得信心十足，让我这个"外语盲"放下担忧，同时也极力推荐其师兄魏涛远作为我之研究走向国际化的桥梁，安我这个"外语盲"的心。于娟的鼓励与支持着实增强了我之国际化研究的信心，魏涛远博士更是功不可没，他的协助使我如虎添翼。项目运行4年平稳结项，正如之前的安排，于娟女士虽不能亲自参加，但她最初的努力却是助我们的研究成功走向国际的重要开端。对此，特别感谢于娟女士的奉献，本书的出版也算是对其努力的一个交代。愿于娟女士在天国安详！

田 野 行 动

按照申报时的设计，在项目于2010年春正式启动时，挪威方的负责人Solveig Glomsrød与魏涛远专门来到上海，一来探望一下于娟老师的病情，二来正式确定我们的行动方案。为此，借复旦大学社会发展与公共政策学院之宝地，就研究的主题，三方从分工与协作视角共同进行了深层次的探讨。

作为中方合作方之一的上海交通大学，主要负责**"中国农村能源消费问题的现状与演变研究"**，在会上对自己的总体研究方案、细化以及行动路径和可能遇到的困难进行了清晰的阐释。挪威方对我们的想法给予了充分肯定，但也对行动方案中涉及的每一个指标进行了细致的梳理与推敲，同时表达了期望获取的指标，并就之后可能出现的问题与我们进行了探讨。

围绕农村能源消费问题进行田野调查，我们的方案设计主要考虑这三点：首先是**预算约束**，在有限的预算下，如何做到样本量足够大？第二是**样本代表性问题**，面对中国这样一个人口规模全球之最、国土面积世界第三，且农村类型多样广泛的国家，如何布点、布多少点才能有说服力、有代表性，同时也有经济性？第三是**问卷方式与深度设计**，这也是课题最应重点考虑的问题。

思索再三，我们在选择样本区域时，**重点考虑了以下三个原则：**一是**经济发展水平**，依照GDP或人均收入将全国省份分上、中、下三类各取一省；二是**自然区位分布**，要兼顾中国的南北与东西，计划调查的三个省在地理上最好呈"△"状分布；三是**伙伴选择**，依托现有调查系统，选择国家农村固定观察点作为我们调查的合作伙伴。经过慎重考察，最后的选择：位于中国北方、经济发达程度居中的山西为一个观察区，位于中国东南、经济较为发达的浙江为一个观察区，位于中国西南、经济相对落后的贵州为一个观察区，三个区在地理区位上正好呈典型的"△"状分布，经济发展水平也完全符合我们的选样代表性考虑。在各点又选择了 10 个村若干农户作为我们实地调研的数据来源点①。

调查以农户家庭为单元，以能源消费为核心。**调查内容包括农户生产与生活中的燃油、煤炭、电、燃气、柴薪等能源消费以及农户收入等**，其中，有燃油消费问题 5 个、煤炭 6 个、电 4 个、燃气 3 个、柴薪 3 个，农业生产、生活方式问题各 5 个，农民收入问题 1 个以及能源政策问题若干。调查分两次进行，第一次是 2010 年冬，也算试调查，在我的家乡山西开展，调查以十个国家观察点村的观察户为基础，2011 年冬又分别在浙江十村和贵州十村再一次开展了同题调查，调查同样以国家观察户为基础。三次调查累计获取有效农户样本 2 253 个。严格地说，我们的这次调查仅仅是一个专项调查，基础的农家数据获取则依托国家农村固定观察点的观察。由此，得到国家和晋黔浙三省观察点办公室的支持就非常重要。在这里，要特别向国家农村固定观察点办公室武志刚处长及相关省份负责人的努力与支持表示衷心感谢。

调查不只是填写问卷，同时还辅以实地考察。就能源消费问题，我们的首次考察发生在 2011 年初冬，结合试调查数据的初步分析结果与存在的疑虑，课题组有针对性地选择了山西十村中的三村②，用了一周时间进行回访性的实地考察。这一考察为接下来的浙江和贵州两省调查开展提供了重要的基础。

国　际　合　作

随着研究项目的启动，我们的国际合作正式开始。在合作期间，挪威方每年来上海听取一次汇报，并与我们展开交流，时间在 1 周左右；我们也每年都

---

① 确切地说，这 30 个村并不是我们这次调查所选择的，而是国家农村固定观察点办公室在 20 世纪 80 年代中期就已确立的，我们只是依托利用而已。但三个调查省的确是我们的选择。

② 这次访问由上海交通大学史清华教授组织，由山西省观察点办公室王玉琴主任负责安排有关工作并陪同，访问成员有挪威方主要负责人 Solveig Glomsrød、团队成员 Mette Wik 和魏涛远，我们一行 5 人对地处山西晋中北部的 03 号定襄县神山乡镇寨村、晋中东部的 05 号平定县锁簧镇立壁村和晋中的 04 号太谷县水秀乡武家庄村等三村进行了实地考察，对 2010 年的能源消费调查数据中存在的疑问进行了细致咨询与观察，从而让心中的疑问得到满意的答案。在此，特别向山西观察点办的王玉琴主任表示衷心感谢。

被邀请到挪威首都奥斯陆（Oslo）①，与 CICERO 的同仁进行为期 1～2 周的交流与合作研究。

诚然，对于国际合作研究，以前没有做过，缺乏亲身体会，这次的双向互动式研究，让我对于合作研究的认识有了很大提高。**合作研究，重要的不仅是各自的分工研究，更是合作与交流；不仅涉及办公室里作业，更需要走进现实生活观察与相互分享。**尽管现在有了微信，为人与人交流提供了诸多方便，但依旧不能替代传统的面对面交流，更不能替代面对面的实地分享。挪威方的课题总负责人 Solveig Glomsrød 女士的这一安排，尽管最初在交流与学习时，总感觉有点浪费资源，特别是宝贵的经费资源，但随着一年年的实践与体验，感觉收获真的不一样。

除了合作研究本身，四次挪威奥斯陆行，让我充分体会到电视剧《渴望》的插曲《每一次》之韵味，真可谓："每一次赴奥（Oslo）都有新感觉，每一次赴奥都有新发现，每一次赴奥都有新收获。"真正体会到中国成语"见多识广"之奥妙所在。**书本学习、数据研读固然重要，实践体会更加重要。往往创新就来自"见多"而致的"识广"。**试举两例说明：

财务的信任管理。我们的国际合作研究，按照约定，中方人员的国际差旅

---

① 首次出行时间：2010 年 8 月 20—29 日。从浦东机场出发，乘坐德汉莎空航班在法兰克福（Frankfurt）机场入境，稍待数小时后转机飞赴奥斯陆，在 CICERO 工作一周后，原路返回。这次出国合作研究中方有三人，其中交大方就我一人，复旦方有两人，他们是刘惠芳女士和朱勤先生。主要工作内容：感知北欧城乡，挪威方应我之要求，特意安排了一次赴距首都奥斯陆约 300 公里的农村实地考察。这次考察为完善中国调查方案起到重要作用。

第二次出行时间：2011 年 8 月 12—25 日。同样从浦东机场出发，这次改乘芬兰航空航班在赫尔辛基（Helsinki）机场入境，因起飞时间比原定晚了 1 个多小时，致使转机出现问题，被迫在芬兰机场酒店滞留一宿，次日一早才登上飞往奥斯陆的航班，在 CICERO 工作两周后，原路返回。这次主要的工作内容就是各自就调查数据的初步分析结果进行汇报与交流。同时我们也从 CICERO 方安排的讲座活动中汲取了营养。这次出行最大的感受：自己作为一个"外语盲"，尽管有魏涛远先生助力，但还是感觉有点力不从心，需要增添更加得力的助手，由此着手解决这一问题当是做好未来工作的核心。

第三次出行时间：2012 年 8 月 19—31 日。出行同上次，从浦东机场出发，乘芬兰航空航班在赫尔辛基机场入境，转机到奥斯陆，在 CICERO 工作两周。这次出行中方一共有四人，复旦依旧是朱老师和刘老师二人，交大新增了 2011 年我新招的博士生弟子张锐同学。之所以带一名新生，旨在让其充分认识到能源研究是一个重要方面，期望其在这方面有所开拓。这次的工作主要内容：汇报我们两年来对晋浙黔三省农家能源消费的调研数据的阶段性开发成果。报告为全英文，汇报由张锐同学负责。相比前两次，这次的效果显然要好得多。

结项出行时间：2013 年 5 月 5—12 日。四年的项目眨眼就结束了，感觉时间过得真快。这次我们照旧从浦东机场出发，轻车熟路，选择芬兰航空航班在赫尔辛基机场入境转机到奥斯陆，在 CICERO 工作一周后，原路返回。这次结项出行中方人员同上次，共四人。由于有了前面一次的中期路演，这次结项汇报效果显然好得多。辛苦张锐同学了。在此，对张锐同学在项目完成中的英文贡献和研究贡献致以诚挚谢意！因为他是首个被项目"绑架"了的同学。

费用全部由挪威方支付，包括签证、机票、公交或出租车开支，住宿以及工作午餐等。根据挪威方的安排，我们的国际旅行开支先由我们垫付，然后实报实销。在报销时，CICERO方只给了一张表格，请我们将开支细目数据如实填在表上，并签上自己的大名，而对我们提供的所有票据一概不看，也不索要。CICERO方的这种财务管理方式，让我们这些在中国有过出差报销审了又审、查了又查经历的学者，既感到惊异，又感到一种充分的尊重。如果说四次报销都是如此，也不完全，有一次他们也和我们要了票据，但也只有一次，好像是第二次，其他再没有过。他们的这种做法，看似放任，却实在高明。

社会的信任管理。四次北欧挪威访问或说合作研究，让我体会最深的是"无人管"的滋味。我们在奥斯陆访问期间，所住的旅馆是CICERO方在网上预订的，店方通过Email提示我们如何从奥斯陆机场到达酒店，如何取到房间钥匙——在一家小型超市中通过报自己的护照号取到。在奥斯陆期间，一直没有见到酒店的服务人员。在即将离开奥斯陆时，我们向酒店方去了一封Email，对方也礼貌性地回了一封，告知我们离开时钥匙归还处。就这样，我们每次1~2周的奥斯陆之行都处于一种居住无人管、服务自己来的状态。

四次去奥斯陆，"无人管"的事一件件在我们身边发生，诸如乘坐公交，开放的出入口管理，真不知哪位是有票、哪位在逃票。最初感到惊讶，慢慢就习以为常了。**思考一下这种"无人管"现象，我们会感觉到这似乎是一种更高级的管理。**一般地，我们购买一张七日通的公交票，可以乘奥斯陆除出租车外的所有公共交通工具。我发现除了启用票时需要检录（Check）一下①，其他时间我的票均处于无人查状态。奥斯陆的地铁通道，任何人均可随时进出，相比我们的严密安检，似乎感觉他们特别傻，但这种傻对我们来说似乎特别需要，因为它让我们感受到人应该获得的尊重。

是啊！人类自称是这个星球的最高级别生物，那么到底怎么才能成为人，这个问题值得我们认真思考。是否为人不应是在条规约束下由他人认可，而应当首先由自己认可，只有自己把自己当人了，他人才能认可。所以，从这个角度看，**让自己承认自己是人是社会管理的根本基础。**换句话说："好人推定"应是一个良好社会有序管理的前提。

---

① 其实就连检录也没人问，全凭自觉。后来我们了解到：他们是会抽查的。如果被抽查到没买票，就要罚款。听说公交公司曾请经济学家根据调查数据建立模型，通过模型分析来确定抽查频率，确保抽查成本最小化和效益最大化。这一做法值得我们的相关部门效仿，因为中国的全覆盖式无缝管理，成本也真的太高了，快高到让社会机构有点受不了啦，"压力山大"，真的到了应该改变的时候了。

深 化 研 究

　　根据项目计划，到 2013 年春，我们的国际合作项目专题"中国农村能源问题的调查"研究工作就算告一段落，经费花完了，田野调查与数据初步分析也相应完成了，调研报告也已上报了。但农村能源消费领域的研究似乎才刚刚开始，一切都需要从头再来。由此，在将《中国农家能源消费行为分析》调研报告进一步整理升华并发表[①]的同时，寻求新的经费支持成为我们"华村一家"团队的又一目标。经过讨论，我们决定以**"中国农村能源消费结构转换与升级路径问题研究"**为题，申报国家社科基金一般项目，主申请人由彭小辉同学担当，师弟张锐作为主力支持[②]。很幸运，我们的这次申报也成功了，项目基金号为 14CJY082。

　　两个小目标的实现正式开启了我们团队对中国农村能源消费问题的深化研究。同学们通力合作、积极参与，特别是张锐同学将博士论文选题定在这一领域，其不懈努力让我们团队在这一领域中占据了一席之地，特别是在国际农村

---

　　① 这个目标很快就初步实现了。调查报告在经彭小辉和张锐二位博士研究生整理后，以"中国农村能源消费的田野调查——以晋黔浙三省 2 253 个农户调查为例"为题很快在《管理世界》（2014 年第 5 期）发表。并在两年后的 2016 年，分别荣获第七届中国农村发展研究奖论文提名奖，江苏省第十四届哲学社会科学优秀成果三等奖，上海市第十一届中国特色社会主义理论体系研究和宣传优秀成果二等奖。六年后的 2020 年，又获第八届教育部人文社科优秀成果二等奖。

　　② 彭小辉和张锐两位博士生都是在职攻读，一个是南京师范大学泰州学院的讲师，一个是浙江财经大学东方学院的讲师，两个人都有条件独立申请国家项目，考虑到各自背景及成功率，我建议由师兄彭小辉担当主申请人。至于张锐的博士论文选题确定，从 2012 年带其出国到挪威参与国际合作时，我就有了相关想法，故在项目申报时，将其定为主要参与者。从这个角度看，张锐的选题非兴趣使然，有指定之嫌。由此也导致完成时间大大超期，2011 年进校，2017 年才出门。延期固然不完全是题目由我指定所致，但也不排除与此相关，在此特向张锐同学表示歉意。

能源文献中有了我们的身影。

当然，在通向国际化研究的道路上，我能为同学们做的支持是非常有限的。张锐同学在此方面取得的成绩，除了有自身强大的浙江大学本硕背景支持外，与我们的国际合作伙伴——挪威 CICERO 方的魏涛远先生给予的鼎力支持是分不开的。在项目结束后，张锐同学申请到一个到挪威 CICERO 机构访学的机会①。正是这短短的半年访学，让其在能源消费问题研究上有了新的收获。先后完成了数篇高质量的学术论文，一篇题为 "Bioenergy Consumption in Rural China：Evidence from a Survey in Three Provinces" 的论文率先于 2014 年在 *Energy Policy* 第 75 期上发表。第二篇题为 "Drivers Behind Energy Consumption by Rural Households in Shanxi" 的论文于 2015 年在 *AIMS Energy* 第 4 期上面世，第三篇题为 "Wave Transition in Household Energy Use" 的论文于 2016 年在 *Technological Forecasting & Social Change* 第 102 期上与读者们见面②。三篇国际论文的相继发表，一下子让其攻读博士学位的压力大减，同时也为其获得优秀毕业论文奠定了基础。尽管此时，还有一些想法可以进一步完成，但考虑到学位论文提交在即，转而投身大论文的撰写中。

修 成 正 果

张锐同学的博士论文《农村能源消费与结构升级研究》，既是国家社科基金"中国农村能源消费结构转换与升级路径问题研究"（14CJY082）的主体部分，也有很强的独立性，确切地说，是基金报告的升级版。自 2017 年获取博士学位以来，作者对论文的主题进行了再思考，特别是认真汲取了答辩时评委们提出的意见或建议，目前摆在读者面前的同题出版的书就是作者进一步充实与修改的结果。

本书起源于国际合作调查，深化于国家基金申报，完成于博士论文研究，至少在三个方面对中国农村能源问题研究做出了创新。

首先是理论上创新。本书在传统能源阶梯模型和能源堆积模型的基础上，构建了融合能源阶梯和能源堆积模型的能源消费结构波浪升级理论模型，提出了测算能源消费结构升级速度和水平的指标体系，并对理论模型进行了验证和

---

① 在魏涛远先生的支持下，张锐同学于 2013 年 7 月到 2014 年 1 月到挪威国际气候与环境研究中心（CICERO）访学半年。指导员即是魏涛远高级研究员。

② 他也因这篇发表在 SSCI 二区上的论文，荣获 2015 年上海交通大学安泰经济管理学院高水平学术论文奖。

计量分析，验证了理论模型的合理性和可靠性。

其次是视角上创新。本书从中国农村能源消费结构升级视角，将农村能源消费问题上升至国家能源安全与大气环境污染的战略高度，基于农村能源消费结构升级的规律和路径，为当下国家能源发展战略和雾霾治理提供了一种新视角。

然后是方法上创新。本书尝试构建了"时间特征""增长率""顶点间距""能源消费结构升级点"以及能源消费效率 ETI 和能源消费环境 ETI 等指标系统用于定量研究中国农村能源消费结构升级水平和速度。

最后还有对空白的填补：中国农村能源消费及其对环境污染的影响受到的关注非常有限。本书沿着"框架设计—田野调研—理论分析—实证分析—对策建议"的思路，从宏观到微观进行了层层递进研究，对本领域的研究有填补空白之功。特别是基于中国晋浙黔三省农村跟踪观察数据及我们团队用两年时间收集的典型农家调查数据，对能源消费升级理论研究给予实证，这一研究为国家能源安全及当下雾霾治理提供了一种新视角。

从博士学位来说，张锐同学的经济学博士学位证在手，算是修成正果；从基金项目研究来说，基金研究报告成功上交，并顺利通过验收，也算修成正果。但从学术传播来说，真正的正果是什么？依我看，应是一部书，是一部拥有自己独立思想的书。作为一名学者，在著书立说方面当是行动者，这也是我把"书"这一特色产品视作"华村一家"团队品牌成果的根源之一。当然，作为一名教师，我们的"薪火相传"内涵广泛，培养拥有独立思想、拥有传播独立思想能力的学者是根本。我相信，张锐同学、张锐副教授会把我的衣钵传承下去。愿"薪火相传"成为本书最核心的思想。也衷心期望读者成为"薪火相传"的接力者。

2019 年 9 月 10 日

第十二章
志存高远

2019 年即将过去，回顾这一年来让我印象最深的事，莫过于为自己、为同学、为朋友写书序了，似乎自己就是一个专业写序者。从年初为弟子袁方博士的专著作序《育才之路》，到后来为自己、为贵州大学王华书教授、为云南财经大学江淑斌副教授等的专著作序，再到为弟子张锐博士的专著作序《薪火相传》，屈指算来已有五六篇了。多篇书序我都起了名字，努力写一篇有专门名称的序，自觉别样有趣。这次应邀为弟子盖庆恩博士之专著《中国农村劳动力资源配置扭曲及其影响研究》作序也计划如此。考虑了近一个月，想来想去，结合其特点，拟以"志存高远"为题，意在表达这位可遇而不可求之弟子是如何成功实现跨界的。

定 位 选 择

记得有人曾对恢复高考后，中国的高考"状元"人生做过一个统计，结论亦喜亦忧[①]！喜的是这些"状元"还算有一定成就，基本对得起当初的成绩；忧的是本应成为同代精英、引领社会发展的他们，实际作用有限。作为一名大学教师，特别是商学院的教师，我对此初感喜悦，细思担忧。国内顶级高校的学子、社会精英，把"经济收入"与"社会地位"视为首要考虑因素，为社会、为民族、为国家的担当作为为何有限？难道真的是"精致利己主义"在

---

① 据网上一篇《恢复高考 42 年，中国 3 000 多名高考状元如今都去了哪里？》的报道：北大、清华几乎包揽了中国所有的高考"状元"；完成本科学业后，选择在国内就业或创业的比较少，大多选择攻读硕士、博士学位，发达国家是其留学首选；在学术界、专业技术领域职业成就较高，经商、从政却并非其所长；职业领域分布较为广泛，经济收入和职业地位较高，大多从事"高薪职业"，多属于各行业的白领或金领阶层。

作祟，让这些本应起到先锋或引领作用的精英沉醉于追名逐利？也许是新闻报道有偏见，也许是社会对其期望过高吧。当下高校在招生时追逐"状元"的行为使我很反感。他已经是"状元"了，还能把他培养成啥？能够让其在未来的工作领域也保持做"状元"就是最大的梦想了。细思，这也只能是一个梦想。

在盖庆恩同学进入培养视野前，我已先后招收了 4 名博士生，两名来自"985"名校（浙江大学和上海交通大学），两名来自一般院校（烟台大学、广西大学和河南农业大学），他们均非常优秀。盖庆恩这位来自北国"985"名校（哈尔滨工业大学）的学子的加盟让我们"华村一家"团队实力大增。之所以这么说，一个重要原因是其入校以来的定位选择。

盖庆恩同学进入交通大学以来，一改之前师兄师姐的做法，在认真修习博士课程的同时，还积极地参与了老师们的研究。首次合作者——青年海归梁建[1]先生，在盖庆恩硕士期间曾对其起到引领与指导作用，且在他报考交通大学时还有推荐或担保之恩。他在一年级期间就与梁建先生共同撰写了《民营企业的政治参与、公司治理和慈善捐赠》和《资源、制度与研发投入：来自中国民营经济的证据》两篇高质量学术论文，其中一篇很快在国内管理学"顶级"期刊《管理世界》（2010.07）刊出，这似乎预示着他的博士之路也将是一种"顶级"模式。二次合作者——青年本土才俊朱喜[2]先生，在助其入选交通大学博士生队伍，并成功进入"华村一家"团队中起着二次引荐与担保作用。二年级期间，他与朱喜先生共同撰写的《要素配置扭曲与农业全要素生产率》一文也很快在国内经济学顶级期刊《经济研究》（2011.05）刊出。尽管在刊出的两篇论文中，庆恩的署名均排在第三位，不在学院博士生考核计分之列，但约略感到，他的博士之路定会行走上"顶级"模式，对此我确信无疑。这是因为刊出的论文署名排序不一定代表一个学者的真实努力情况，深度介入且初尝发表顶级论文之快乐后，他会从此过程中获取发表顶级论文所需要的能量，后来

---

① 梁建是我们学院最早引进的海归之一，也是安泰经济与管理学院众多优秀海归青年之一。2007 年被从香港科技大学引进上海交通大学任教，2012 年入选国家自然科学基金优秀青年人才计划，2017 年追随长江学者、国家杰出青年、著名工商管理学学者李垣院长到同济大学发展，并晋升教授。盖庆恩选择来上海交通大学读博，一个重要原因就是梁建老师推荐。

② 朱喜是我们学院 21 世纪以来引进的本土人才之一，也是安泰经济与管理学院为数不多的优秀本土青年人才之一。到院时间比梁老师早一年，平时他俩一块儿在球场上活动，故而交往多点。作为经济学科的优秀青年学者，他从清华博士毕业到交大，直接担任了博士生的高级计量经济学主讲老师，可见经济学功底之扎实与深厚。朱喜平时和我往密切，故知道我当年的招生名额空着，在收到梁建老师的请求后直接向我推荐了盖庆恩，由此有了他做副导师的行动。

的实践也验证了我的预判。求"精"求"品",不仅是盖庆恩同学的博士"顶级"模式之魂,也将成为其整个研究生涯之魂。

挑　战　自　我

盖庆恩同学的这一选择,应当说助我实现了作为导师的梦想。没有一位导师不希望其弟子有高学术品味,我也一样。但在今日的博士生培养中,导师们恰恰很少遇见这样的弟子。也许是一种缘分,"盖"(读"gě")姓鲜见,正好我家里也有一位"盖"姓之人,恰合"内亲"之说;他个性鲜明、追求跨界,说明有能量、有胆识,我非常喜欢;籍贯显示,他与我同出一府——潞安,还多了一些"老乡见老乡,两眼泪汪汪"的亲切。能得到海归和本土两位青年才俊的鼎力推荐,勾起了我的好奇心,但更多的是反思,我曾经的拒绝捡漏招生模式可能存在瑕疵,何不做一个顺水人情,同时也借此机会尝试一下捡漏的效果?正是基于好奇、基于观念转变,才捡到这位可遇而不可求的弟子。缘分啊!真的是缘分!

盖庆恩同学的这一"精品至上"的选择,当说是十分正常的。作为一名来自顶级"985"高校的学子,就应当如此!其行为完全是基于正常的学术站位。反倒是那些"精致利己主义者"的行为才属于不正常。也许这是一个特殊的时代,被颠倒了的思维才算是正常思维,才算是"创新"。用"投机取巧"代替"脚踏实地",用"巧取豪夺"代替"取之有道",这样的行为尽管大行其道,我却实难认同。在生活上、工作中,我行我素,奉行的是"情理法序"规则,对扭曲了的思维或行动,不仅不认同,有时还直接进行抵制,但在多数情况卜,因精力有限、时间不足,我不得已只能选择敬而远之。

要说有点意外,也的确如此。这个意外来自他的学术背景。盖庆恩本、硕均不属于农经或者经济学领域,到我门下攻读博士属于跨界行为。本科:哈尔滨工业大学材料学(无机非金属材料科学与工程),无论是与经济学科,还是与管理学科,都有很大距离。硕士:企业管理,似乎靠近了点,但两年半的时间能靠近多少?当然,这个也取决于由谁来引导。幸运的是,他在深圳读研期间碰到了正在招募志愿者的梁建先生,并加入了他的调研团队,梁建老师在深圳调研时的细心栽培,使他受益匪浅,并加速缩短了他与管理学科的距离。博士:首入农业经济管理领域,因交大战略调整之故,农经学科建设被叫停,2011年转入应用经济学系。无论是农经,还是应经,这两个学科与其本、硕的知识与技能储备均有一定距离,由此,其博士学位的获取难度可想而知,不仅要补一般经济学知识与技能，还要补不少农学知识，真的是在考验其"坐冷板凳"的能力。

当然，对于擅长"挑战自我"的人来说，这不算什么。在我们"华村一家"团队，盖庆恩不是第一人，师姐徐翠萍和他的情况相近。本科：化学；硕士：管理学；博士：农业经济管理。正是她——这位跨界才女，让我们2003年才获批建设的农经学科博士学位授予点，在短短10年时间中，拿到上海市优秀博士论文，她还第一个代表上海交通大学文科获得全国百篇优秀博士论文提名。由此我相信，相似背景的盖庆恩也一定能够成功，可以给其他跨界的学生做出榜样。实践也印证了我的预判，在上海交通大学应用经济学博士学位授予点正式运行10年之际，盖庆恩成为安泰经济与管理学院应用经济学系首位上海市优秀博士论文获得者①。

跨界有跨界的优势，坚守有坚守的好处。两位学霸级的学子，充分释放了他们跨界的能量。作为坚守专业的代表②，在指导两位跨界学子时，我真的感觉有点吃力与艰辛，不是他们不能，而是我的能量实在有限。徐翠萍同学，博士论文选题"中国农户收入、生产行为与技术效率研究——基于税费改革背景下的实证"，属于典型的农经范畴，问题还不大，但在通往国际化的道路上，"英语盲"的我则无能为力，好在有美国普度大学（Purdue University）王红教授协助，才顺利地渡过难关，

为此，徐翠萍在毕业论文上，将副导师之位留给了王红教授，在此特向王老师表示由衷的感谢。盖庆恩同学，博士论文选题"中国农村劳动力资源配置扭曲及其影响研究"，初看是一个农经类的主题，细做下来却是一个经济学成分十

---

① 至此，在安泰经济与管理学院三个学科中，各有一名我带的学生获上海市优秀博士论文奖。程名望：企业管理（管理学）；徐翠萍，农业经济管理（管理学）；盖庆恩，应用经济学（经济学）。自上海市优秀博士论文评选活动举办以来，占上海交通大学文科3/7、占安泰学院3/6。

② 从本科到博士，我是一位在专业选择上从来没有想过越雷池一步的人，也许是能力弱的问题，也许是出于对专业的偏爱，一直坚守自己的农业经济管理专业。但也不是一个"安分守己"者，从本科到博士，直到博士后以及工作，学校或单位换了一个又一个：从本科山西农大出发，一路转战，硕士到宁夏农学院和西北农大，毕业后回到家乡太原，在山西农科院从事农经研究，其间在职到中国农大完成博士学业，之后转战浙江大学从事博士后工作，出站来到上海交大任教。从这个角度看，我也有一些"跨域"行为。

足的主题。文中有不少数学公式推导，让我这位数学考试曾老是满分的人也倍感头痛，显然在这方面，我需要再学习。盖庆恩同学撰写的一篇篇学术论文，成了我担当博导至今审阅起来最感困难、也最想挑战审阅的论文。尽管审阅一篇他的论文，耗时短则数天、长则数周，但我依旧十分期盼。因为我也是一位时刻准备接受挑战的人。当然，这其中，给予他帮助最大的不是我，而是一位刚刚加盟"华村一家"团队的新人，一位专业和学校都非常完美的坚守者，即本、硕、博均就读于清华大学经济管理学院数量经济专业的安泰青年学者朱喜先生。正是有了朱喜老师的助力，才让我再一次顺利过关，为此，盖庆恩在毕业论文上，将副导师之位留给了朱喜副教授，在此特向朱老师表示由衷的感谢①。

求　索　上　下

战国时期楚国诗人屈原的《离骚》中有一句话："路漫漫其修远兮，吾将上下而求索。"将此话放在从事博士研究或做科研的人身上似乎再贴切不过。从事科学研究，应当说没有什么捷径，需要按照程序一步一步来，特别是自然科学，其研究对程序要求更为严格。社会科学对程序的要求似乎较宽松些，但对问题的提出、理论假说的提出及逻辑推理、实证方法选择、数据获取方式等也是有诸多苛刻要求的。社会科学研究的条件宽松，看似一件好事，其实也给研究者带来诸多麻烦，诸如成果的正式发布（出版与发表）时间要较自然科学长得多，特别是学者们追求的顶级期刊发文，短则1年，长则数年，这还不算研究本身需要的时间。可见，探索，无论是自然科学，还是社会科学，都是一个漫长的过程，同时也是一个需要学者耐得住寂寞的过程。在这一过程中，学者必须有足够的兴趣，它是支撑其走下去的根本动力，同时还必须高度执着，它是保证兴趣持续存在的核心力量。

记得在《我的三十年》自述中，曾写下这样一段话："没有差的孩子，只有不合格的家长；没有差的学生，只有不合格的教师；没有差的臣民，只有不合格的官员。"选择了教师，就应当接受并顺利完成这一使命，让经自己之手培养的学生个个成才，最好成为栋梁之材。尽管我深知，要锻造出栋梁之材，

---

① 两位学霸级学子，学位论文均被评为上海市优秀博士论文，指导时均有副导师的功劳，且功劳很大，但优秀博士学位证书署名却只有我一人独享，于情于理不合。但也无奈，上海市教委规定，导师栏只能署名一人。在此向王红老师、朱喜老师再次表达谢意。

路还很长，时间也要很多。但这没有办法，漫漫长路，在黑暗中探寻是对一个学者最基本的要求。在这一过程中，教师的作用主要是帮助学生发掘兴趣，培养其执着精神，最终实现其认知、悟性的提升，让学生通过严格的训练过程从迷茫走向执着、从执着达到醒悟。

面对重重困难，基于兴趣动力，立足前沿探索，盖庆恩同学在规定时间内相继在管理、经济、农经等三个领域做出了有目共睹的成绩。

初尝"要素配置扭曲"探索成功的喜悦，激发了他持续探索的好奇心与动力。为此，围绕这一关键词，他竭尽全力搜寻前人研究成果，细致阅读文献，从中找到自己的创新定位。最后确定"劳动力要素配置扭曲"作为其博士论文选题。

说实在话，"要素配置扭曲"是一个非常大的主题，可选择的研究视角非常广泛。诸如以要素类型为视角，可以从土地、资本、劳动以及制度等扭曲配置角度进行研究；以学科类型为视角，可以从经济学、管理学、社会学抑或农业经济管理学等角度进行研究。由于时间、经费以及能力等有限性约束，一篇博士论文选择一个视角、一个要素，从一个学科出发进行研究方是正解。

盖庆恩同学正是接受老师们的建议，从"劳动力要素配置扭曲"视角，考虑到入门学科和导师背景，选择农村劳动力为对象，开展博士论文研究。在蛰伏近一年后，开始发力，先后写出《劳动力市场扭曲、结构转变和中国劳动生产率》《财富对创业的异质性影响》和《劳动力转移对中国农业生产的影响》等三篇高质量的学术论文，并且成功地相继在《经济研究》（2013.05）、《财经研究》（2013.05）和《经济学（季刊）》（2014.03）等核心刊物上发表。至此，其博士论文的整体框架基本搭建完成，具体内容也随之进入完善修订阶段。

博士阶段研究，对一个有志于从事学术研究的人来说，应当说是其学术生涯的起点。从我们"华村一家"团队走出去的博士，基本都选择站上"三尺讲台"，设坛"传道授业解惑"，从某个角度表明：他们都成了"训练有素的专业学者"，都实现了"从迷茫地寻找问题，到能快速发现问题；从遇到问题无从下手，到能很快进入角色"的转换与提升，由此研究成果顶级化就属于自然。盖庆恩同学的表现尤其突出。博士毕业进入上海财经大学 6 年，在国内经济研究领域已小有声望。同样还是关注自己在博士期间的研究主题——"要素扭曲"，但视角明显拓宽，将要素扭曲问题由单一劳动视角延伸到土地等视角。所完成的《要素市场扭曲、垄断势力与全要素生产率》（《经济研究》，2015.05）、《土地资源配置不当与劳动生产率》（《经济研究》，2017.05）和《贸易成本、劳动力市场扭曲与中国的劳动生产率》（《管理世界》，2019.03）

等三篇学术作品，能够在国内顶级学术期刊数次亮相，足见其研究能力之强大、作品之优秀。工作后，与其师兄程名望教授的合作也硕果累累，写出了《农村减贫：应该更关注教育还是健康？》(《经济研究》，2014.11)、《农户收入差距及其根源：模型与实证》(《管理世界》，2015.07)、《人力资本积累与农户收入增长》(《经济研究》，2016.01)、《市场化、政治身份及其收入效应》(《管理世界》，2016.03)和《中国农户收入不平等及其决定因素》(《经济学(季刊)》，2016.04)等五篇顶级学术论文，让"华村一家"科研创新团队在国内学术界的影响力和声望与日俱增。

品 读 人 生

在《西游记》里，要说最好吃的，那必定是孙猴子偷来的"人参果"。这果子"闻一闻就能活三百六十岁，吃一个，就活四万七千年"！多么神奇！多么诱人！但偏偏就出了一个神通广大的"孙猴子"，无所顾忌、不顺应自然地品尝了它。好在孙猴子的这种行为乃极个别现象。

在学术界，也有这种"果子"，那就是"学位文凭"。在过去，学位文凭只由极少数人获取，因其本身在社会某一领域中就处于高位，故其学位文凭获得与否，对他人的影响非常有限，由此，获取这个学位文凭就成为一种兴趣与自然。随着社会的发展，社会结构扁平化，人们对学位文凭的认知不断改变，学位文凭大大"升值"，由此有了经常性的"盗跖"出没，让经历了千辛万苦才摸到学术殿堂门口的学子们感到怅然若失。在学校行政化的今天，文凭贬值或缩水加速，学子之间形成一种为学位而学习、为文凭而学习的不良趋势，由此，"得到它"并赶快"忘却它"成为当下学子的主流行为。

都说"做博士"是在"做事业"，可实际行动与指导思想恰是背道而驰的。学术事业原本是属于少数好奇者的事业，在当今的大学中却演变为大多数人的事。"天下熙熙，皆为利来；天下攘攘，皆为利往。"两千多年前司马迁在《史记·货殖列传》中描述的景象在今日之学术界再现了。

面对学术界中偶发的"偷桃"行为向经常性的"盗跖"行为的演化与商业行为的深度侵入，以做事业为目标的博士学位追求者越来越稀缺。保持冷静的心态，甘于"坐冷板凳"，就成为一名学子成就一番学术事业的重要前提或保证。

盖庆恩同学正是基于这样的心态来从事他的学术事业的。从博士入门到今天正好十年。从整个人生的角度来看，这也是一个关键的检验之年。那么，他是否真的合了我选择的标题"志存高远"？

从当前高校评价教师的一个指标——学术论文来验证：在中国知网搜索"作者：盖庆恩"显示（截至2019.12.31），包括主笔或合作，他累计发表的学术论文只有15篇，年均1.5篇，从数量看，不算多，但还可以，属于"良"等。但就结构看，涉及的学术杂志有6种，其中经济或管理学界公认的国内顶级三刊有他的发文共计12篇（《经济研究》6篇、《经济学（季刊）》2篇、《管理世界》4篇），年均1.2篇，这个水平不是一般的高，而是非常高，三刊占比达80%。显然，这可以从一个侧面反映出作者对待学术是多么的严谨，在学术事业上的追求是多么的高远，用宋代王安石在《登飞来峰》中的一句诗来表述可能较为贴切："不畏浮云遮望眼"。

现在摆在读者面前的这本专著《中国农村劳动力资源配置扭曲及其影响研究》就是一个很好的证明。盖庆恩博士的这本专著以其在上海交通大学完成的博士论文为蓝本，辅以毕业后数年对这一问题的进一步深化，精心完善后呈现给读者。本应对其再做一些评价，但感觉有多余之嫌。故还是请读者阅后自行评价吧！书中可能还有这样那样的不足，希望您阅后将评价如实、真诚地反馈给我或作者。我、作者及我们的"华村一家"团队将不胜感激！

2020年元月5日星期日

盖庆恩的这部专著在正式出版三年后，荣获上海市第十六届哲学社会科学优秀成果二等奖，真的可喜可贺！2023年对盖庆恩来说似乎是一个时来运转的年份。随着中国农村发展研究奖的到来，其申报国家"万人计划"青年拔尖人才也成功入选，加上这一奖项的公布，真的有一种喜事多多之感。在此，特向盖庆恩教授表示衷心祝贺！

2023年10月29日

第十三章
回归自然

从 2004 年正式挂牌招生博士始，屈指算来已近二十个年头。加上在浙江大学期间的"见习"经历，应二十年有余了。看着经自己亲手点拨的博士，一个个站上三尺讲台的风采，一个个扎根田野、钻研创新的佳绩，为师我心里是那么的暖和、那么的满足。特别是 2013 年"华村一家"品牌专著系列出版项目启动以来，由我亲自撰写序章的博士论文已相继有 6 篇出版，并在学界和社会关注下形成一定影响，为团队继续前行注入了无穷力量。受新型冠状病毒肺炎（COVID－19）疫情影响，心情受到一定打击，相关推介工作也

有所放缓。但也正因为有了这一放缓，我对高晶晶博士即将要出版的专著——《中国化学农资应用历程及减控策略研究》撰序之邀的回复有了一个较长时间的思考。这一专著序章到底如何写？想来想去还是选择一个最为简洁明了的"回归自然"为序题好些。理由有二：一来可表达我们农业科学研究的努力方向不是一定要超越自然，而是要依靠自然、遵从自然、融入自然，要从对自然奥妙的揭示中实现人与自然的和谐共生；二来可借其表达我们的研究生培养也一样，要顺其自然，要以兴趣发掘为主，让学生快乐地从发现问题出发去揭示自然之奥妙，为国家农业及其相关政策制定提供更为妥帖、更为有效、更接地气的支持。

自 然 感 知

在"碳达峰""碳中和"双目标的驱动下，在生活品位提高的背景下，今日之中国人似乎都在朝着一个方向努力和前行。这个方向是什么呢？那就是生活方式的自然化，换个时髦词，就是生活绿色化。四十年弹指一挥间，中国人追求的目标发生了惊人的变化。

绿色——当下中国人生活中的一种"时髦"。吃的要绿色，穿的要绿色，住的要绿色，用的要绿色，甚至行动也要绿色。可以说，绿色浸染到每一个人生活的方方面面，绿色无处不在。由此，围绕绿色、环保、健康、安全等中心词，中国社会发展的政策制定和学术研究也进入了一个绿色化过程。绿色行、绿色品，甚至绿色政策都成为民众与政府的常用词。生产与生活方式的绿色化正在走进我们的视野。

那么，绿色到底是什么？是理念还是行动？好像并不那么明确、具体。时有提倡，时有禁止。说自然，好像也对，说逆自然，也能举出案例。由此，**绿色也让人们在日常行动中感到迷茫**。最常见的"绿色"就是食品要自然化，即其生产或流通中少用或不用化学农资，诸如化肥、农药、农膜等，最大限度地实现无污染与无公害；衣着要自然化，生产原料要纯棉、纯麻、纯毛、纯丝，生产过程也回到人工纺织阶段，不掺任何化纤物品；行动要绿色化，即少用或不用已不可再生的石油、煤炭、天然气等作能源的代步工具，最好是步行或骑马（牛）、骑电动车等；生活方式逆自然化（按照环保要求），如烧饭或取暖禁用原煤、禁用柴薪。在农村，禁止露天焚烧秸秆，禁止农家放养牲畜，甚至对圈养也有限制。类似的逆自然化现象还很多，诸如"人吃土一辈，土吃人一回"的传统绿色生态丧葬（土葬）方式被严禁，公墓建设大行其道，其实从绿色环保角度看，土葬才是真正的绿色化。究竟何为绿色，何为自然，我这个农经教授是讲不清楚的，也无意去讲清楚。因为朝前走，方向应是背离自然的，如果说一味地追求自然，那是一种"返祖"。若即若离应是正常的。

回想一下，在我的成长过程中，遵循自然是主体，崇尚自然是梦想。就自然看，一个山里娃，初始成长空间可以说完全是自然的。这个自然不仅指时间，更包括空间及其他，甚至包括降生。就说降生吧，我没有现代孩子那么幸运，有医院产房等着，有大夫助产，还有医院开具的、政府认可的"出生证"。我的出生就在我"家"，一个太行山里的土窑洞中。我的降生也是那么的自然，没有"白大褂"相助，更没有今日中国人办事所必需的"出生证"，只有奶奶和母亲是我来到世上的见证人。在奶奶和母亲相继离我而去后，我也就没有了来到世上的证明。按照今日话说，我是一个纯粹的"黑人"。从这个角度看，我来到这个世上真是有点悲哀，是"一个连自己都不能证明了的人"。可转念一想，与我相类似的人在中国又有多少？在全球又有多少？何须管那么多，糊涂地活着就是一种自然，一种纯粹的自然。再说成长，我的初始成长之地是一个人口不足百人的小山村。它地处太行山的腹地，是一个名曰"新庄"的村落。村中人口虽不多，但却拥有足够多的土地，六沟一坪（东沟、泉沟、二亩沟、狼窝沟、棠梨拐沟、老蒿沟和新庄坪），面积有几千亩，净耕地就有上千亩。居处在半山腰的我们村，地形有坪、梁、沟、峁，整体呈一个"手掌"形，村人喝着沟里自流的山泉水（沟沟有泉），吃着坪上和沟里自产的粮食、蔬菜和水果，说着小村里人独创的"村落语"①，你说自然不自然？也许是因为家庭生活拮据，也许是因为其他，15岁前的我活动范围也就是半径5公里内的几个村镇②，出行完全绿色，走亲串戚，翻山越岭，全靠步行③。从这个角度看，我的整个成长过程是一种纯自然且无污染的过程，连说话都是典型的自然语（村落语），相距一个山头的邻村语都可能是"外语"。想象一下，今天大伙儿努力追求的恰是我降生就拥有的。这样看来，我的生活是多么的"幸福"，这种幸福可称为"自然幸福"。尽管在孩童时代，物质短缺，但山野之人自有他"靠山吃山"的活法。清澈山泉，双手一掬，即可喝到④；山间麻雀，手电一照即可捕获，泥巴一糊，柴火（最好是豆秸）一烤，即可食用（类似南方的"叫花鸡"，这里可称"叫花鸟"）；收获季节，山间的野果，诸如山杏、山桃、酸溜溜（沙棘）以及酸枣等，随便采摘，任你食用；山野的应时野菜（诸如草丛中的野蒜苗、野韭菜、野小葱等；田野间的苦菜、灰灰菜、扫帚苗

---

① 我稍长大一点才知，村落与村落说的话都不一样。就拿一个"我"字来看，在始皇帝提出"书同文"时，文化人都知其含义，但具体到每一个个体，其发音完全不同，甚至在个别地区都"别字化"，如大伙儿熟悉的"俺"，应是"我"的变种或别字化的结果。在我们村，人称"我"为"mēi"；往北越过新庄坪行4公里到西营镇，人称"我"为"mēng"；往南顺水碾（当地声"rǎn"）沟走4公里到下良镇，人亦称"我"为"mēi"，不过说出来与我村不同；从下良沿史水河溯流而上向西行4公里，到王村镇，人称"我"为"ān"；从下良朝南，翻过郝（当地声"hǎ"）村岭，走20公里到襄垣县城，人称"我"为"miē"；再往南行数公里，到王桥镇，称"mī"。外人很难准确说出。

② 这里也可称之为村民"可行亲戚圈"。用现代话说，也称"绿色可行亲戚圈"。

③ 据父亲说，新中国成立初期，他曾肩挑150多斤的货物，从家乡出发，步行近200公里，翻山越岭，风餐露宿数日，将货送到省城太原。小时听来不觉怎的，现在感觉真的佩服。不过那时的人都如此。类似父亲的人虽不多，也不在少数，可能没有他那么远行吧。父亲有时也很风趣地说："骑马坐轿，不如担扁担活跳。"

④ 村边小河里小鱼小虾以及老鳖，村里人是不食的。到我上初中时，浊漳河支流——史水河里的野鳖有很多，我们随便就可以抓到。说来也很奇怪，不知为什么这里的人不食之。前些日子看到一个微信帖子，说山西人的肉类消费量是全国最少，不由得想到家乡人的生活习惯：自家养的猪、鸡，很少自食。即使吃肉，也是到集镇上去买，且也是割（买）一点点（1～2斤），一次割两斤以上的很少。似乎家乡人对自家圈养猪或散养鸡（非饲料养殖）有一种情感在里头。羊肉的食用就更少了，只是在每年的立冬到立春期间才食，其他时候食者很少。河里的鱼鳖也很少有人去捕食。不过在集体化时代，村里饲养场用于饮牲口的大铁锅里，常会有一只老鳖在水里面自由自在地游动。虽说不知饲养员为什么要这么做，但可以想象一下，可能是在吸引牲口快速饮水吧。是啊！为什么我们家乡人不捕河中食，可能自有特定的历史原因，期待我们考察。

等），也任你采挖，人畜共用；时不时地，为了应对饥荒或改善生活，乔灌木上长出的嫩枝鲜叶和盛开之花，如黄叶（皂角树叶）、榆树叶、香椿叶、洋槐树花等，都成为山里人家的盘中"美味"。当然，我们这些邻里眼中的淘气包，有时也把目光放在最不应放的地方，邻居家院子里种植的果子（杏子、李子、桃子、梨子等）和农田间种植的果菜（胡萝卜、水萝卜、白萝卜、芥根、红薯以及少量的西红柿、黄瓜等），均成为我们这些"讨人嫌"的口中餐。自然让山里孩子的食谱变得更加别样，这也是城里长大的孩子永远不可能接触到的美味。

尽管成长于山里的孩子，各种苦头吃过不少，对吃穿住用的挑剔程度不高，但孩提时代自然食物留下的美好印象却久久不散。特别是那个味道，是一种自然品本身散发的天然好味道，猪肉是自然的猪肉味，羊肉是自然的羊肉味，果有果脆香，杏有杏酸香，柿有柿甜香，枣有枣醇香①。也许这是"落后"的农村人的感觉，今天的城里人不需要那种味，但我还是十分怀念童年时代的"自然香味"。即使自己已进城快 40 年，但每次回到农村考察，依旧留恋着农家饭，回味着儿时自然给予的记忆。

"自然"没得说，但真正让一个人永远停留在"自然"中，估计没有多少人会选择。这可能就是当下人"追求自然"之悲哀！

遵 从 自 然

其实，我认为，人类之所以能够在自然界中取得如今的地位，根本原因就是欲望始终得不到满足与对自身拥有物的不珍惜。也许这就是"社会进步"的动力之源。

在传统农业时代，化肥等化学农资还未到来，人们确实是过着"田园牧歌"式的生活。但是这种生活中有"食不果腹"的风险存在，且有时会惨重到"白骨露于野，千里无鸡鸣"的程度。饥饿，在中国人世代繁衍的过程中，已成为一个挥之不去的梦魇。好在进入 20 世纪中后期，经过科学技术人员的努力，人类总算来到了一个新时代：农业生产方式一改传统走向现代，经济发展也由传统农业模式走向现代工业与现代网络模式，化学农资、生物技术、信息技术等现代科技生活中的关键品已渗透到人们生活中的每个角落。随着科技的

---

① 经我品尝，推荐给学院职工的小杂粮、水果等，老师们一致反馈味道好，似乎我也由此成为学院的优质农产品代言人。

发展，"食不果腹"的风险好像得到了解决，但是彻底解决还是短暂地解决？解决的质量如何？真的是一时不好下结论。

我从有限的成长经历中深深感知：人类是一个偏好新技术、新产品或跟风的族群。在化工产品初到中国时，由涤纶为原料生产的"的确良"和"涤卡"（衬衫和制服）在国人心中的地位相当高，曾一度风靡全中国，甚至军装①都用这两种原料。也正因为有了涤纶、腈纶、尼龙之类的化工产品的到来，中国人的穿着习惯才得以改观，让长期依赖的棉麻毛丝等的生产压力得以缓解。同样，化肥、农药、地膜等重要化学农资的到来，配合着生物技术的推进、机械化作业的助力，让传统的农业生产方式得到彻底改观，逐渐走向现代。化肥作为粮食的"粮食"，在科技人员的努力下，达到精准施用、量产施用②，保证了粮食生产的核心要素需求，让以粮食为主的食物产量得以持续增长，从而有了中国粮食总产量由改革开放初（1978年）的3亿吨增到今天的6亿多吨的成绩。显然，化肥的投施，功不可没。农药，尽管在农业生产中扮演的是一个"保驾护航"的角色，在推动农业增长方面同样贡献不小，但危害也不小。特别是农产品从田野走到餐桌的中间环节，化学处理问题多多，给消费者带来极大的生理和心理阴影。同时在水体或土壤等环境方面，其残留问题也对民众身心造成重要影响。地膜的主要功效是助力农业"开疆拓土"，让传统农业的"不可能"变为"可能"，诸如反季节生产、全天候持续生产以及让从来不能生产的地方生产③。中国农业之所以能够大步前进，使十多亿中国人有了从温饱向小康的迈进，化学农资、生物技术以及机械技术等的共同跟进，贡献是不言而喻的。

其实，人类所做的这些努力也是对自然认知提升的结果。将这些新技术、新材料、新产品应用到生活中，为人类追求美好生活服务也是遵从自然的结果。对此，我们必须承认（要知道，承认也是一种遵从自然）。当然，也不可否认，在应用新技术、新材料、新产品时，若由于考虑不周、标准过时等而使用不当，就会出现与初衷相反的结果，这可能是需要引起关注的一个问题。

---

① 上大学时我有幸得到姐夫相赠的一件军用"涤卡"上装，自感无上荣誉。但没过多久，在校园晾晒时就丢了。遗憾，确实有那么点，但也可以看出，"小偷"与我一样也期盼拥有一件这样的上装。

② 《技术经济手册（农业卷）》（1986）为不同作物、不同产量要求的化肥施用标准提供了丰富翔实的参考数据。

③ 如沙漠西瓜、高寒区的中熟玉米、青藏高原的瓜菜等，地膜技术解决了困扰农业生产的最大的问题——生长期（无霜期）限制，当然，水热协调问题的解决也得益于这一技术。

我们这里要谈的问题就是一个相伴而生的问题，即在化学农资助力下，生产的农产品被认定品质出现下滑，品类也感觉单一了，但这不是根本，根本是原来的（自然）风味没有了①。农产品生产的环境被认定"污染"了，集中表现在土壤和水体中的化肥与农药残留的各项指标超标了。在农产品生产边界拓宽中贡献最大的地膜，也因自然风化慢、回收难被定义为环境污染的重要源泉。随着民众收入水平提高、生活质量提升，这样的农产品供给与人们的美好生活追求出现了明显不协调与不和谐。民众对农产品质量提升、风味回归与环境改进的要求或呼声越来越强烈。显然，这应是科技工作者、决策者、管理者等共同努力的方向。由此有了自 2015 年起，农业部率先开展的化肥、农药施用"零增长"行动。高晶晶博士的研究正是基于这一背景。

回 归 自 然

遵从内心，回归自然，不仅是农业生产者要做的，也是教书育人者要做的。博士生培养尤其如此！引导学生从兴趣出发，找到研究的真问题，并从真问题开始，去探索，去研究。这也应是一篇好的博士论文写作之初衷。

关于化学农资问题的研究，它的真问题到底是什么？它的由来以及可能的走势，当下或未来我们能够做什么，等等，对于这些都需要经过认真辩论方可行动。

高晶晶同学对这一问题的关注始于一幅图与一项政策的"冲突"。我的专著《中国农家行为研究》（2009）中有一幅农家化肥施用趋势图（第22页，图 1-14），这张图清楚地显示了，以国家农村固定观察点的微观数据为基础，1995—2007 年中国农家的化肥施用水平基本没有大的变化，但施用化肥的支出额却经历了明显的"U"形变化，而这一变化很显然是由化肥购买价格的变动引发的。后来，为了应对农村环境污染，农业部在 2015 年出台了一个以

---

① 今日国人眼中发达的农业国美国和澳大利亚，我于 2002 年和 2007 年去过，尽管按照科学检测标准，美澳的农产品被认定为好的或优质的，其实食用起来也是索然无味的，肉没有肉香，果没有果味。生物、化工和机械技术推升下的农业生产，确实产量有保障，但现实质量与期望相距甚远。我们今日的农产品，特别是大都市里的农产品，都有这个问题。也许和产地与销地相距太远有关系，但更多的是新技术推动下的重数量、重外观、轻质量、轻风味的结果。

"一控、两减、三基本"① 为目标的农业生产资料使用引导性政策并大力推行。将实现"零增长"定为目标意味着之前化学农资用量应是一直不断增长的，这与那幅图表达的意思似乎有点矛盾。这一"冲突"引起了作为研究者的我们的兴趣。为此，师徒二人就这个问题进行了长达数年的辩论或探讨。

首先，对物品本身的性质进行思辨，诸如化肥、农药以及地膜等，它的本质是什么？其次是对行为人的动机认识，诸如谁需要这些东西，为什么需要？谁卖这些东西？买卖双方的动机以及自愿性如何？有没有诱导性现象发生？诱导的成功率几何？有无上当受骗的投诉（购买劣质假冒品的情况不在其内）？然后，对政策出台依据的统计数据的真实性以及历史演进进行考察，诸如化肥、农药等生产的总量（包括进口量）与消费量的数据对接（宏观与微观），等等。高晶晶同学的探索也就从这些思辨开始，由简及繁、由易及难、循序渐进。

最先开始的就是数据研判。从 2007 年到 2014 年，短短 7 年，农民的施肥水平是否真的有了重大变化？宏观数据和微观观察能否对得上？这个问题相对好解决②，她也很快解决了。结果表明：化肥的施用水平变化不大，农药使用确实增加明显，且增加的根源是结构性变迁，2010 年以来除草剂的普及是农药施用水平提升的始作俑者。

然后是对农家施用动机的思考。农家广泛增加化肥与农药施用，本质是增加成本，在农产品生产水平没有大幅增加、农业收益没有大幅提升的前提下，理性的农民为何要加大成本？其真实动机何在？特别是粮食种植，本质上是一种微利或低利甚至无利的产业。农民追加化肥和农药的施用，提升施用水平的经济学动机按常规理解不存在，那问题到底出在哪？这可能是我们认识需要提升的地方，也是问题的核心。

结合这两个问题，高晶晶同学写了篇题为"中国化学农资过度施用的根源探析：个体、市场还是国情特征？"（2018）的工作论文，在一次学术会议上报

---

① 为了应对和治理农村污染，农业部于 2015 年提出了"一控、两减、三基本"政策目标。"一控"，要控制农业用水的总量，要划定总量的红线和利用系数率的红线，到 2020 年，农业的用水总量要保持在 3 720 亿立方米，利用系数要从 0.52 提高到 0.55。"两减"，是把化肥、农药的施用总量减下来。按照规划的要求，2020 年化肥农药的施用量要实现零增长。解决化肥的问题，主要是要防止或者减少过度施肥和盲目施肥，通过测土配方施肥等技术来提高用肥的精准性，提高化肥利用率。解决农药问题，主要是解决过量的、不安全的施用问题，要用"管住高毒、减少低毒、科学用药"的办法来解决。"三基本"，针对畜禽污染处理问题、地膜回收问题、秸秆焚烧问题采取资源化利用的办法从根本解决。

② 用国家统计局的数据与国家农村固定观察点的数据计算一下即可。

告，点评专家建议将此文拆开，就化肥和农药分别进行探讨，由此一变二，有了两篇工作论文。一篇《中国农户化肥过度施用及其根源：模型与实证》投稿《管理世界》，一篇《农户生产性特征与农药施用行为研究》投稿《中国农村经济》，并都顺利在 2019 年底正式刊发。

接着是对化学农资本质的认识与再认识。对化肥、农药以及地膜等化学农资本质的认识与提升标志着我们师徒真正进入了这一领域。在我的授意下，以两篇工作论文（上述两篇论文，当时还在完善期）为基础，高晶晶同学于 2019 年寒假写了一个题为"化学农资施用的内在机理及减控或替代方式研究"的国家自然科学基金申报书草稿，后经我们几番修改与完善正式申报。很幸运，在 2020 年 8 月中旬国家自科基金委公布的名单中我们榜上有名。基金项目编号为：71973094。基金申报的又一次成功，让我在博士培养模式选择上有了新的进展，同时，高晶晶的努力也让我的这一"自找项目资助"模式更加丰满[①]。

春江水暖鸭先知。农民的化学农资使用问题到底是什么？各地的差异又有哪些？仅凭和一些人的辩论是解决不了的。虽然从我的经历、认知和理念看，完成好一篇博士论文需要与他人进行多次辩论，特别是在问题确证过程中，辩论是必需的，所研究的问题也是辩论的结果，但也要清楚，辩论仅是研究的理论部分，作为应用经济或农业经济领域的学者，提出的理论还需要验证。由此，扎根田野调查将是实现理论与现实对接的必要过程。在这方面，高晶晶同学做得非常好。博士期间（2016—2020 年），数次到农村进行广泛调研，祖国的南北东西都有她留下的足迹，最北是寒暑假期间回乡时的山西调研，最南是专程的赴海南调研，最西是跟随清华大学的"三农"调研团入川调研，最东是跟随导师的浙江观察村调研。单次调研长则一月有余，短则几天。田野行动与室内辩论共同推动了其学术水平升华。

---

① 最早开启这一模式的是其师兄袁方，以一篇由他打头的发表于《管理世界》（2013）上的论文为基础，写就一个国家自然科学基金申报书，于 2014 年以我的名义申报，成功获中（71473165），同时让自己的博士学位论文的开题报告有了明确着落。接着，其学姐刘彬彬也效仿袁方，以一篇由她打头的，在投《管理世界》（2017）且处于"外审修改中"的论文为基础，写就一个国家自然科学基金申报书，于 2017 年以我的名义申报，成功获中（71773076），同样，刘彬彬博士学位论文的开题报告与申报书基本一致。高晶晶的努力，让以还未投稿、仅在学术会议上做过报告的论文作基础写就的基金申报书也成功赢得评委的认可。三位弟子相继成功，这说明什么？我想，这至少印证了我的看法："基金是猎头，所猎对象至少应有一篇工作论文，且质量要不错，以证明自己是在路者或上路者。"从袁方的"完全证明"到高晶晶的"模糊证明"，也许与我来主持有关，但更多的应是同学们先期基础工作做得好，他们是真正的"在路者"。

随着工作论文相继在国内几个学术会议上报告后取得强烈反响，以及基金申报书的完成，高晶晶同学的研究兴趣被极大地提升。原本只是想解决一个困惑自己的小问题，最后这个小问题升级演变成她的博士论文主题。不知是好是坏，我一时也有点担心。在高晶晶同学以"化学农资的施用及减控方式研究"为题进行了博士论文开题后，我还是担心。一是进行专门的纯农业、偏技术经济类的研究，学术论文发表困难，发表杂志级别可能也一般，在安泰这一强手如林的学院中，在"以杂志级别论英雄"的时代，会影响学生的前程；二是作为一名女生，从事这类研究，未来工作的着落会有问题，社会对农业经济学者的歧视与对女性就业的歧视相叠加，问题就更大了。好在高晶晶同学有着一种山西人的坚毅与执着，两篇工作论文的相继发表也让我的这一担心舒缓不少，但是真正要解除担心还是需要时日。

高晶晶同学按照既定思路，开始了她的博士学位论文研究。随着国家自科基金资助申请的获批、两篇工作论文的顺利发表，她的研究底气也明显增强。

尽管在研究后期，新冠肺炎疫情的突然暴发让其在数据异地分析时受到不小影响，但总体过程还算平稳。2020年春，她顺利地完成博士学位论文答辩，实现了自己人生中的重要台阶攀升，华丽转身一跃成为"华村一家"团队第三位女博士。恭喜高晶晶同学！

现摆在读者面前的《中国化学农资应用历程及减控策略研究》专著，本质上是其博士论文，但又不完全是。高晶晶博士的这部专著是融其博士论文和博士后研究于一体的一部作品。在两年的博士后期间，高晶晶博士针对"中国化学农资施用问题"又进行了深入探讨，成果数量虽不算多，但质量却很好。一篇题为"中国农业生产方式的变迁探究——基于微观农户要素投入视角"的论文又一次在《管理世界》[①]（2021）发表，另一篇题为"Farm size and pesticides use intensity：evidence from agricultural production in China"的论文也顺利地在SSCI类期刊 *China Agricultural Economic Review*（2021）发表。与此同时，她2019年发表在《管理世界》上的论文也被日本农林水产省官员、我的"洋弟子"山田智子女士译为日文"中国農家における化学肥料の過度の使用とその原因"，在《のびゆく農業——世界の農政》（2021）进行了全方位推介。从这个角度看，高晶晶博士的研究质量是过硬的，其学术成果已跨越国界，引起国际关注，可喜可贺！她本人也在博士后期间赢得了上海市"超级博

---

① 2023年10月13日，上海市哲学社会科学优秀成果评奖委员会公布了"上海市第十六届哲学社会科学优秀成果"名单，高晶晶博士的这篇论文赫然在列，且为"一等奖"。在此表示祝贺！

士后"的称号。

本书最大的亮点是找到了农家化肥施用水平高的根源——早期标准应用习惯形成后一直延续至今。这是制度问题，不是农民故意为之。修改制度或修改标准就是解决这一问题的根本。农家农药施用水平提高，根源在于农药施用结构的改变，问题源于新型农药——除草剂①在农业上的推广与使用。除草剂在中国的生产时间比较早，最初属于代工性质，产品主要用于出口，从 2006 年开始，配合美国先锋系列玉米品种在中国的推广，除草剂开始出口转内销，就地使用，到 2010 年其使用量已占中国全部农药的半壁江山。当然，其他方面的使用，包括农产品运销过程中的保鲜用药，也助力了农药用量的提升，但根本还是除草剂。地膜的问题主要出在残留消除上，更换规格标准当是解决这一问题的关键。至于化肥与农药的残留引发的环保问题，减少使用固然是根本，但增强肥效和药效也是关键。

当然，面对"化学农资"这一主题，作者的研究角度还需拓宽，深度也相对有限。尽管作者在研读期间从田野到书桌付出了很多精力，但书中的研究也还存在许多不足。欢迎读者给我们提出中肯的建设性意见。期望您阅读本书有收获，不失望。

2022 年 3 月 9 日至 4 月 8 日写于上海交通大学闵行校区

---

① 对于除草剂的使用，多数农民听从推销人的意见，由于可减少农田除草环节，节省用工，除草剂在生物识别性强的先锋系品种助力下普及极快。到底它的危害在哪里？很少有人去关心。按常规理解，既然会除草，也会灭掉其他生物，让使用范围内的生物多样性受到影响。这种排他性较强的化学农资在持久使用后，是否会将其影响传递给人及其他生物，直到影响人及其他生物的繁殖？不得而知。但我相信，除草剂的长久使用会对农田生态带来危害。

第十四章
浙人牧海

一天，同门师妹、宁波大学胡求光教授给我打来一个电话，期望我为她的专著写一篇书评，我也没有多想，自认都是黄门（黄祖辉老师门下）弟子，研究的主题应差异不大，随口就答应了。没想到，几天后，粗粗翻了一下寄到案头的专著——《国家海洋发展战略与浙江蓝色牧场建设路径研究》，我倍感头大。一个全新的领域，如何来评？能否完美交卷，成了我近一个月来心中的结。既然答应了，那也就只能硬着头皮去做了，现就自己的认识与理解，谈一些感想。权且以此感想作书评，敬请大伙见谅！

题 外 之 话

说实在话，受出身影响，我对山的感知显然要比水深些。尽管家乡山西襄垣地处太行山深处，属于典型的山区，攀岩、上树乃吾之"专长"，但我们那并不缺水，至少在我的童年是这样。浊漳河的北源支流——史水河就流经我孩提时代的活动场域，因有这一美丽的小溪，小伙伴们大多会水（游泳），至少会"狗刨"。可我有一次在和大一点的小伙伴们玩水时，不慎掉进了几米深的水潭里，差点被送去陪河神①。好在当时记着大哥之告诫："别慌，闭住气，往外爬。"方才保住这条命。这次失手，似乎让我知道了"水"的厉害，从此成了"旱鸭子"。

爱冒险的我有时也会忘记曾经的险境。生于大山、长于大山的我，鬼使神差地在新世纪来临之际，选择离开生我养我的黄土高坡，走向东海之滨。在人间天堂杭州蛰伏两年后终于"上"了"海"，尽管当时没有及时在海上行动，但也因在浙大时的谋划，于2002年初春飞赴澳大利亚悉尼大学访学。其间，因夫人在网上淘到了悉尼到黄金海岸行与住三天199澳元的（机会）票，故有

---

① 也许我是那个被河神选中者，后发现错了，才被放过。而同村我的一个小表妹、一个小侄女，则没有我那么幸运，在1995年初夏的一天，她们在上学途中硬生生地"被河神选中拖走"，让原本幸福的表叔和表哥两家一下子走进悲哀中。

了举家到黄金海岸的游历。三日的黄金海岸游，让我首次体会到真正的海天一色，体会到"惊喜"的背后就是"恐惧"。望着海天一色，会突然感觉自己站错了地方，唯有回头才知还在人间。同时，我也再一次体会到（海）水的威力。在清澈见底的大海中嬉戏，让我这个没有一点儿水性的人一下子忘乎所以了。一个好像很轻的浪轻易地把我打得晕头转向，差点被留在那里，鼻梁上的眼镜何时被海水卷走都不知道，直到回到悉尼还在找眼镜。好在没有几天就要结束访学回国了，但戴惯了眼镜的我，不得不在剩下的访学日子里以朦胧的视野去"享受"每一天。

蓝 色 牧 场

　　梦想与现实经常会错位。到南方来，目标很清晰，就是要见识江南农家，从江南水乡农家的致富经历中寻找黄土高坡农家突破贫困的"要经"。在两年的浙大博后经历中，在浙江省农办的大力支持与资助下，先后对浙江 20 余个县市的农家进行调研与考察，也确实从中得到了许多浙江农家的"要经"[①]，但恰恰有一个地方，海上农家，也即渔家，至今没有实现访问。浙江普陀的鹁鸪门村，一个国家固定跟踪观察的海岛村，一个以海洋牧场为经营主业的渔家村，几次想去都未成行。2018 年早春，师妹邀我到宁波大学交流，顺便到浙江海洋大学公干，说好去桃花岛上的鹁鸪门一探究竟，又因一个意外[②]错失了这个机会。

　　心中有梦，时不时会惦记。2016 年幸运地从中国海洋大学招收了一名弟子，本意就在拓展研究，把渔家行为研究补上。但又因一件事[③]，让这梦想搁

---

　　① 这些"要经"在我的《农户经济活动及行为研究》《农户经济可持续发展研究》和《中国农家行为研究》等数部专著中均有记述。

　　② 那天刚好下着一点小雨，当我们驱车来到陈家门镇时，意外在不经意间发生。在等待红灯时，我们的车与前车来了一个没有一点痕迹的"亲吻"。从前车上下来一位女士，骂骂咧咧，不依不饶，硬说我们的车把她的车撞坏了。我们急着赶路，想私了。因没有任何撞痕，心想给几百元了事，没有想到，那女士开口就要数千元，一千都不行。无奈报警、走保险，总算让事情消停下来了。但经此一番折腾，宝贵的时间已耗去一大半。因心情被破坏，也因后面还有别的事，只好打道回府（浙江海洋大学）。

　　③ 我的这名研究生，在硕士期间是研究海水养殖问题的，其在硕士期间有一篇工作论文需要完善才能发表，我动员了几次，才有了效果。定稿后，我们尊重原作初心，将其硕导放在第二位，并要求学生把论文发给其硕导看，硕导同意后投稿。修改意见返回，确认要发表时，我和这位硕导通了个电话。他明确表示，不同意学生继续从事海洋牧场方向研究，我很惊讶。尽管我在通话中明确表示：学生博士论文选题不是他能决定的，也不是由他说了算，而应是学生兴趣所至。但我为了不影响学生的前程，还是建议他避开了这一选题。

置，但也没有完全让这一梦想破灭，至少让我从中了解到，研究海洋这个中国第二大粮仓的价值与意义。蓝色粮仓，由此进入我的视野。师妹寄来的《国家海洋发展战略与浙江蓝色牧场建设路径研究》一书，正好帮我拓宽视野，也给了我认真拜读之机会。

人 类 文 明

面对大自然，其实人与其他生物原本是一样的，种群繁衍与其他生物无异，都是从自然采摘、狩猎中实现生存与再生产。但是，随着人类认知水平的不断提高，技能的飞速进步，"靠天靠地"的生存方式得到深度演化，粮果菜由自然采摘获取演化到自主培育与种植获得，肉蛋奶由自然狩猎获取演化到自主驯化与养殖获得，两个自然获取向两个自主获得的演化，不仅让人类找到了扩大种群的机会，更让人类在整个生物界中有了傲然屹立的资本，这一切的功劳源于人类在生物界中的率先开化。此时的人类，主要任务已不再是与自然界其他生物竞争，而转向了自我超越，有节制地经营和利用大自然赋予的一切，包括天空、陆地与大海。

严格地说，人类在经营与利用自然的恩赐时，表现得并不那么友好。也许是"天子牧民"章法无度，也许是"子民谋生"贪婪成性，出现了无数"过度"现象——土地的过度开垦、森林的过度采伐、草原的过度放牧、海洋的过度捕捞、工厂的过度排放、劳工的过度使用，等等。人类似乎进入了一种永无安逸、永无快乐的境界。用于描绘日本人的"经济动物"（Economic Animal）一词，似乎安到当下中国人的头上也再合适不过。为了生存，我们努力改变自己的生活方式，把自然风险降到最低限度，这个毫无争议；为了生活，我们努力积攒"财富"，不惜向大自然过度索取，让和谐自然离我们越来越远，这个似乎有点说不过去。这与我们说的"热爱家乡"格格不入，甚至完全背道而驰。由此我在思考，我们的努力到底是为了啥？我们到底应该如何做才对？

客观地说，华夏子民，在利用自然的恩赐时，更多采用"土里刨食"的方式，对陆地、森林和草原的利用和开发程度要远远高于大海。似乎在我们的记忆中，华夏文明只有"黄色"，没有"蓝色"。事实是这样吗？显然不是，我们对水的认识，早已延伸到大海。"牧海"行为也不是今日才有，而是早已有之，要不我们的临海资源为何过早枯竭？说实在话，不是华夏子民不知道大海也是我们的重要食源，也不是我们天然就缺乏海洋资源，而是我们的教育或宣传重心从来就没有从陆地移向大海。尽管人类的进步飞快，但我们的发展长期停留在那"一亩三分地"上，广阔无垠的大海似乎一直没有进入我们的视野，确切地说，面对大海，我们的策略还停留在"捕"字上，很少向"牧"或"营"字上拓展。从小学课本，到大学课程，作为中国人，我们接受的多是960万平方公里陆地活动空间之概念，很少关注那470万平方公里的海洋空间。尽管沿海省份子民的视野早就超出这960万平方公里陆地空间，但是，对于那470万平方公里的海洋，开发与利用仍旧停留在一个"捕"字上，直到近海资源枯竭，远海资源也开始枯竭，才不得已走上"休渔"之路。是啊，陆地和大海都是我们的"财富"，但面对这一"财富"，如何认识，如何利用，如何让其持续地为生长在这个空间的子民服务？对此应当树立正确的价值观，不能等到"过度"了、"枯竭"了才去考虑。可是，现实情形正好相反，只有到了"过度""枯竭"时，才有所认识，才开始觉醒，正应了那个成语："亡羊补牢"。

这次，由宁波大学的胡求光教授撰写、海洋出版社出版的《国家海洋发展战略与浙江蓝色牧场建设路径研究》，显然，其用意并不完全在"亡羊补牢"，并不完全在解决海洋的过度捕捞问题，而是把"捕"与"牧"有机结合，从战略高度对中国的第二大粮仓建设，以浙江为例进行路径探索。期望她的努力至少能让中国的蓝色粮仓，不至因过度捕捞而过早地走上绝路。

战 略 选 择

蓝色牧场的开发与建设，事关国家长治久安。从这个角度看，对于蓝色牧场的开发与建设，必须予以高度关注，且这一关注必须有一定的战略高度，特别是在当下陆域资源匮乏、海洋资源受限的时期，需要把蓝色牧场建设提升到国家第二大粮仓建设战略高度去看待。我完全认同胡教授在前言中所讲："发展现代渔业、开发蓝色牧场需要实现创新突破"，同时我也认同以"四化"（农牧化、生态化、循环化和智能化）为特征的海洋经济模式是一种新型蓝色牧场经营模式，这一模式若能在中国470万平方公里海域经营中得到充分体现，可能对中国第二大粮仓的建设非常有益。

胡求光教授选择"国家海洋发展战略"这一主题，又以沿海大省浙江为例，显然是一个很好的视角。她能够结合自身工作特点，从案例剖析入手，对在中国海洋开发利用上一直走在前端的浙江，运用广泛而翔实的数据进行深入研究，精神值得肯定。在书中，作者一直牢记国家海洋发展战略，同时也把浙江的海洋牧场建设这一案例分析上升到国家第二粮仓建设这一战略高度，从这一点看，该书站位高。

本书的学术贡献大体可归纳如下：一是框架构建，构建了基于资源环境和粮食安全双重约束的战略分析框架。二是机理揭示，从结构和功能相匹配的视角，探索了资源、技术和生境协同的蓝色牧场可持续发展机理。三是可行性评估，从发展潜力视角，预测了浙江蓝色牧场发展的现实可行性。四是体系厘清，从产业链协同与产业融合视角，厘清了蓝色牧场支撑产业体系。五是路径明确，从要素资源禀赋优势视角出发，提出技术要素协同的蓝色牧场布局优化路径。六是定位确立，从海洋生态系统健康和海洋渔业可持续发展视角，给出了浙江蓝色牧场战略定位。七是保障对策，基于经验借鉴和要素体系完善，提出了"蓝色牧场"发展路径和政策保障建议。基于上述贡献，本书被纳入"十三五国家重点出版物出版规划项目"之中。

事实上，在本书出版前，胡教授之专著的部分观点或内容曾以论文形式先后多次在《中国农村经济》（2013.11，2015.05，2017.12）、《农业经济问题》（2013.01，2013.11，2015.04，2017.08）、《国际贸易问题》（2015.05）等核心期刊发表。显然，她及合作者的这些努力为专著质量提升提供了保证。另外，成果要报获多层批示，彰显了专著的现实价值。《大力推进"蓝色粮仓"建设，为粮食安全提供持续保障》得到国家主要领导批示，主要观点被科技部采纳，直接推动了2017年"蓝色粮仓科技创新工程"的实施；《关于建设"蓝色基本农田"制度的基本构想及政策建议》上报农业部并得到批示，诸多观点被采纳[①]。《关于修复东海渔场，确保东海渔业资源可持续发展的建议》和《坚持"五个陆海统筹"，系统治理浙江海域陆源污染》先后上报浙江省政府，省委书记、副省长等给予重要批示，相关事项被列入政府的议事日程。除此之外，胡教授还把其研究成果向国际推介，2018年11月28—30日，应邀到上海参加了联合国粮食及农业组织（FAO）主办的"水产品可持续价值链：可追溯性"国际研讨会，并在大会做了题为"水产品可追溯性：中国的实践与案例"的主旨演讲。从某种角度看，胡求光教授的研究已由学术层进入决策层，是一种真正的接地气研究，为科学决策提供了重要支撑。

是啊！在中国改革开放的四十年中，要说弄潮儿最多的省份，人们会很自

---

①　胡求光教授于2014年9月至2015年8月在中国海洋大学韩立民教授指导下从事访问学者研究工作，其间作为第一个子课题负责人，参与了韩教授作为首席专家的国家社科重大项目"我国海洋事业发展中的'蓝色粮仓'战略研究"。此处列举的是韩教授重大项目研究团队的成果。特此说明！

然地想到浙江。最近中央表彰的"百名改革开放杰出贡献者"①，浙江得十分之六。说实在话，浙江和全国其他省份相比，可资依赖的发展条件不能说是最差，也好不到哪里去，但其在改革开放四十年中给国人带来的一个又一个"浙江奇迹"却是无人不晓的。义乌，一个饿着肚子整天在"鸡毛换糖"的地方，可以建成举世闻名的"小商品城"；海宁，一个根本和毛皮没有半点关系的地方，可以建起闻名全国的"皮革城"；温州，一个话讲得连浙江本省人都很难听懂的地方，却在全球各地做起了大生意。"土里刨食"他们干，美丽乡村建设就发端于浙江的安吉；"海里求生"他们做，蓝色渔场建设浙江的舟山走在全国前列。凭什么浙江人能行？依我观察，敢想敢干应是对浙江人最好的描述。师妹胡求光教授选择以浙江为案例，不仅仅是看到浙江在全国拥有较大的海域，更多的可能是看中了浙江人②的这一特点。专著把"国家海洋发展战略"放在首位，又把"浙江蓝色牧场建设"并列置于其后。当然，她在书中没有过多的宣传浙江，而是实实在在地把浙江在蓝色牧场建设中的行动以及遇到的问题等予以展示与剖析。专著不仅给我们讲述了研究背景以及所依据的理论，更从案例省份浙江出发，对蓝色牧场的建设现状、发展潜力、产业体系构想、产业布局以及存在问题与发展路径等做了详细描述与探讨。应当说，作者的分析有纵有横，有点有线又有面，点、线、面结合，做到了把浙江蓝色牧场建设路径全方位地展示给读者、决策者以及实施者。此书不仅是一部为浙江"开发蓝色牧场，建设第二粮库"做战略谋划之书，也是为国家从战略高度进军海洋提供参考的智慧储备之作。

牧 海 行 为

写到这，我突然想到 2012 年在西藏大学农牧学院支教时访问到的一位深山养（藏香）猪者。说实在话，在西藏的大山里，很少有人类活动，由此当地也产生不了多少 GDP。但就在西藏林芝地区的大山里，却有为数不少的、来自四川的农民在放养藏香猪。他们孤孤单单居住在深山，通常一户只有夫妻两人，猪的饲养方式与内地完全不同，放养是当地猪等动物的正常成长过程。他

---

① 按照籍贯分，"百名改革开放杰出贡献者"中浙江有 16 人，紧随其后的是江苏 13 人，第三到第五分别是广东 8 人、山东 7 人、四川 6 人。五省合计正好占一半。

② 她本人就是一位典型的浙江人，一位敢想敢干的浙江女人。一位求学于内陆我的母校——西北农林科技大学、就职于沿海宁波大学、孜孜以求为开发大海出谋划策的浙江女学者，其业绩突出，精神可嘉！

们似乎也建有简易猪圈（猪可以来去自由的一种有门似无门的猪圈），也给猪准备一些吃的，通常一天只在晚上给猪吃一顿，目的是让猪记着回家（圈），至于回不回来①，完全是猪说了算。猪一天的大部分时间都是三五成群地在山里转悠、嬉戏或采食。显然，川人在藏区的这种"牧山"行为，不仅需要底气和胆量，更需要有足够的耐心和智慧。

与川人的"牧山"行为相比，浙人的"牧海"行为，显然风险要更大点。"网箱牧海"曾几何时给浙人以及沿海民众带来满满的"福利"，但这种经营方式似乎也遇到了瓶颈②，需要以一种更新的思路去面对大海。这种思路就如作者在书中所言："耕海万顷，养海万年。"曾经的渔民有"人随鱼走"的大海游荡或漂泊行为，在今日战略性的"海洋牧场"建设思路引导下，该是到了"鱼随人走"的时候了。鱼的智商没有猪高，大概不懂得为诱饵天天回家（场），但我相信，在聪明的浙人面前，在诱饵的指引下天天回家（场）的鱼会一天天多起来。事实上，不是鱼会不会听话的问题，而是我们会不会把鱼的听话当回事的问题。作为渔民，不只是要捕鱼，还有一个重要职能是养鱼；作为地方政府管理者，不要只是看渔民当下收获了多少鱼，更要看渔民未来能够收获多少鱼。政府的"养渔计划"应当超越渔民的"养鱼计划"。简单的"禁渔令"可以做到短期内让鱼有一个休养生息之机，但鱼的生长能力还是远远赶不上渔民的捕鱼能力。从这个角度看，蓝色牧场建设更应有一个长远的可持续的发展规划。由此，把这一规划提升到国家战略高度当是迫在眉睫的。可见，师妹胡求光教授撰写的《国家海洋发展战略与浙江蓝色牧场建设路径研究》一书正当其时。

"亡羊补牢，犹未迟也"！

2018 年 12 月 31 日星期一

---

① 据被访者杨先生讲，不回来也非常正常，有一次一头怀孕待生的母猪，差不多一个月没有回，也不知去哪里了，再见时，已是带着一窝小猪仔的猪妈妈了。

② 据凤凰网讯，中国 90%的近海已无鱼可捕。视频是从一条大黄鱼讲起，想到网养的大黄鱼与自然生长的之差异，以及成本与危害，作为消费者，我看后心中有点凉凉的！视频网址：http：//v.ifeng.com/video _ 8370845.shtml。

第十五章
食品安全

安全保障：一个永远的相对概念

食品安全，确切地说，食物安全是一个永恒的主题。从古至今，从内到外，食物安全都是人类最关注的主题。事实上，岂止人类，整个生物界都对自己的食物安全给予了本能的关注。"适者生存"乃大自然的铁律，为了生存，整个生物界，特别是动物界，基本都选择风险最小的生存方法。诸如，为了安全，燕子只捉空中飞翔的小虫子，老虎通常也只捕食跑着的对自己威胁最小的动物，看似漫不经心的牛羊，在食草时也能避开有毒或有害的草。当然，在生物界中，由于各种生物的食物本就不同，"安全食物"由此也就五花八门，

同时，这也是一个相对的概念。比如，腐坏了的肉，诸多生物都以其为食，腐肉对它们来说是安全食物，而人类吃了腐肉，身体健康就会受到极大危害，对人来说，腐肉就是不安全的食物。

风险转换：从自然走向社会

事实上，在人类还处于原始生存状态时，对食物安全的理解与今日的我们完全不同，那时的安全很大程度上是生存安全。随着认知水平的提升、生存能力的增强，人类对食物安全的关注由最初的生存安全向保障安全（数量安全）转化，确切地说，此时的食物安全已转化为融生存安全与保障安全于一体。随着人类认知的不断提升，"自然采摘与狩猎"的食物获取方式被"自育自种，自驯自养"取代，人类的食物来源从根本上得到改变，这不仅让人类在生存与发展中，面对的传统自然风险得到极大压缩，更让人类在整个生物界成为"主

宰"。从此，人类面临的食物安全风险就由自然风险转为人类自己的经济或社会风险。

可行能力提升：数量向质量的保障转换

是的，在人类采食方式转向"自育自种，自驯自养"后，很长一段时期，食物安全依旧是供给充足与否的保障安全，也即食物数量安全。在五千年的漫长历史演进中，中国人面对的食物安全问题多数时间属于这一类型。由此，生产技术的提升以及工具的改进始终是中国农业发展的方向。直到改革开放初期，中国人面临的食物安全问题仍是典型的保障安全问题。

40 年前以"农民要吃饱"为初衷的一场农地经营方式改革，不仅使中国人的生活方式由吃饱向吃好转变，更导致了中国由农业经济时代向工业经济时代迈进。随着政府推动下的城市化与工业化进程的加速，中国经济工业化形态已初步形成。技术进步推动下的工业发展，不仅保障了工业本身的发展，也加速了农业现代化的进程。以粮食为例，全国粮食总产量在改革开放初期为 3 亿吨（1978 年），经过短短 6 年时间即跨上一个新台阶，达到 4 亿吨（1984 年），如果说这一跨越属于诱致性制度变革结果的话，那么，在接下来的 12 年间，粮食总产量再上一个新台阶，达到 5 亿吨（1996—1998 年），则应属于工业技术，特别是化学工业技术（化肥、农药以及农膜）在农业上广泛应用的结果①。进入 21 世纪后，在中央政府以发布"三农"主题"中央一号文件"形式开启中国民生化时代后，中国农业进入了一个大发展时代，粮食总产量到 2012 年实现了又一个新台阶——6 亿吨的跨越（2012—2017 年），这个时代的农业发展可以说与整个工业发展息息相关，不仅有化学工业的贡献②，也有机械工业的贡献③，

---

① 以化肥为例，全国农用化肥施用折纯量由 1984 年的 1 739.8 万吨增长到 1996 年的 3 827.9 万吨，12 年翻了一番还多（增加了 120%）。单位农作物播种面积施用量由 120.63 千克/公顷增长到 251.21 千克/公顷，增幅 108.23%。

② 再以化肥为例，全国农用化肥施用折纯量由 1996 年的 3 827.9 万吨增长到 2012 年的 5 838.9 万吨，16 年翻了半番（增加了 52.53%）。单位农作物播种面积施用量由 251.21 千克/公顷增长到 360.81 千克/公顷，增幅 43.63%。

③ 以农业机械装备为例，农业机械总动力在粮食总产量 5 亿吨时（1996—1998 年），三年平均为 4.19 亿千瓦，到粮食总产量上升至 6 亿吨时（2012—2017 年），6 年平均为 10.37 亿千瓦，从 20 世纪 90 年代末到 21 世纪 10 年代中，农业机械装备实力提高了 147.49%。到 2017 年，全国农业机械总动力已达 9.88 亿千瓦，虽较历史最高 2015 年 11.17 亿千瓦略有下降，但也属于历史第四高年份。

还有生物技术的贡献①。**正是因为有了工业大发展这一基础，以粮食为代表的中国农业才转向质量型安全保障时代。**与此同时，人们也发现，此时的食物安全思路也应转变，即应由数量保障安全向质量保障安全转变。

工业化食品：人类的福音抑或灾难？

诚然，中国农业发展之所以能够度过数量型安全保障时期，离不开工业的发展与推动，但**随着中国社会由农业经济时代跨入工业经济时代，食物的农业性逐渐掺杂进不少工业成分，这让人类在面临食物安全问题时，不仅要关注源头的农业生产领域，还要跨越到农业以外的非农领域**，进行全行业、全环节、全链条的关注。正是由于多行业对农业及食品行业的渗入，中国的食物安全，确切地说，食品②安全由此就成为当下最让人头痛的大事。工业产品及生产方式在农业及食品行业上的渗透，一方面推动了中国农产品及食品数量的丰富，另一方面也增加了中国农产品及食品质量安全风险，尤其是与工业联系最为密切的食品行业，食品质量安全已成为当下学界和政界关注的一个非常重要的热点。

好奇心：满足与付出

"首届长三角三农研究生论坛（2003）"成员、南京农业大学农业经济管理专业博士（2004）、贵州大学管理学院教授王华书女士，就是一位热衷于食品质量安全研究的学者。2019年初，我和一位同事应贵州大学经济学院邀请，为其青年教师进行国家基金申报书的撰写指导，其间遇到了王华书同学，尽管已有15年未见，再见她还是那么活泼可爱。在陪我们到青岩古城考察时，她讲起了回到贵州大学10多年来的工作及最近筹备出版的一部名为"食品质量安全供应链组织与管理研究"的专著，我听了饶有兴趣，故提出想先睹为快，请她发一个电子版给我。没有想到，机灵的华书附加了一个"条件"，邀我为

①　品种更新意味着作物产量的增长、质量的提升或品质的改善。以玉米为例，从1982年以来主栽品种先后进行六次大的更新：1982—1986年主栽品种种植面积处第一位的为"中单2号"；1987—1994年主栽品种让位于"丹玉13"，持续8年；1995—1999年主栽品种易位于"掖单13"，持续5年；2000—2003年主栽品种由"农大108"接替，持续4年；2004—2016年，主栽品种转为"郑单958"，长达13年，"先玉335"紧随其后（排第二，2011—2016年）。资料来源：刘定富，新锐恒丰研究院。

②　食品和食物的本质区别在于加工程度，一般地，食品是经过加工的食物，从这个角度看，食物属于食品的原料。

其写序。想想也是，人家那么痛快地满足了我之先睹为快要求，我为其做点贡献也是应该的，故就爽快地应允了。

因我在食品安全方面的研究有限，特别是与供应链相关的食品安全管理问题更是很少涉及，故花了几天时间，认真、细致地拜读了华书同学的大作，阅后感觉还是蛮有收获的。同时对这位曾经在"长三角三农研究生论坛"上有过上佳表现的学生给予充分肯定。

诊断：一些看热闹的胡语

从书稿看，在国家社科基金（11BGL060）的资助与支持下，华书同学①是下了一番功夫的，无论是整体设计，还是具体写作以及资料收集与处理，都做得非常到位。

整体设计自然流畅。全书共分 9 章，先从问题提出入手，对所要研究的对象与研究价值给出描述，继而对本书所涉及的主要概念给出界定。在做完这一铺垫后，作者转入正题，用两章的篇幅对"食品供应链组织及质量安全状况"与"食品质量安全供应链组织管理状况"进行了实景描述，为接下来的深入研究起到夯实基础之作用。既然是研究食品质量安全供应链的组织与管理，那就离不开"绩效评价"与"经验借鉴"，由此，接下来的两章"食品质量安全供应链管理组织绩效评价"与"国际经验及借鉴"安排就顺理成章。随后，运用田野调查资料从"食品质量安全供应链管理组织协调机制"和"食品供应链监管组织及制度建设"两个视角进行分析，让专著整体充实起来。最后再用一章"完善供应链管理组织及制度的保障措施"来结尾，这样的框架设计，很自然地让专著质量呈现一种升华态势，华书的这一设计完全符合国家社科基金项目之要求。

书稿编排合乎逻辑。作者响应政府号召：**"要建立从生产加工到流通消费的全过程监管机制、社会共治制度和可追溯体系，健全从中央到地方直至基层的食品药品安全监管体制"**（政府工作报告，2009），从自身做起，结合国家社科基金的资助与支持，结合自己的专业知识背景，从供应链视角，对食品质量安全的组织管理体系进行了理论与实证研究。本书"通过厘清供应链管理中组

---

① 应更正为华书教授，但多年做教师养成的习惯，对从这一论坛上走出的学子，一直这么称呼。没有任何歧视含义，还请华书等长三角论坛的学子们千万别介意。我尊重每一位学生的成长，也衷心祝愿和支持每一位学生成长，但也期望保留每一位学生在我心中的原始称呼。

织及制度与食品质量安全的关系，提出加强食品质量安全供应链管理的组织协调策略及制度建设总体构想"，对现实管理有重要价值。华书的这一研究从某种角度看，**有益于政府对食品质量安全监管的加强，有益于食品企业质量安全管理水平的提升，更有益于中国食品产业竞争力与可持续发展能力的提高。**

当然，书中也存在这样那样的不足，比如，文字精练还有待进一步加强，样本数据量还有待进一步扩大，国际经验数据采集还有待进一步增强，等等。

总之，王华书教授撰写的这部《食品质量安全供应链组织与管理研究》专著，是一部在供应链视角下讲食品质量安全的很有见地的专著，相信读者阅后与我的感觉无异！

愿华书教授在未来的工作中能把这一领域的研究做得再扎实一点，让国人的食品质量真正走向"安全"，让工业化"掺和"下的农业及食品行业，不仅给国人以数量型安全保障，更给国人以质量型安全保障，让安全食品走上千家万户的餐桌。

2019 年 2 月 2 日于上海交通大学闵行校区

第二篇 育人之路

第十六章
勤能补拙

2013年以来，随着"华村一家"品牌的确立和品牌产品之一——专著的不断面市，学界对我们的专著、专著作者以及由我撰写的书序的关注度开始提升，与此同时，也引发一些朋友或学子的写序需求①。尽管这些序与品牌产品之序的写作动机不同，一种是邀请性的请求序，还有一种是必须性的责任序，但无论是哪一种，我都有求必应，尽力为之，我想这与我的职业特性不无关系。这不，最近又有一个邀请从云南"飞"了过来。发出这一邀请的不是别人，正是我初为人师时亲手培养的本科生江淑斌。对其邀请，我自然应认真对待，当然对其送达案头的专著《农地流转中的村集体职能：理论分析与实证检验》，我当认真阅读并以赞赏的心情来为之作序——作者和我的特殊关系使然。

相　识　相　知

2001年底博士后出站，我从浙江大学来到大上海，来到百年学府上海交通大学，正式由一名专业研究人员转行做起了"人民教师"，虽然没有忘本，但研究已有"兼职"嫌疑。俗话说得好，"隔行如隔山"，表面看，今日大学"关注教师研究能力"之风盛行，但对我这么一位决意认真做教师的人来说，则感觉尤其"压力山大"。对于自己转行能否成功，心里始终处在一种忐忑不

---

① 之前，曾先后为我的朋友、江苏大学庄晋财教授的《问道三农》（人民出版社，2018）与"首届长三角三农论坛"学子、贵州大学王华书教授的《食品质量安全供应链组织与管理研究》（中国农业出版社，2019）作序；为我的师妹、宁波大学胡求光教授的《国家海洋发展战略与浙江蓝色牧场建设路径研究》（海洋出版社，2017）撰写题为"蓝色牧场，国家第二粮仓建设"的书评（发表在《管理世界》2019年第4期）。

安的状态，直到今天也一样。这种志忑，不是因自己不会说普通话①，也不是因自己没有思想，而是恰恰相反。发散性的思维方式与一口普通人讲不了的"普通话"，交大的学生能否接受得了？特别是面对学生在大学教育中"消费者化"、师生互动时间有限之现实，如何避免被轰下讲台这样尴尬之事发生，成了我心中的结。当然，对于我的主业——研究生的培养，由于在浙江大学做博士后时有过成功的"见习博导"经历，从未担心过。但面对教育部明令强调的教授必须为本科生授课的指令，我一直不敢掉以轻心。尽管努力再努力，也相信"天道酬勤"，但自知效果不会好到哪里，时代决定了我的教学风格，学生的反应一定是两极分化的②，这就是我对自己转行做大学教师的预判。

　　但是，不管结果如何，努力还是要的。为了做好大学教师，进入交通大学后我从基层班主任工作做起。2002 年 7 月底出国归来，9 月初开学即以班主任身份正式开启了我的本科生指导工作。由我担当班主任的这个班编号为F0212701，是上海交通大学与上海农学院自上世纪末合并以来，以上海交通大学名头招收的第三届农林经济管理本科专业班，也是最后一届农林经济管理本科专业班③。担任班主任工作，我是认真的，也是不走常规路的。多年从事研究的创新思维在带班时常有体现，比如班干部的选拔。考虑到学生毕业后的就业之严峻形势，在带班过程中，我非常重视给更多同学创造锻炼机会，将班干部任期严格限定在 1 年，且班长和团支部书记 4 年期间只能当选一次，每学

---

　　① 其实我认为自己说的就是普通话。我，一个普普通通的人，说的不是普通话，那是什么？难道是鸟语？我还是能说会道的，只不过对于我说的，有不少人听不懂，害得我越来越感觉一张口说话就"压力山大"，以至于一般的学术会议我都只参加、不发言。但也不能长期这样，在华南农业大学罗必良教授的鼓励和支持下，好像是 2006 年，终于站上大讲台，在广州一讲就是两个小时，台下不少人都说"能听懂，讲得也不错"，但还是有一些人在一旁说听不懂，说我"不会普通话"。从一个研究者角度看，依我的定义，普通话，即普通人说的话，肯定是他们不会，才将评价强加于我。不管怎的，在这里特别感谢支持并提供讲台于我的罗必良教授。

　　② 10 多年的教学经验印证了我的预判。听过我课的同学中，有反差较大的两类人：一类是受益匪浅者，毕业后常来信讨教，即使到国外求学，回到上海还专程来看望我这位非专业教师；另一类是混学分者或专业认知错位者，自然没有把我的教学当回事，如果说他们有过重视，那就是以"老师口音重，听不懂"为由，在教学评价上给老师打低分，他们自以为维护了自己的权益，实则相反，这类学生还不在少数。作为老师，尽管会时不时受到这样的对待，但我心坦然，谨遵教海："可与言而不与之言，失人；不可与言而与之言，失言。"宁可失人，也不能失言。

　　③ 在我接手这个班时，并不知这是最后一届，要知道，我是冲着上海交通大学农经专业而来，没有专业谈何目标实现？为此着实悲凉了一番。好在农经专业发展转向培养研究生的目标很快就实现了。2003 年我们申报的农业经济管理专业博士点成功获批，我算是获得了一丝安慰。但也好景不长，2010 年随着学校战略调整，所有二级学科博士点全部停止招生。尽管农经专业在交大文科专业中做得最好，也未能"幸免于难"。为此，我和学校领导抗争过，但碍于国际趋势以及其他因素，最后也只能"认输"了。

年最后一个学期进行班干部及团干部竞选，由此 F0212701 班 4 年的本科生活中就有 4 个班长、4 个团支书。江淑斌同学就是这 8 人中的一个，与来自海南的蒋云飞同学搭档，淑斌做班长，云飞任书记，江蒋领头的第二届班委是 F0212701 班四任班委中被多数同学认为最好的一届。

勤 能 补 拙

作为班主任，我虽不能说对班上的每一位同学都了如指掌，但对绝大多数同学是了解的。淑斌同学就更不用说了，他与我相处非常融洽，也是很早就决定跟随我在农户研究事业上前行者。本科期间，按照我的布置，F0212701 班的每一位同学都会利用寒暑两假，走乡串户，对农家进行细致访谈，尽管写成的报告不具有多大代表性，但对于同学们增进对理论知识的认知有非常重要的帮助[1]。作为一个团结的群体，这个班在我的引导下，在前后 8 位班干部的亲身示范下，积极主动，用四年的努力完成我在上海交通大学的首批全国性随机农户田野调查，形成厚厚的四大本数据集。在此行动中，淑斌同学的调研是非常有特色的，他以云南南涧县为例，通过数次调研，对其家乡及当地民众的生活有了渐进式的全面认识与提高。读淑斌的每一份调研报告时，电视剧《渴望》的插曲《每一次》歌声仿佛都在我耳边重现，真的是"每一次都有新感

---

[1] 田野调查表面看是了解一些基本情况、收集一些基本数据，实则是对自己所学知识的一种全面体会与检验。至少对我来说，本科累计长达半年的"实习"经历让我收获满满。在此，特别感谢我的母校山西农业大学老师的安排，感谢家乡父老对我们这些实习学子无私地提供各种各样的帮助，包括免费吃住，甚至免费出行。对照今日大学生的实习之困境，80 年代的我们，真是幸运儿。

觉，每一次都有新发现"。淑斌同学所做的努力可以说是一种典型的调研认知升华过程。正是这一基本认识的不断提升，助其在南京农业大学顺利完成了接下来的学业，进而毕业回到云南后，成功入职家乡高等学府云南财经大学，并很快晋升副教授。

上海交通大学，作为一所中国高校中名列前茅的高等学府，一般的人是进不来的。能够通过艰苦努力、不懈奋斗考进来的同学，不能说个个都是"人中龙凤"，但也差不多人人都是"学中翘楚"。由我带的这个 F0212701 班，共 25人，除 9 人来自上海外，其他 16 人来自全国 8 个省（区）①，可以说是一个以上海为主的、名副其实的全国班。由于农林经济管理专业属于带"农"专业，在国人心中一直受到不同程度的"歧视"，特别是当这一专业在并校后由农学院走进交通大学这所以工科为主的综合大学后，被录入这一专业的学生，或多或少存在些心理落差。这一落差在我们班的表现就十分明显，致使在 4 年的学习中，真正坚守到最后的只有 17 人，刚过 2/3，其余 8 人，有 4 人转至其他专业学院，有 4 人退学。学生退学，在素以"严厉"著称的交通大学并不稀奇，保守估计也有 10%＋，而这事实上也不是交通大学学子无能的表现，很大程度上是学生对自身认知"错位"了，特别是专业认知错位。一般地，交通大学学子都很少相信"行行出状元"，而更多的是相信"兴趣是最好的老师"。细观察，这些退学或转学者，多是非沪籍生源，之所以如此，依我看，一个重要原因就是他们都是高考时的"地区翘楚"，对专业有较强偏好，专业不对路或兴趣点未激活恰是其退学的根本。就拿我班上 4 位退学者来说：一位因脑瘤手术病退，属于无奈退学；一位因高中时的过度高压，到大学后实在找不到学习兴趣，被迫退学，属于适应力不足退学；还有两位入学时就有厌弃农经之倾向，二年级时退学，重回故里参加高考，并再次成功进入"985"名校（一位考入复旦大学，一位投入华中科技大学），荒废两年时光匆匆上阵高考都能重新实现名校梦，足见交大学子们的智商之高或水平之稳。

诚然，在这些智商足够高、水平足够稳的学子中，也有一些相对弱者。在我带的这个班，淑斌同学当属此类。尽管有一句俗话说"先天不足后天补"，通过勤奋努力，或许能实现"勤能补拙"的梦想，但有时也得认清现实。短板就是短板，硬要使短板变长，有时也是得不偿失的，至少对我来说是这样。故通过交流，淑斌在考研时接受了我的建议：在短期内无法加长自己的英语短

---

① 这 8 个省（区）包括新疆、内蒙古、云南等边疆省区，也包括山东、江苏、广东、海南、湖北等沿海、内陆省。

板，主动选择了放弃名校交大，到对英语成绩要求相对低的南京农业大学去。他的这一选择最终让其不仅成为交大 F0212701 班第一位戴上博士帽的学子，也使其成功走进高等学府，站上云南财经大学的三尺讲台，与此同时，也很快成为国家级项目的主持人①，并因此晋升副教授。

天 道 酬 勤

从淑斌在南农读博到进入云财工作 8 年间的科研业绩看，与名校生的要求尚有一定距离②。但从他的研究主题及论文质量看：论文的主题比较聚焦，表明淑斌是一位善于钻研的学者，这点他在本科期间就有所展现；论文的质量也是非常不错的，但不知为何均投在学术评价比较低的杂志上，对此，我虽没有与他进行过细致交流，但根据我对地方院校业绩考核管理的了解以及我曾在研究所工作的经历，当是有什么样的管理制度，就有什么样的行为偏好，一般人是脱不开这个"套子"的。真正能够走出单位管理"套子"、摆脱同事比较、进入自我管理的境界，是需要很强的自控力的。有人曾对我说："你能这么说，是因为你所在的交通大学平台高，招收的学生能力强。"对此，我不否认，但"自我认输"心理的存在可能是一个学者，特别是一个地方院校的学者，不能实现自身能力提升的根本。就此，我曾到国内西部一所高校做过一个时长四年的"自然实验"。承诺："在我的训练下，人人均可实现科研能力提升的梦想。"用不到 3 年时间，接受训练的青年教师和博士生就有不少体验到成为国家项目主持人的幸福感，还有个别青年才俊捷足先登，实现了在高水平杂志上发文的梦想。

都说国家项目申请很难，对此我也不否认，但从自身经历看③，难是对"说"者难，对"行"者则非也。这是因为国家项目资助的就是那些"执着的

---

① 2012 年博士毕业的他，在走进云南财经大学积极准备教学的同时，不忘展示自己的研究功底。2013 年他将自己的博士论文核心部分改成学术论文《农地流转"租金分层"现象及其根源》，成功地在中国农经学会会刊《农业经济问题》上发表。2014 年成功地申请到云南省教育厅项目"农地流转中的村集体行为研究"（2014Y288）和国家社科基金项目"村集体在农地流转中的职能定位研究"（14XJY023）。

② 据中国知网数据，2011—2018 年，他累计发表学术论文 11 篇，年均 1 篇多点。其中最好的杂志就是《农业经济问题》（2013），在交通大学属于 B 级；再次是《经济经纬》（2012 年和 2018 年）、《农村经济》（2012 年）、《当代经济管理》（2011 年）和《生态经济》（2014 年）等四个交大 C 级。

③ 自 2000 年初进入浙江大学做博后起，20 年累计成功申报国家社科基金 2 项、国家自科基金 9 项，平均 2 年一项。加上参与的，年均一项有余。

上路者"，那些"在路上遇到困难者"。而那些看似能够写出漂亮的申报书，并坐等"福音"的学者，通常会被基金评审专家看穿，被列入"不可信任"之列①。淑斌博士，尽管科研业绩的确不是那么出众，无论从成果数量（有限），还是成果质量（一般）看，都不是国家基金支持的首选，但他的执着，他的忘我，却赢得了盲评与会评专家的认可，这就是他成为国家社科基金项目主持人的奥秘。说他是幸运儿，不错，这也是大多数人的看法，但幸运背后却是耐得住寂寞的持久坚持。他的这一行为正应了一个词：天道酬勤。

阳 光 执 着

摆在我案头的这部由淑斌博士用数年时间挥洒汗水撰写的《农地流转中的村集体职能：理论分析与实证检验》，恰是其入职云南财经大学，于2014年首次申报并成功获得资助的同名国家社科基金西部项目（14XJY023）的研究成果。主持过国家社科基金的学者都知道，承担项目这是一个"好吃难消化"的苦差事。相比起来，国家自科基金的入选主要是依靠实力，国家社科基金的入选则需要多些幸运。而且，国家社科基金的特殊管理方式，让成功申报者在项目完成过程及结项评审中会受到在其他项目那里不曾受过的"待遇"②。淑斌博士能够幸运地顺利结项，我真为他感到高兴，真诚地给予祝贺！

"农地流转"是一个非常热门的主题。这一现象并非今日才有，在传统中国的农地私有化制度下，农地流转一样普遍，且通常由市场说了算。那时的农地在农户家里不仅是生产资料，更是财富象征。农地流转停止进行是新中国成立后的事，特别是进入农地集体所有、统一经营之后（1958—1978年）。

改革开放后，尽管农地依旧是集体所有，但经营模式却由集体统一经营转为农户承包经营，名曰"家庭联产承包责任制"。随着这一制度在1982年"中

---

① 记得我曾给学生讲过一个猎人打猎的故事。一般地，猎人在打猎过程中，都对运动中的猎物感兴趣，而对站着不动的猎物不太感兴趣。原因是对运动着的猎物狩猎成功的概率会大大高于站着的。国家基金资助瞄准的对象也一样，申报能否成功取决于申报者是否是"行走在科研道路上者"，是否是"行走在科研道路上且有一定深度者"，若是"坐等空想者"，成功率几乎为零。

② 简单地说，至少有如下四类：第一，在项目执行过程中，国家社科基金执行者不能再申请其他项目，从这个角度看，该基金拥有典型的排他性；第二，项目评审通过率非常低，按期通过率尤其低，一而再再而三地修改报告让主持人"累得吐血"；第三，成果出版必须在结项后，不能在结项之前擅自出版，更有甚者，结项前不能发表任何成果；第四，在成果发表时，若标有"国家社科基金资助"字样，有许多与国家社科基金有联系的杂志明确规定，不能再标其他项目。从这个角度看，国家社科基金的管理不只在项目本身，而是已伸向其他地方。这让许多经历过的学者望而却步。至少我是如此，2003年主持了一个后再不敢"染指"。

央一号文件"的引领下正式确立与运转，农地流转就应运而归。1980—2002 年的农地流转主要发生在农户与农户之间，流转也多是因缴纳"皇粮国税"而起。随着国家工业化与城市化的推进，农业经济时代的"皇粮国税制度"与新型的城市工业经济时代要求出现明显的不适配或不和谐[①]，特别是加入世界贸易组织（WTO）后，中国政府看到一种新的经济增长方式。发端于上世纪 90 年代中后期的农村税费改革，让农地流转的"负"经济时代[②]，在 21 世纪初、新时代到来后，发生了大转变。随着 2002 年《中华人民共和国农村土地承包法》的出台，以及随后开展的农业税减免（2003—2005 年）与取消（2005 年），农地流转正式进入了"正"经济时代。尽管此时的农地属性依旧维持在"农民集体所有"，但对承包者农民来说，农地的财富属性开始显现，特别是在国家城市化进程的加速推进中，农地的这一财富属性愈发凸显。2004 年以来中央政府实施的农业直接补贴政策更使得农地流转力度不断加强，农地承包权给农户带来的福利大增。2013 年，全国两会给土地改革定下清晰的方向与目标："加快农村土地征收改革与完善土地流转制度"。"农村土地确权保障农民权益"成为 2013 年两会土地改革的焦点。随后几年的农地确权实践让农地流转真正成为中央政府让农民福利增强的一个重要举措。

作为农经学者，我们时刻不能忘记农地本身的属性：农民集体所有。既然是"集体所有"，那么代表这个集体的村委会或村集体，他们对村里最有价值的土地财富或生产要素流动到底有什么发言权？又有多大发言权？目前给出的答案比较模糊，抑或是空白，需要认真研究。由此，农地流转中的村集体职能定位就是一个非常关键的课题。从这个角度看，江淑斌博士的选题正是切中要害，能够入选国家社科基金资助行列，"选题得当"可能是最大的亮点。尽管我在指导学生时，常常告诫他们少碰"土地"，原因是经历有限，认识不足，无法完成目标。但也有个别执着分子，诸如本书作者，在校期间就多次就土地问题和我辩论，做研究生时更是执着，工作后申请国家基金时选题依然如故。淑斌的这一行为可以用另一个词概括：阳光执着。

通览全书，我完全认同作者在书中的分析："在家庭承包责任制下，村集体既不是法人，也不是自然人。农民集体所有权不能自发派生出农地其他权

---

① 据说，随着家庭联产承包责任制实施的深化，政府"皇粮国税"的征收成本越来越高，以至于入不敷出。不仅民众税费负担与日俱增，政府也一样负担沉重。由此，政府不得不于 90 年代末期开启了农村税费改革的试点工作。

② 因外出打工与上缴"皇粮国税"形成冲突，许多农民在外出时被迫把农地转出，转出的同时还要把"皇粮"部分一并付上，代人耕种者不仅不出一分钱，可能还有一份"皇粮"的收入。

属。……清楚地定位村集体的权利和职能是家庭土地承包责任制顺利运行和农地有序流转的基础。"在当前的农村问题中，十之八九的纠纷与农地相关，特别是与农地产权相关，而引发这一问题的根源又很大程度上是村集体职权定位不明，没有或无法把问题解决在萌芽状态，有的问题甚至是由村集体不作为或乱作为引发的。是的，我也认同作者的另一判断"赋予农民土地权利和定位村集体职能是一个硬币的两面"，但面对中央政府再一次延长农地承包期三十年的慎重承诺，农地在农民心中的权属理解与国家法律赋予村集体的定位，以及地方政府官员在执行或处理涉及农地问题时选择的站位或视角，对农村发展的影响可能比我们想象的要复杂得多。

作者围绕农地流转中的村集体定位这一主题，从理论分析框架构建、村集体职能、农地财产功能、农地要素功能等四个方面作了有益探索。特别是在理论分析部分明确指出："如果村集体在农地流转中的职能符合降低交易费用的要求，土地将根据农业部门产品市场和要素市场的变化在不同作物和不同生产者之间进行重新配置，交易双方将分别实现土地的家庭财产功能和生产要素功能。"这一结果显然对现实中的操作有重要意义。

通览全书，的确也还有许多方面研究得不到位，诸如村集体职能的分析还比较笼统、计量模型使用的严谨性略有欠缺、研究结论的凝练程度还需要提升、研究深度有待进一步提高。但就现有的分析看，逻辑比较清晰，层次也分明，得出结论的依据可靠。对于中国"三农"问题，特别是农村土地权属问题的决策者、研究者以及其他感兴趣的学者来说，本书是一部有重要参考价值的农地产权研究之力作。当然，限于能力，书中可能还存在一些不当表述，请读者不吝指出。

2019 年 11 月 14 日写于上海交通大学闵行校区

第十七章
站上珠峰

呼唤、邀请与道贺

在《经济研究》复刊 40 周年之际，来自编辑部唐寿宁先生的"我与《经济研究》"文集征文呼唤，勾起我动笔写下这篇回忆文的激情。正是因为《经济研究》给予我时不时露面的机会，让我成为"经济学者"，甚至一篇名为"哪些学术大牛发了《经济研究》？——来自 2009—2017 年的数据分析"的文章还将我列进前十，让我既感欣慰，也感惭愧。因我自知，我仅是一位"露面"学者，与"大牛"根本不沾边，确切地说，我是沾牛人的光成为所谓"大牛"的。同日，又收到编辑部孙三百先生发来的一个"《经济研究》高层论坛——纪念改革

开放 40 周年暨《经济研究》复刊 40 周年"参与邀请，更是让我惊喜万分。我一个因沾"牛人"[1] 光而"露面"的学者都被邀请了，怎能不激动？但差不多同一时期，我所在的单位　　上海交通大学安泰经济与管理学院也喜迎百年华诞，由我担当召集人，正在筹备一个"经济学研究前沿青年学者论坛（2018）"，论坛也是由《经济研究》编辑部主办、安泰学院承办，两个会议时间安排看似属于无缝对接：一个是 2018 年 5 月 16—18 日，一个是 5 月 18—20 日，实际上对我来说，应是会期冲突。安泰论坛由我们承办，专家学者都是冲着我们来的，他们到达上海时，若见不到召集人，属实尴尬，对此我深有体会，故用"无法分身"回复了编辑部。但从内心看，能够收到这个邀请，乃我三生有幸。故在写这篇回忆文时，不仅有激情，更有激动。幸好，在筹

---

[1]　我在《经济研究》露面纯粹是沾"三牛"之光："牛"师万广华先生；"牛"友朱喜和汪勇祥先生；"牛"弟子程名望和盖庆恩。在此当向他们表示衷心的感谢。

备安泰百年华诞的经济学论坛时，我看到一篇题为"为什么你不能发《经济研究》?"的微信帖子，据说是学界大牛——北京大学姚洋先生的演讲。受其影响，同时也想与经济学青年才俊分享一点自己的体会，我也写了一篇题为"通向 TOP 研究之路"的文章，以作论坛文集之序用。现就结合这个序将"我与《经济研究》"的故事分享给大伙儿，不妥之处，还请理解。当然，分享前，我也谨记自己的初衷，给《经济研究》编辑部送去我真诚的祝福：

祝福《经济研究》复刊 40 周年生日快乐！祝愿《经济研究》高层论坛顺利召开！

四十年的努力，不只成就了《经济研究》在学术界的声望，更让一个个初出茅庐的学子从这里走出，一代代英姿勃勃的青年才俊在此"亮剑"，一位位满腹经纶的经济学大师重磅登场。这自然地让人想起一首经典英文歌的歌词："You raise me up to more than I can be"（你的鼓励，使我超越了自我）。四十年的奋斗，记录的不只是中国经济一点一滴的变化，更多的是一个个中国经济学人成长的酸甜苦辣。作为一名大学教师，在这里，我谨代表上海交通大学"华村一家"科研创新团队向《经济研究》编辑部的同仁表示由衷的感谢。正是你们的辛劳，成就了《经济研究》在中国学术期刊中的地位，使得一个个经济学人在学界的威望得到不断提升。你们是中国经济学界最辛苦之人，同时也是最幸福之人。谢谢你们，同时也祝福你们！

听说、关注与羡慕

说实在话，对于一位从事经济研究的学者来说，无论自身学术水平如何，《经济研究》在其心中的地位都是非常高的。尽管在今日中国顶尖高校"国际SSCI 化"的推动下，不少学者的研究成果表达方式由"码方块字"转变为"组合英文字母"，但中国《经济研究》在学者们心中的位置并没有下降，甚至不少学者都由衷地发出一声叹息：相比国际 SSCI，在《经济研究》发文更难！是啊，一些众人羡慕的"青年长江"，却私下里在羡慕拥有数篇《经济研究》论文的"普通学者"，到底谁更"牛"？人常说："东山照着西山高。"好像很少有学者较真到底哪山高，似乎大伙儿心中明白。

对我来说，尽管从大学起就可以算作进入了"经济研究学者"行列——大学读的是"农业经济管理"专业，但对于经济学到底是什么，从来也没有认真思考过①，更不用说写论文，在《经济研究》发表了。似乎《经济研究》与我的大学学业没有任何关系，如果说有，也只是听说而已。大学毕业后走上继续深造的研究生之路，似乎开始了对学术期刊的关注，但也仅仅是关注。那时的我，并不会写文章②，好像学校也没有像今天这样有硬性规定：研究生必须在某个级别的杂志上发一定数量的论文才能拿到学位证书。学术期刊在我心中地位的强化与提升，应当与那时我的一些思想比较开化的同学之努力有关。每当看到来自邮局的、上书某某同学的稿费通知时，每当在资料室浏览期刊，翻到印有身边熟人之名，且还散发着铅印"清香"的学术论文时，都让我不由地想向这些同学靠拢！那时期，有一个被我视作人生发展导师的人，这个人就是我的大学老师、研究生期间高我两届的同学——冯海发先生。在我读研期间，冯老师的一言一行几乎可以说影响着我的人生。在那个艰苦写作被称为"爬格子"的年代，冯老师算是我等的学习楷模，他的勤奋让我们这些同窗汗颜③。记得在自己工作近两年后，还一篇文章都写不出，厚着脸求着冯老师给挂个名，现在想来虽说是"不正之风"，但对我来说恰是一针强心剂。非常爱面子的我，暗暗下定决心，一定要用行动证明自己，否则一生都会让人耻笑。

觉醒、努力与收获

受时代认识局限，研究生毕业后执意放弃深造，到一所省级研究单位从事"三农问道"。尽管自己还比较勤奋，但成果质量提升遇到很大的瓶颈，故而产生再次求学之念头。1996—1999 年的中国农业大学博士行，不仅让我从认识

---

① 其实在大学读书时，给我们开的课名曰：社会主义农业经济学（教材由朱道华主编），属于计划经济时代的产物。真正用于指导市场经济发展的理论知识学得很少，严格地说，几乎没有。但也正因为少，我们有了更多的时间从事田野调查。我学的"经济学"确切地说应当叫"问政农家经济学"，一个经济学的故事都来自农家。8 个学期的大学，差不多有两个学期走在田野中，吃住学在农家。正是这些渴望市场经济到来的农家人教会了我如何对待率先知知春江水暖的"鸭子"。

② 确切地说，不会写学术论文。事实上，其他文章也写得很少，唯有给父母定期或不定期写封家信。

③ 据中国知网统计，1984—1990 年在西北农业大学攻读研究生期间，冯海发老师累计发表学术论文 41 篇，年均贡献近 6 篇，可见他的"爬格子"功夫之了得，当然，付出的汗水与辛苦，也当是了得的。以他为灯塔，直到今天我都感到很荣幸，故在此对冯海发老师的指引表示由衷的感谢。他的这些学术论文在今天看来依旧是级别非常高的。在农经学界最看重的三刊上发文 13 篇，其中《中国农村经济》3 篇、《农业经济问题》4 篇、《农业技术经济》6 篇；在统计学界最看重的《统计研究》（统计学是他最钟爱的学科）发文 3 篇；在经济学界最看重的《经济研究》发文 2 篇。

上提高了学术意识，更从行动上感觉到改变自己的现状①是多么有必要。觉醒，一次重要的觉醒，让我认识到并践行："**学术能力提升需要寻找强有力的竞争空间。**"由此，在博士学业完成后，我又向所里提出到外地去做博士后的申请。

尽管我也深知，博士后是一项暂时工作，放弃既有的"光明前途"②会遇到相当大的困难，但依旧我行我素。从太原寄出的三封博士后申请信，在一周后即收获一封回复③。在那个传统邮寄时代，真可谓"神速"。刚刚四校合并的浙江大学，一切处在变革中。刚刚从浙江农业大学副校长转任新浙江大学管理学院党委书记的黄祖辉先生用他那一贯的雷厉风行的风格，热情洋溢地回了一封欢迎信，使我有机会成为"黄家军"的一员。在教育部首批确定建设的人文社科重点研究基地"浙江大学农业现代化与农村发展研究中心"（简称"浙大卡特"）正式挂牌的次日④，我即从黄土高原上的名城太原搭乘1582 次列车来到人间天堂杭州，来到浙大，有幸成为"浙大卡特"实至名归的"第一人"。

浙江大学到底有多大，到底有多牛，在来之前并未过多了解，但对合并前的浙江农业大学，特别是农经系⑤是了解的。浙江农大，一所省属院校，农经学科研究生培养水平曾超越数所部属院校，位列前四⑥。1995 年中国青年农经学者年会在浙江农大召开，有幸受邀参加。这次杭州行让坐落在华家池畔的浙

---

① 那时的我，在研究所虽不是什么有名人物，但业绩连续数年在山西农业科学院同职级组排名第一，所领导、处室领导以及院领导也对我十分器重，1997 年读博期间我就破格晋升副高。可以说，博士毕业回所里工作，前途会"一片光明"。

② 差不多与我同期毕业的博士，回到山西太原仅有的几位，都很快被提拔到副厅级位置。一次出差回到我的原工作单位，同事们来说："清华，你看不走有多好，人家都提拔了，能落下你吗？"是啊，我就是"草民"的命。可回过头来细想，我这样敢做敢说的人，在今日山西官场，不见得能混得好。现在想来，应对自己当初的选择庆幸才是！

③ 也仅收到这一封，其他两封都石沉大海。不过，有一封就足矣，否则，还增加自己选择的痛苦。事实上，这也符合我"知足常乐"的特性。要知道，在那个年代，学校对博士的要求比较低，特别是我这样在职的，要求就更低，有一篇论文发表即可，所以业绩并不那么出众，有人给机会，对我来说就是"烧高香"了。在此，特别感谢我的恩师黄祖辉先生，正是他的一封"不拘一格降人才"之信彻底改变了我的人生。

④ "浙大卡特"是 1999 年 12 月 31 日正式挂牌，我是 2000 年元月 1 日到达。这次江南行可以说是我人生中的一个重大转折。所以不仅在"距离"上有点远，用时也特别多，从太原到杭州走了"两个世纪"。这似乎预示着，要圆"天堂"之梦，需要用"世纪"长的时间来行。

⑤ 其实那时的农经系，在全国"升级"运动中，也更名为经贸学院，我习惯于称"农经系"。

⑥ 好像是 1989 年，在农经硕士点评比中，西北农业大学（硕士母校）农业经济管理专业名列全国第一，遥遥领先，是分值唯一达到 8 分以上的，第二至第四名的南京农业大学、北京农业大学（博士母校）、浙江农业大学，分值相差无几，均在 7.9 分左右。

江农大给我留下了深刻且美好的印象，这个印象中不只包含自然美景，更多的是生活与工作在那里的一个个脸上洋溢着喜色的浙农人。所以，六年后来到这里做博士后，似乎没有什么陌生感。相反，和蔼可亲的浙农人，把农院美德发挥到极致，让我有一种回家之感。尽管在我来到华家池做博士后时，浙江农大已变为浙大，许多合校后的工作还在紧张地进行着，但对新世纪之始即到达浙大的我这位卡特新人，学校博管办、人事部门、后勤部门以及卡特中心等都给予了无微不至的关怀。让我记忆犹新的就是浙大人的办事效率。高效的后勤服务，让我次日就住进博士后公寓①，卡特中心为我配备的计算机也于入住当日搬进公寓，煤气罐隔日办妥，座机电话一周内装备好，一下子使得这套公寓生机盎然。

经过短暂安顿，挟着对山西"三农"发展缓慢问题的长久思考，扛着"合作教授"黄祖辉先生的大旗，借着浙江省农办副主任、曾被习近平亲切地称为"超级农民"的顾益康先生的东风，我开始了对浙江省县、乡、村、户四级体系的细致考察。在浙江省农办的大力支持下，我获得了 1986—1999 年全部 10 个观察村的田野调查数据的使用授权，结合自己对浙江 20 多个县的乡、村、户的田野访谈，对"浙江奇迹"有了从感性到理性的认识升华。我通向"TOP 研究"的"宅男生活"正式开启。

在浙大两年的博士后生涯中，可以说除了到乡村、到农家走访外，我绝大多数时间都把自己关在公寓中过着苦行僧一样的生活。为了探明"浙江奇迹"的由来，整天对着一组组田野调查数据计算、思考。为了减少外界对我的影响，在工作时将公寓中的电话线拔掉，全身心地投入到晋浙农民行为比较与相关思考中，害得卡特中心的同志们有急事也找不到我②。一份份研究报告就在思考中快速形成。随着研究的深入，项目申请的思路也逐渐打开，两年的博士后生涯申请并成功获批的项目有 7 个，其中：国家自然科学基金面上项目（70173016）和应急项目（70141022）各 1 项；浙江省社科基金一般项目（N95E33）1 项；山西省软科学项目（001010 和

---

① 说是公寓，其实是浙江大学华家池校区原教工住宅区（22-501），60 余平方米的精致两室一厅，面积虽不大，但对"抛妻别女"只身来到杭州的我来说，够用了。

② 现在想来，这一做法确实有点过分。学校为何给我安装电话，难道仅是为了方便我通信？事实上，我当时就是这么认为的。在此，特向曾负责卡特中心与农经系联络事务的秘书吴荣芬同志表示歉意，同时也向她表示衷心的感谢。

011046）2 项①；国家博士后基金 1 项，浙江省农村发展研究中心项目 1 项。与此同时，由研究报告精练与升华写就的一篇篇学术论文也得以在全国数十个期刊上相继发表。两年的博士后生涯，累计撰写并发表学术论文 30 余篇，其中在中国知网上可检索到的就有 22 篇，包括《管理世界》2 篇、《中国农村经济》3 篇、《农业经济问题》3 篇。由报告整理形成并正式出版的专著 2 部。在全国层面获得一个"全国优秀博士后（论文）三等奖"、一篇报告获评"全国农村固定跟踪观察点办优秀调研报告"；在浙江省层面获取了一个"浙江省青年哲学社会科学优秀成果（专著）一等奖"；在山西省层面获取了两个"山西省科技进步（软科学）二等奖"。同时，还由于精力充沛，主动和当时浙大农经系的数名博士生合作，做了一次实实在在的"见习博导"，有 6~7 位博士生在我的支持下，顺利获取博士学位。

回头看，两年的浙大博士后生涯，收获是颇丰的。记得在 2009 年的专著《中国农家行为研究》附录《我的三十年》中，曾感叹道："表面看，（卡特）中心完全是一个虚拟机构，专职研究人员除了博士后外，几乎为零，实则不然。以原浙江农业大学农经系为基础的团队就是支撑中心运转的核心力量。当然，工作做得非常踏实的浙江大学博士后工作办公室也是一个非常好的组织，凭借区区两三个人的努力就把拥有 200 多名博士后的团队打造得在浙江乃至全国都有声有色。以工作办成员为运作核心的浙江大学博士后联谊会，不仅给在校博士后提供了良好的生活环境，还为改善这一环境做了诸多扎实的工作。正是校（浙江大学）、点（博士后流动站）、办（博士后管理办）三位一体创造的良好高效的工作环境，使我在浙江大学创造了人生之奇迹——个人业绩达到顶点。"

首次申请到国家级项目，成为实实在在的国家级项目主持人；论文数量与质量都有了质的飞跃，首次在权威刊物上发文；专著出版与学术评价也达到一个新高度。为此，在浙江大学博士后出站前，学校首次同意让一名博士后破格晋升为研究员。当然，在浙江大学卡特中心工作的收获远不止个人的那点业绩，积累的大量处理师生关系以及其他人际关系的经验是日后我到上海交通大学继续向"TOP 研究"迈进的基础。

---

① 山西项目的获得，主要是靠我在山西农业科学院多年与山西省科委打交道积累下的人脉，在我转战浙江、把初步了解的浙江情况向他们汇报后，科委的领导认为有必要设立一个"晋浙比较系列研究"项目。确切地说，山西省科委的领导把我看作被派到浙江的"取经者"，连续支持了三年、三个项目。当然，我也用辛勤的汗水、优质的报告予故乡以回报。

冲动、信心与成功

在浙江大学两年，虽然初步"领教"了学校划分学术期刊级别的"厉害"之处，但也从中尝到不少甜头。在那个学术论文与文学故事发表有相似性的年头，尽管撰写学术论文为科学工作者带来的仅是一些"秤盐打醋买烟"的零用，但对个别"爬格子"能力超强的学者来说，家庭经济状况的改善与此直接相关。故千字稿酬对部分学者的诱惑作用非常之强①。劳动价值论在学术研究方面应当说在那个时代发挥着重要的作用。

进入浙江大学后，我的努力已不止十分，而是十二分，由此也就时不时的有些稿酬。尽管这些稿酬额度时多时少，但对我安慰作用巨大，助力我这位毕业后工作了十多年的学者摆脱家庭经济窘况，似乎使我增加了不少体面。说实在话，除了生活必须，我对金钱看得很淡，所以在学术论文发表的期刊选择上，更多看中"花样性"，而非"高稿酬"或"高级别"。我对浙大的期刊级别划分认同度并不高，故在面对学术水平几乎相当的期刊时，多渠道（花样）发表才是我的选择。直到来交大后的前三年，我都如此。当然，这样做从经济角度看吃了不少亏，为此也曾与院领导进行过"抗争"，期望学院的评价以论文质量或学术水平为标准，院领导对此（从内心）也是认同的，但具体操作确实难。正因为如此，我的观念也开始发生微妙的转变。真正从根本上让我转变观念、认同期刊级别，那应当说是 2005 年后的事了。

研究生毕业考核对论文数量与期刊级别的要求逐渐细化，作为导师的我只能无奈接受。当然，致使我转变最重要的因素是：国内期刊对学者劳动价值判断的"集体左转"——以收取高额版面费取代发放稿酬，让作者由"收"到"付"、由"小收"到"大付"转变。在学者们的劳动价值不能被期刊认同的情况下，我们被迫对杂志从观念到行动上也进行了分类，规定学生在清单中的杂志上发文才算数，对有高额版面费要求，且发表时间无保障的杂志做了选择性的屏蔽。正是在这一系列变化中，《经济研究》《管理世界》《中国社会科学》等中文类核心期刊正式走进我的视野。我们也开始把向这些杂志投稿作为主要目标。

---

① 在还没有级别一说的时代，学者们私下交流最多的当是哪个杂志千字稿费多。虽然稿费并不一定能使家庭经济根本好转，但也是学者间私下谈论的一个重要话题。同时，在那个杂志靠发行量生存的年代，稿费也是杂志主办方吸引优秀稿源的一个重要办法。

行动转变是观念转变的结果。在 2001 年和 2002 年，我的两篇质量较高的学术论文相继在《管理世界》发表①，之后开始考虑学术提升与转向，由此《经济研究》也就进入了我的视野。

2002 年原本计划到台湾去考察当地的农地制度，台湾大学农经系主任陆云先生也给予极大支持并热烈欢迎。但天有不测风云，申请被台湾大陆委员会拒了，想走出大陆见识一下台湾风景的梦一下子泡汤了。可天无绝人之路，经同学推荐，顺利地转道去了澳大利亚，与在悉尼大学农经系任教的万广华先生展开了合作研究。

在三个月的悉大访学历程中，受语言缺陷限制，我在深入感受悉大教学与研究上打了折扣，但也正因如此，我与万先生得以长久持续地就一个专题进行细致而深入的探讨，并成功合作了"中国农村储蓄问题"的研究。尽管离开悉大时，我们的研究还在进行，但基本定型的研究成果让我有了挑战在《经济研究》上发文的冲动②。三个月的访学结束回到交大后，我的注意力重点放在适应由研究人员到教学人员的身份转变上，同时也没忘记对在悉大访学期间撰写的 5 篇学术论文进行再润饰。很幸运，5 篇论文全部投出去后，相继被录用。录用最快的当是我与万老师合作撰写的《转型经济中农户储蓄行为：中国农村的实证研究》一文。原本此文投去《经济研究》快半年，一点音信没有，为此我还电话咨询了编辑部，回复未查阅到，让再寄一次。但也就在论文再次寄出不到一周，一本载有我们论文的《经济研究》杂志（2003 年第 5 期）就寄达

---

① 在这里有一个编辑和作者共同进步的故事。在《管理世界》首次发表了我的文章后，我向栏目编辑程淑兰女士发去一封感谢信，同时也附上一篇新作。程老师很快就给予肯定回复。在 2002 年初我的第二篇《管理世界》论文见刊后，又以同样的手法再次努力，这次程老师回信非常快，但信的内容却偏离了我的期望："三篇论文一个水平，没有进步，不予发表。"是的，的确是同一个水平，程老师说的一点也不为过。但编辑还在关注我的进步，这让我有点惊愕，并由此展开思考：如果一直保持同一水平，发再多的论文，对社会进步又有何意义？我们作为科技工作者的目标在哪里？不就是推动学术进步嘛，自己都不进步，何来推动社会进步呢？正是因程老师这位独特的编辑的提携与点拨，才造就了接下来的我，使我在学术研究、在教书育人上，确切地说在认识自身与研究生指导上，有了突破性的提升。在此，特向中国人民大学教授、《管理世界》农村经济栏目原编辑程淑兰女士表示衷心的感谢！

② 说冲动，是因为之前几位中国学者在悉大师从万老师后，都成功地实现了《经济研究》的攀越、国际 SSCI 的突破。特别是我的中国农大博士同学、石家庄经济学院的牛建高先生，2002 年在《经济研究》上的亮相，真的让我从内心感到访学的价值非同一般，同时也让我有了一种挑战在《经济研究》发文的冲动。我到悉大访学也得益于建高以及中国农大温洛克班武拉平同学等的引见与支持。在此特向建高和拉平表达谢意！

安泰、寄到了我的手上。真让人既感惊喜，又感失落①。更大的惊喜还在后头，大约过了半个月，一笔巨款从编辑部寄到安泰，真的让我喜出望外，1 100 元的巨额稿费②，这个数字在我心中成了永远的记忆③。从此，便开启了我的《经济研究》之路。

细节、理解与超越

"路漫漫其修远兮，吾将上下而求索。"两千多年前，伟大的诗人屈原在其《离骚》中写下的这句话，看似针对自己，实则受益后人。作为一名大学教师、一名科研工作者，我们何尝不是如此？科学研究需要求索，教书育人也一样需要求索，特别是研究生教育，更是一种以求索为主的教育。

在通往《经济研究》的路上，我只是一个因沾牛人光而露面的学者，至今未独立或主笔发表一篇文章。但每一次"沾光"背后都有我不少心血付出，故当下也就有不少感想或心得。这一感想或心得可用《渴望》中的一首歌的名字来概括，那就是"每一次"。

从 2003 年的斗胆投稿，到 2006 年的细致改稿，让我充分认识到，一个人的信心和其在写作中对细节的关注，对学术论文能否成功登上《经济研究》至关重要。没有信心永远不会有高水平论文的发表；没有对细节的关注，高水平的论文也只能说是有瑕疵的高水平，与真正的高水平之间还有一定距离。从论文审阅的视角看，确实好且能得到评审专家认同的学术论文，固然在思想上、方法上有独到之处，但更重要的是对细节关注到位，让审稿人阅后除了点赞还是点赞。值得注意的细节非常多，诸如：论文中的数据，保留的小数点位数是否遵照规范？（一般建议正文中保留两位，参数保留 4 位。）田野数据是否经过认真锤炼？（因缺项而对样本采用删除的方式，原则上不允许。）引述的文献是否符合标准？（文献也需要锤炼，原则上，实证类的文献至少要 4 页及以上，

---

① 一通看似有用、后检验为无用的长途电话，引发三笔无谓支付：长途电话费、邮寄费、文稿打印费，白白浪费了不少费用，真让当时的我心疼！

② 相当于我 1999 年底离开山西前的 3.36 个月工资、2001 年底离开浙大前的 1.22 个月工资、2002 年初到交大时的 0.55 个月工资。这笔稿费对我来说有着重要的意义，它既是稿费时代我收获的新高，同时也可能是我永远的最高点。事实也的确如此，在国内期刊思路"全面左转"后，保持少支付或不支付版面费，已成为我及我的研究团队的奋斗方向。

③ 要知道，此后《经济研究》开启了全新的运行模式。在 2003 年第 5 期的最后一页有一个简短的公告："为适应本刊匿名审稿制度的全面推行，进一步与国际规范接轨，经编委会讨论研究，决定从 2003 年第 7 期开始，本刊不再向作者支付稿费，而将其转作专家匿名审稿之用。"

且发表在有一定影响力的期刊上。）引述方式是否规范？（比如英文文献中的"等"，须使用"et al."。）文字、图表的表述是否精练、准确？是否使用了带有偏向性的词语，诸如"我国"？（建议最好使用不带偏向性的中性词"中国"。）等等。

作为在《经济研究》露过面的作者，常常被编辑部聘为匿名审稿人。我在审阅学术论文的过程中，很自然地会对把研究的对象用讲故事的方式讲得很好的论文给予特别关照。原因很简单："你的研究让我读了有一种享受之感，我不给你点赞，说不过去。"［在阅读林毅夫先生早期出版的《制度、技术与中国农业发展》（1992）一书时就有此体会。］事实上，这也是万广华先生在我们合作研究过程中多次强调的核心内容。正是因为有他的这一强调，我在指导研究生写作时，亦特别关注论文的故事编写问题①。从 2009 年到 2017 年，我们团队相继在《经济研究》发表了 8 篇论文，每一篇都有一个故事，每一个故事都让读者能从中品出余味。所以从这个角度看，好的故事编写是学术论文上档次的关键或保证论文进入高水平梯队的灵魂。

当然，能否发表，决定因素很多，对此，学者们也应做好充分的思想准备，对编辑工作形成正确的理解。比如，我们投在《经济研究》的一些稿子，自认水平不低，且相对以往有进步，但却未能通过编辑那一关。一篇未通过，认；两篇未过，认；当第三篇还未过时，我感觉有点不对，一定事出有因，故电话咨询原因。答曰："你们发的稿子太多了。"对此，我们也是无语。但不管怎的，这确实是一个原因，适当地为他人让路也应是一个学者应秉持的态度。还有我们曾经的一篇与国内大牛商榷过的文章，按照一般理解，这是必发的，因为此文在推动学术进步方面意义重大，但最后也未通过，至于原因不得而知。为此，借此征文之机，建议《经济研究》编辑部在未来刊发学术论文时，对商榷类学术论文予以充分重视，只有这样，才能保证期刊的学术性提升，否则《经济研究》有沦为一言堂的风险。我期望《经济研究》成为一个超越门户之见、容纳百家之言的期刊。更为大胆的建议：为了实现匿名审稿未充分交流的遗憾，期望《经济研究》编辑部在论文正式发表时，将匿名审稿人一并公

---

① 其实学术论文的程式非常简单，它有特定的格式，我们称其为三段论或四段论，类似"八股文"。首先，在序言中，应引出你的研究对象，将其上升为一个科学问题，并说明探讨这一问题的起因与动机。其次，在文献综述中，应说明前人在你的研究对象方面做了哪些贡献，还有哪些地方有待研究，进而确认自己要做出贡献的方向。然后，在确认自己的创新方向后，从材料、方法到思想，把你要努力的过程用文字讲述清楚。最后，对自己做的结果进行讨论，且这一讨论要和文献综述中的分析结果进行比较，说明完成了多少、还有多少留待以后完成。第一点和第二点合并即为三段论，拆开即为四段论。

布，这非常有利于学术进步。

合作、升华与项目

合作研究，已成为"TOP 研究"的一种趋势。民间有句话："朋友多了路好走。"放在学术界也适用。要想在应用经济领域走得更好，合作研究是一种必然趋势。事实上，《经济研究》十八年间（2000—2017 年）的发文统计完全证明了我的这一判断。在《经济研究》上发表的文章中，"单打独斗"模式呈快速下降趋势，在 2000 年，这一比例高达 63.64%，而 2017 年只有 16.00%；"三人成虎"模式正成为经济学研究的主流，其比例由 2000 年的 6.36% 快速上升到 2017 年的 30.67%。从近五年（2013—2017 年）《经济研究》的发文格局看：双人合作的比例最高，达 43.55%，是目前成功发表的论文的主体；三人合作的比例次之，为 33.84%，是目前占比上升最快的模式；独立完成的比例只有 12.21%，下降幅度超大，似乎表明：今人不如前人，实则不然。客观地说，这是《经济研究》风格转变，研究实证化、数量化、模型化的结果。同时，随着国内整体经济学教学水平以及学者们学术素养的提高，发文竞争日趋激烈，团队合作当更胜一筹。这里的团队合作，不要仅理解为同一行政单位的团队合作，而要理解为互联网时代下多个行政单位的团队合作，事实上这类合作已非常广泛。就以对 2017 年《经济研究》第 11 期、第 12 期学术论文的具体统计来看，合作研究占 77.27%，其中，同一行政单位的合作占 36.36%，多个行政单位的合作占 40.91%。

从经验来看，一篇好的《经济研究》或《管理世界》等 TOP 类期刊的论文，不能单纯地当论文看，它实质上是一个好的国家自然科学基金面上项目蓝本。作者在完成此论文时，一定要做好长远打算，在努力发表的同时，也要着手编辑基金项目申报书，这是高水平论文价值升华的重要一步，对此，我深有体会。2009 年，在我们的论文《要素配置扭曲与农业全要素生产率》还在完善时，写就一份国家基金申报书，当时自感成功申报希望不大，因为我们的结果还没有完全展现，最后也真的没有"中"。一年后，论文完成并投稿《经济研究》，很快就进入匿名审稿中。与此同时，我们把 2009 年"不中"的基金申报书略做修改与完善，信心十足地再次投向国家基金委。尽管此时论文尚未正式发表，但我们相信评审专家的眼光。结果专家们真的给予很高的评价，支持了我们的申请。汲取这次申报经验，在 2014—2017 年，由我牵头的"华村一家"科研创新团队①连续三次以发表了的或正式投稿到编辑部的论文为蓝本，写成国家自然科学基金申报书，并全部得到专家认同。从这个角度看，高水平的学术论文实实在在地有申报项目的潜力，这些项目还不是一般的项目，而是学界高度认同的国家级项目。由此，在写作论文的同时，我们需要用慧眼发现机会，让科学论文与研究项目有机地结合在一起。项目的到来意味着将会有足够的资金支持我们去完成自己的学术梦想、去自由探索奥妙无穷的自然与人类世界，去撰写更高水平的学术论文。由此可见，合作研究不仅有助于高水平论文的形成，同时也可让高水平论文升华并获得支持更高水平论文生成的基金项目资助，进而实现科学研究与探索的良性循环。

同时也不要忘记，传统的"学富五车""著作等身"等学术评价体系正被"互联网＋"冲击得体无完肤，新的评价体系正在生成。这个评价体系核心不是别的，正是被圈内认定的特定期刊的学术论文。国际化的，且区段较高的SCI 或 SSCI 论文固然在国内顶尖大学中认同度高，但在《经济研究》等国内顶尖期刊发表的学术论文，价值也非同一般，甚至在一些"211"大学，一文即可换取一个教授头衔。在"高水平论文"越来越占据学术评价体系主导地位的时代，类似《经济研究》等期刊的论文，很大程度上已与一个学者的社会声望挂钩。难怪依靠国际 SSCI 获得"青年长江"称号的个别学者，还在羡慕拥有《经济研究》论文的学者了。

我相信，喜迎复刊 40 周年的《经济研究》，今后会对学者们的不懈努力给予更多支持。同样地，学者们也会通过自身的不懈努力，用高水平的学术论文回馈《经济研究》。由此，让《经济研究》这一中国经济学界的王牌期刊进一步赢得全球学者的关注，将成为我们每一个经济学人的梦想。愿中国《经济研究》学术性越来越强，愿在《经济研究》上亮相的中国经济学者越来越牛。让"你激励了我（You raise me up）"，成为"我"超越梦想的开始吧！

2018 年 4 月 20—30 日写于上海交通大学闵行校区

---

① 上海交通大学"华村一家"科研创新团队 2010 年以来申请并获批的国家自然科学基金项目共有 15 项，其中面上项目 12 项（史清华主持：71073102、71273171、71473165 和 71773076；朱喜主持：71273172 和 71473163；张跃华主持：71373228；程名望主持：71173156、71373179 和 71673200；卓建伟主持：71673186；盖庆恩主持：71673156），人才项目 1 项（晋洪涛主持：U1204707），地区项目 2 项（周波主持：71063010 和 71263023）。

第三篇　心存感恩

第十八章
妈妈的泪

最近在看一段小视频：《三年自然灾害为何改名为困难时期》，在演讲者石国鹏先生的提醒下，我接着去看了张艺谋先生导演的电影《活着》。看完之后，心绪久久难平。自己孤陋寡闻，对这么好的一部片子竟然不知道，事实上，自从上世纪80年代末研究生毕业后，就很少看电影，又怎能说对电影有知呢？

妈妈离开我们已整整20年。在这20年由"宝"变"草"的生活中，我无时无刻不在思念她老人家。妈妈的生活点滴时不时就出现在我的眼前，让我久久难以释怀。《活着》中的一个片段突然让我想起妈妈的那滴泪，那滴长长的泪。要是妈妈在场，"凤霞"或许能逃过那场劫难，"福贵"和"家珍"或许不至在经历丧子后又再遇丧女之痛！

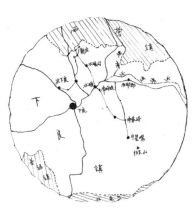

在妈妈生活的那些年里（1932—1997年），物质匮乏，从这方面来说她当没有多少幸福感可言，但家庭和睦、精神充实，我想，妈妈应该是非常知足的。

传统的牺牲品

妈妈出生在太行山的一个小山村里，即人口不足百人的申家岭村①。得益

---

① 申家岭村属于山西省襄垣县下良镇牛笼嘴村管辖，是牛笼嘴行政村下辖的一个自然村。全村除一户姓"刘"外，其余全部姓"申"，是名副其实的"申家村"。由于地理区位属于山区，且位于大山的顶部，故名：申家岭。由于基础设施落后，进出交通不便，进入21世纪后，政府把该村列入整体搬迁行列。今日的申家岭村已无人居住。

特别说明： 文中谈到的自然村，诸如申家岭、牛笼嘴、南岭坡、北下良、西邯郸（当地读 xī gān dàn）、水碾（当地读 ràn）、水碾（ràn）沟、新庄等，目前均属于同一个乡镇：下良镇。以水碾村为中心，各村之间绝对距离在5公里范围内。申家岭与新庄之间相距10公里。

于祖上的勤劳，家境还算殷实，从某种程度看，曾外公家在当时也算当地的一个大户人家。从 1902 年清廷倡导放足，到 1916 年山西省政府出台《严禁缠足条例》、1918 年颁布《禁止缠足告示》，再到母亲出生的 1932 年，长达 30 年，缠足行为都还存在，可见传统力量之强大。生于殷实人家的母亲，其足虽不至于像她的祖辈那样被扭曲成"三寸金莲"，但也遭到传统力量的极大摧残，被扭曲为"半大脚"。像当地大多数人家一样，曾外祖父家也存在严重的"重男轻女"思想。到了该上学的时候，几个堂舅纷纷到私塾听先生传授诗书，而她这位申家大小姐，却只能闭门在家修炼针线与绣花活计。天资聪颖的母亲，尽管未上一天学，但在先生训导舅父的过程中，却也掌握了不少基本道理。在我的记忆中，好像妈妈什么都会：从弹棉花，纺线，织布，裁缝，到绣花；从制样，捻绳，纳底，缝面，绱鞋，到楦鞋。家中老小身上穿的衣服鞋子全是由她缝制。作为一名家庭主妇真的够辛苦了！

勇于担当的老大

妈妈的不幸发生在 1943 年，那时的她尚不满 12 岁。她的妈妈，也即我的外祖母，被一场病夺去了年轻的生命。据说离世时仅 28 岁（1916—1943 年）。留下她们姐妹仨，一个 12 岁，一个 5 岁，一个 2 岁。为了外祖父顺利续弦，三姐妹被分至三处成长。老大，即我的母亲，随其祖父，在申家岭村生活；老二，随其父亲，在北下良村生活；老小，送人，到西邯郸村生活。原本幸福的家庭就这样被打散了。但坚强的母亲不止一个人在成长，同时还

惦记着生活在他处的两个妹妹，特别是那个送了人的三妹。她从大人们的口中约略知道，小妹的去处乃邻村西邯郸，故每每在随其祖父到中心村水碾赶集时，都努力设法找到她的小妹，满足自己"看上一眼"的心愿。小妹的行踪也始终在她的视野范围里，甚至在她自己嫁人后，小妹被招工到长治汽车大修厂，她也记在心中。守护妹妹们健康成长似乎成了她这个大姐姐的天职。母亲为了帮助小妹保住工作，在小妹的第二个孩子——我的大表妹出生后不久，即派自己的大女儿——我的大姐，一个年龄不足 15 岁的小女孩，自带干粮（粮票）去长治三姨家做保姆去了。有谁见过不赚钱还自带干粮（粮票）的保姆？

这就是我母亲的亲情观。

真正的"门当户对"

妈妈非常好强，也十分能干。据说其祖父曾有意将她嫁给一个家境同样殷实但年岁相差较大的人，母亲坚决不干。最后在我姑母（1925—1952年）——一个在当地贫协①担任一定职务的青年女子——的撮合下，母亲和一个年龄相仿、9岁丧父、同样有着悲惨命运且家里一贫如洗的男人组合在一起。这个男人正是我的父亲（1928—2004年）。从两家经济实力看，一个零经济家庭，一个殷实人家，很难说般配，更别说"门当户对"了，但在母亲眼里好像就是"门当户对"。由此，他们的结合，**"自力更生，艰苦奋斗"**自然是少不了的。在那个"盛产小二黑"的时代，我的父母似乎就是作家赵树理笔下《小二黑结婚》的主人公："二黑"和"小芹"。记得妈妈在世时，我曾问过她，她说在选择自己的夫婿时，最看重的是人②，而不是钱。父亲也打心眼儿里非常知足，并在孩子们面前多次提到："要好好善待你母亲。"作为丈夫，他身体力行。我们家的重体力活，诸如担煤、挑水之类，父亲从来都是做在先，不让母亲动一下扁担。与同村的其他女性相比，母亲也非常知足，认真细致地关护着他的夫君和孩子。

母亲和父亲组合到一块，在今天看来的确有点不可思议。一个15岁的妙龄少女就要嫁人了，嫁给一个年龄比自己大4岁、命运与自己同样悲惨、家庭经济为零的男人，并要共同撑起一片天，放在今天，多数人做不到，甚至有不少人并不会相信还有这样的事，可在新中国成立前，在我们的老家，这不算什么特例。母亲与父亲的结合，好像和我们今天的婚姻也有很大的不同。他们没有我们今天人民政府颁发的"结婚证"，纯属民间行为。合法与否，在他们心里压根儿就没有那个概念。按照中国传统，父母的婚姻应当遵从"父母之命、媒妁之言"，但对这样两个特殊人物：一个缺爹，一个缺娘，尽管也属于"父母之命"，但相较他人显然有缺项，属于不完整的"父母之命"。由于我的祖母在祖父辞世后改嫁到他村，所以母亲嫁过来没有多久，就和父亲由父亲的继父家——南岭坡村搬回到相距10里地的父亲的老家：新庄村。此

---

① 全称"贫农下中农协会"。——编者注

② 将妈妈的这一婚姻观再次兑现的当是我大姐了。我姐夫家兄妹9个，6男3女，他排行老大，家庭经济状况非常差，但人很好。故妈妈同意将大女儿嫁去。实践给"母亲之惠眼"以良好回报。直到父母走后快20年了，我们五个兄妹都依旧时刻感受到姐夫姐姐的呵护。

时的老家事实上已没有"家"，爹死娘嫁人，祖宅因 10 余年无人居住，早已坍塌了①。老家的亲人——父亲的二叔，也即我的二爷爷，他们一家已搬到"分果实"分得的"田字院"中居住②。为了有个照应，父亲和母亲也问住③在同一院落中。不久，院中一鳏夫离世，在二爷爷他们的支持下，父亲母亲将其窑洞买了下来，终于有了自己爱的小屋。这一小屋也是我们兄弟几人的出生之地。由于是自然生育，故我们都没有今日人民政府认同的、医院出具的"出生证"，与今日的孩子相比，似乎我们都是"黑人"，或说不清来历之人。

建设"美丽家园"

新庄是一座非常美丽的小山村。全村 10 余户人家分三层坐落在一个类似太师椅形状的山峁中，整个村庄被枣林和零星国槐、榆树、椿树掩映着，庄子里的人家几乎看不见，只能看到做饭时升起的炊烟。村民居住的屋子均属于靠山窑，挖出洞穴后，用当地特有的麦糠泥将整个窑洞表面抹平，然后用石灰水刷白，崭新的窑洞就呈现在村人眼前。选择窑洞居住，一个重要原因：冬暖夏凉。村庄头顶一大片黄土塬（也称新庄坪），眼望一条大深沟（水碾沟），清澈的山泉水④顺沟而下直达史水河，然后汇入浊漳河（北源），与南源汇合后流入太行山深处，与清漳河一块，形成《西门豹治邺》中记述的漳河，最后汇入海河。从这个角度看，我们家乡的人民当属于海河儿女。新庄村民主要靠"一坪"（新庄坪）和"六沟"（泉沟、二亩沟、狼窝沟、棠梨拐沟、老蒿沟和东沟）的土地维持生计⑤。这个村，应当说历史上没有出现过真正的饥荒，至少

---

① 在我们老家有一种说法："锁塌窑，占塌房。"当一个窑洞长期没有人居住，很快就会因老鼠、雨水等塌毁。

② 这个院子原属于当地的一位地主，虽不能与今日山西著名的"乔家大院"相比，但在当地也称得上是大院级的，村民习惯地称其为"田字院"。院落中有窑洞 13 孔、砖瓦房 19 间、门楼 4 座。整个大院在建造时，用切土的方式将土取出，形成一个大坑，三面半切齐，深挖窑洞，中间十字盖上青砖瓦房，半边出口也用厦棚形式补充。院中地面铺着青砖，四周砌着青石条。敞口的厦棚立柱直接立在一个个青石座上。门楼做得非常气派，雕梁画栋，一看就知是大户人家的住所。"分果实"时，大院的西半部分被分配给同村 3 户居住，我二爷爷家即算一户。

③ 在当地，问住也即借住，通常不付费，或少量付费。

④ 不过，这已成为历史。随着家乡煤炭的开采，伴我长大的那个小山泉在 20 世纪 80 年代末期就渐渐枯竭，整个村的村民都被迫于 90 年代初集体搬迁到 3 里地远的沟下，即水碾沟村。自家的农田还在坪上，随着煤田的开采，被糟蹋得不成样子，养活留下的几十口人都快成问题了。美丽了不知有多久的新庄，逐渐消失在世人面前。留在人们心中的新庄，想必用不了多久，也会彻底消亡。

⑤ 在我们那里，农民们把到田间干活，不叫"下田"，而叫"上地"。一个重要原因是居住的地方较自家的农田要低。农田主体在坪上，在高处，民居在中间，部分农田在深沟底下。

没有记载，也没有人说过。人少地多的特性决定着，这里的人们只要勤劳，生活就会无忧。事实上，母亲在嫁给父亲时就是这么想的，也是这么做的。虽说在嫁人前，她可能不曾到过新庄，但稍有心，就能从她生长的申家岭村望到新庄，望到那个大黄土塬——新庄坪。外祖父家的生活方式与我们家有着本质的不同，他们属于典型的牧户，家里养有数百只羊（绵羊和山羊），以及数头大牲畜，以养殖为生，有自己的牛车和马车。而我们家则属于典型的农户，以种地为生。尽管母亲嫁进门前，父亲家一贫如洗，但经过几年的辛苦劳作，日子很快就进入小康状态。当然，曾外公一家对他长孙女家的支持与关照，也是一个重要原因。在此，谨代表母亲，向申家，特别是她最亲爱的爷爷、我的曾外公，表示由衷的感谢。

随着我们兄弟一个个到来、一天天长大，父母原先购买的窑洞就显得越来越拥挤，不得已，于 1969 年春下定决心，要建设一个新家园。新家园选址离旧宅并不远，但从地形上看，属于村外。由于经济实力实在太有限，新家园被迫建在半山腰的一个凹处，这样土方量会减少很多。新家园一共开挖窑洞 4 孔，占地面积约半亩①（主要是院子），事实上，也不是纯粹的占地，相反，因建家园，还形成了新的农地，特别是林地和菜园。"一处家园一片林"，在当地已成为农家宅园建设的基本准则。尽管没有人说这林木是谁家的，但宅院园林化是每一农家都在做的事。据说，建新宅花去现金 200 余元，其中，30 元是我二叔帮忙在信用社贷的，40 元是父亲继父的二堂侄，我们称二表叔的，开封军分区司令员，在回老家牛郎河村探亲返回的路上，碰上我家在建新屋，看到我家之境况，便把口袋里装的全部现金都留给了我父亲②，其余的 100 多元，也差不多是东拼西凑借来的。说实在话，在那个年代，能够借到这么多钱也是一件非常不容易的事。这从某个角度说明：父母在为人与处事上都是我们学习的榜样。尽管我们在当年秋天已搬进新家园去住了，但新家园的建设一直没有什么大的起色，在 1989 年因采煤举村迁徙时，依旧处于"毛坯房"状态。但在我们这些孩子的心里，那的确是我们认可的新家园，因它承载着我们儿时

---

① 说是占地，也的确如此，但不是一般意义上的占地。山里人家，在修建窑洞时很少考虑占耕地，多数选择的是一个荒坡或一个山峁。至少父辈那代人是如此，与今日人们的思维真是天上地下。尽管土地均属于集体所有，但对土地的爱惜，特别是对耕地的爱惜，今人已无法和父辈们相比。也许是他们经历过土地私有年代，也许是他们挨过饿，也许是别的什么原因。总之，在家园建设占地上，短短 40 年，农民的观念已发生了翻天覆地的变化。

② 这笔钱，由于二表叔的工作地离我家较远，且去世又早，一直没有还成，父亲致死都念叨着。尽管今日我们都有力量去还，但也没有付诸行动，仍只是默默地记在心上。在此，特向二表叔一家表示衷心感谢，同时也深深地送去我们的歉意：对不起了。不是吾父无能，实乃吾之不孝，未完成父愿。

成长的全部记忆。1991年再建的新家园，说实在话，的确比原有的新家园要新得多，且全部是平地起、钢筋混凝土加砖瓦结构的窑洞，在我们这一辈心里却永远赶不上儿时的那个新家园。

"英雄母亲"之悲哀

一个15岁妙龄少女与一个19岁精壮小伙结合，毫无疑问当是幸福的一对，50余年（1947—1997年）的实践也充分印证了这一点。尽管受双方家长的教育认知、家庭经济水平以及整个社会环境影响，父母均没有享受过一天文化教育，属于真正的"文盲"："斗大的汉字不识一个"。但就其行为看，实则不然。父亲不仅勤劳，而且聪慧，能吹出优美的笛曲，在村里做过保管，当过（生产队）队长；母亲不仅贤惠，而且灵秀，主妇活计样样精通且做得漂亮，还是当地一位有名的接生婆。他们组合在一起后，分工明确，主外的父亲除了是一位有名的"农把式"外，还利用空闲编箩筐、扎扫帚，为搞活家庭经济而努力；主内的母亲在家里也是一把好手，除了操持夫君和孩子们的吃穿外，还利用业余时间给村民弹棉花，以补贴家庭柴米油盐花费。迫于生计，进入农业社时代后，母亲毅然决然地担起了为夫分忧之重任。是的，他们组合后，有相当一段时间属于浪漫的两人世界。在组合4年后，随着大姐、二姐、三姐的相继到来，这个家庭似乎一下子红火热闹了起来，但红火的时间非常短。8年内，一个个不幸接踵而至，先是10个月大的二姐夭折，几年后，3岁大的三姐又病故，坚强的母亲在这沉重的打击下也再难坚持，生了一场重病，几乎命归西天。直到"三年困难时期"结束，这个家庭才再度迎来生机。随着大哥的降生，这个"好"字组成的家庭似乎重新红火热闹了起来，但在那个被捆绑了手脚的时代，农家的日子并没有期盼的那么好，相比50年代初大姐初来时的日子，差得远了。随着我、大弟弟、小弟弟、小妹妹等三男一女的到来，这个家庭的生活水平急转直下。"半大小，吃杀老"，尽管父母二人努力地劳动着，但依旧无法满足全家人的温饱。在那个没有计生措施，甚至提倡生育的时代，这一结果可以说是无数"英雄母亲"的一个最大的悲哀。正应了一句俗语："儿多母受苦"。

喜 悔 相 伴

随着妹妹的降生，家里开始进入"赤字"阶段。由于连年欠着（生产）队里口粮钱，农把式、曾受村民拥戴且被选为队长的父亲，也多少次遭人白眼。

为了摆脱这一困境，父母作出了有生以来最后悔的一个决策：把刚刚初中毕业、十分通情达理的大哥叫了回来，帮助家里赚工分。是的，这一决策也的确实现了父母最初的简单想法。1977年年终队里决算，我家一举扭转长期"赤字"的困境，并分得一块钱。在分配会上，父亲的脸上有了些许笑容。但隐忧很快出现了，特别是我中考成功后，父母对之前关于大哥的决策后悔越来越明显。要知道，大哥在初中时学习成绩很好，按理说命也不错，正赶上高考恢复，如果家里能够再硬顶一下，可能这个家里的第一个大学生就不是我了。偏偏世上就是没有"如果"。作为家中男孩中的老二，我在初中时的学习成绩并不太好，在某种程度上说不如大哥。如果按照今日中考的标准，十有八九是进不了襄垣一中的，但偏科的我有偏科的好运，在当时有一种说法："学好数理化，走遍天下都不怕。"时兴的"数理化竞赛"让我赶上了，数学单科优胜让我侥幸地通过竞赛这种特殊方式进入了老家的"著名学府"：襄垣一中。尽管在那个时代，进入县一中并不意味着什么，当时的高考一次成功率也只有个位数（2%～4%），但回乡担任民办教师或会计的概率还是很高的。刚入学时，确如先前所料，高一上学期成绩在全年级接近后25%（147/200），离大学梦不知差到哪里去了。但进步神速的我，高一下学期就冲进了中间梯队（97/200），高二上更是冲进前25%（47/200），高二下再进一步，达到

前15%（27/200），似乎离大学梦越来越近。但却不巧，学校为了提高升学率，把一半学生的学制改为三年留了下来，我就属于那被改制的一分子。看到成绩还不如我的同学，1981年就成功实现了农转非①，当时那个羡慕啊，可有

---

①　尽管不是梦想中的大学，多数是中专，但对当时的我来说，够了。事实上，与我相似的有无数人也就是有这么个期盼。至于大学是什么，作为山里娃，压根儿就没有计划去搞清楚。至少我在上大学前不清楚。即使当了教授多年，我今日依然不清楚。只是感觉，大学应当是一个人成长的重要转折地，一个人发展的重要奠基地，与今日许多学生把大学看成获取就业文凭之地的想法大相径庭。今日有些大学生，四年下来竟然对其所在院系的教授一个也认不得，你能说他读了大学吗？这样的大学生，到社会上碰壁当是再正常不过的事。当然，这其中教师的责任当是主要的，甚至应负全责。有句话叫："没有差的学生，只有不合格的教师。"对此，我深信不疑，并践行之。

什么办法呢？这不是我能决定的。倒也幸运，进入高三的我，成绩如老师们期盼的一样，直接进入前十，尽管最后没有实现校长和老师们对我的"考入名校"之期盼，但家人期盼的离家最近的重点大学梦①还是实现了。山西农业大学，成为我人生的重要转折点。考取大学，客观上是对受尽苦难的父母组合在一起 35 年的一个奖赏。当然，这一奖赏心理成分要远大于其他。这也印证了民间一句俗语："人活一口气，佛活一炉香。"自此以后，似乎父亲或母亲走在人前，总免不了受到村民及朋友的夸赞和问候。但与此同时，在面对大儿子时，他们又表现出深深的惭愧与懊悔。以致后来对弟弟妹妹的学业，父母都给予最大限度的支持。虽说他们因自身努力不足或其他，都仅仅初中毕业或肄业，但父母对他们，可说问心无愧。

妈 妈 的 泪 水

父母的一生，虽说坎坷，但也当是幸福的。生于乱世，活于艰辛，死于安乐。他们来到这个世上，似乎不仅仅是为了活着，同时还有给他人带来幸福，他们的一生是有追求的一生。

首先，父母的组合，为人类繁衍起到了应有的作用。8 个子女 6 个健康成人，当是他们对人类种群所作的最大的贡献。他们养育的 6 个子女都实现了自食其力，都良好地担负着社会职责，都是国家重要的纳税人，为国家的和谐有序、健康运行起着模范带头作用。

其次，父母的组合，为整个大家庭的和谐起到示范作用。作为双方家庭的老大或准老大，一个是长子②，一个是长女，在对待双方家人（包括堂、表兄

---

① 在我填报大学志愿时，家里人给的指令："距离优先"，这也是对家庭经济情况的真实反映。我充分理解并完全认同。所以，对每学期家里给凑的 50 元生活补贴，从来都是节省着花，从来没有超支过。毕业季，妈妈为了我和同学们的交往，卖了一头猪，多给了 100 元，最后毕业时，还剩 50 元。4 年大学累计从亲戚和家人那里得到 500 元，实际支出 450 元。

② 严格地说，父亲不属于老大，他还有一个同父同母的姐姐，由于在祖母改嫁时，承诺随女（女儿改姓）不随儿（儿子不改姓），故我的姑母在祖母改嫁时已随母改姓其继父之姓。这样说来，姑母已成韩家之女，父亲就成为我们史家的长子与独子了。另外，由于姑母离世较早，28 岁就走了，从祖母视角看，父亲很自然地就担起家中老大的职责，与其小弟，即同母异父的弟弟，共同赡养他的母亲和继父。同时，他二叔的独子，即我的堂大伯，在解放山西运城时战死，他的二叔也因此郁闷成疾而死，留下他的二妈和三个堂妹。尽管我的三个堂姑相继出嫁，二奶奶属于单户独立生活，经济上也有政府的军烈属津贴，但担煤挑水等劳动则需父亲支持，我们四兄弟总有一个与二奶奶一块儿生活，实则上是对二奶奶的照顾。当然，父亲的这些努力也是回报他二妈在他最困难时给予的极大关怀。知恩图报，可以说是父亲最大的美德。

弟姐妹等）上真正起到示范作用。无论是对史家（包括父亲之继父韩家）的亲戚，还是申家（包括领养我三姨的刘家）的亲戚，交往都是那么的实在，那么的密切。这些亲戚不仅包括直系五代，还包括堂表系五代。以至于作为他们孩子的我有时都搞不清亲戚间的内在关系。在母亲眼里，似乎这些亲戚都一样亲、一样近。从这个角度看，我们家的红火热闹也与母亲的亲友交往观有着直接关系①。当然，并不是说母亲待人真的没有亲疏远近的分别，诸如她的两妹一弟，父亲的一姐一弟，在她心目中的地位显然要高一些。父母对长辈孝顺，身体力行，带头示范；对同辈关心，事无巨细，温暖关怀。父母的这些行为，不仅赢得了其弟妹的认同与尊敬，就连下一辈的侄子侄女、甥男甥女，逢年过节都一定要抽空到家里来看望他们二位。

再次，父母的组合，成为邻里的典范。也许是特殊的成长背景使然，也许是天性使然，父母的组合成为家乡恩爱夫妻之典范。50年相亲相爱，虽作为子女，观察非常有限，但我亲眼见过的红脸②就一次。与此同时，邻里相处和谐，如果说有不和谐的时候，那一定是我们几个男孩给家里找了麻烦。但妈妈不护短，即使是因别人家孩子引发的打架斗殴，母亲也对我们几个不客气。母亲在管束孩子方面比较简单，可以概括为"三不"：不准偷，不准抢，不准打架。可作为山里娃，能够做到的比较少。至少我没有做到。抢，一般不会发生，或在我身上没有发生过，不清楚；偷，则时有发生，主要偷的对象是田间的瓜菜、树上的水果，我干过，且不止一次，主要动机是饥饿，当然也包括极个别的恶作剧③；打架，那是常有的事，别看我瘦小（上大学时身高也只有159厘米，体重不足50千克），时不时会和小朋友们打一架，后果是回到家里再挨母亲一顿打。不仅"不懂事"的孩提时代有打架，年龄增大后，我依旧在和人打架，尽管打的次数在减少，但在初中、高中、大学都曾发生。对于打架这件事，我做过反思，为什么要和人打架？为什么不能克制？细分析，实乃

---

① 客观地说，父母均是好客者，我家的亲戚有多少，我真的说不出来，只是感到每逢过年，都有走不完的亲戚、迎不完的客。

② 那次红脸发生在我大姐婚后回门时，因我的小姑和小姨对回门的大姐穿着有不同看法引发。当然，也是为了那点面子问题。农村人讲究回门要换衣服，可姐夫穷，换不起，未能更换。

③ 记得有一次，我与同村三个小伙伴偷摘了邻村赵大爷的西瓜，早晨上学时摘的，下午放学后，一块儿在玉米地里分享时被抓，并被带到村支书家，其中一个小朋友还被支书扇了一记耳光。为此，我们四人在一个大人们都在午休的中午，把支书门口的一棵大梨树上的梨全部"下"了。严格说，这不是出于饥饿，而是典型的报复、恶作剧。当然，这些事情被母亲知道后，一顿狠揍是少不了的。但我经常是记吃不记打，由此也给母亲在邻里间的美好形象抹了不少黑。现在想来，真是愧对母亲大人的一片良苦用心！

我性格之缺陷。骨子里"认死理儿",还有一种不怕死的精神。当然,四兄弟中也仅我而已。

最后,父母本性善良,有善解人意、友爱助人之精神。说实在话,父母除了文化教育底子差外,其他能力都十分强,在农村也属于能干者之列。听母亲说,在我出生前,其实父亲不是一名职业意义上的农民,而是名副其实的工人,且是一名业务非常熟练的技术工人,在铁路上,为太焦线的修建碾制炸药(制造炸药)。铁路修好后,被安置在潞安矿务局的五阳煤矿当工人。此时,正赶上"三年困难时期"后的"六二压"①,加之他的继父也不同意他这个独子去矿上工作,父亲于是结束了自己10年的工人生涯。在改革开放后,许多"六二压"者都纷纷返回城里,返回工厂,而我父亲本来有条件,却拒绝申请。他的理由是:同去五阳煤矿的另两位同事,均因事故相继离我们而去;另外,也有继父不同意的原因。母亲的能耐自不必多说,在我们眼里她什么都会做,最常见的主妇活计样样精通。我们的管家,母亲当仁不让。但有一点,谁都没有想到:母亲成了村里的接生婆,且远近闻名。从我记事起到1993年,20多年,村里出生的小孩除一人外,全部由她接生,且都母子平安。母亲得到的回报:二尺红布。显然,母亲的这一行为,不是为了这二尺红布,而是一种责任与担当②。尽管随着时代的变迁、医疗技术的提高,人们规避风险的意识提升,接生婆越来越淡出人们的视野,但在改革开放前后,母亲的工作是非常忙的,不仅本村叫,邻村也来叫。直到90年代初,在子女们的一再劝说下,母亲才停止此类活计。其实,对于"斗大的汉字不识一个"的母亲来说,我们也不知她的接生技术从哪里学的,到底有多高明,只是感觉她的胆量比较大。1995年底,我家夫人要生了,请她到太原来帮忙,母亲提出在家里生,并保证安全。我和夫人没有同意,一个重要理由:我们是公费医疗,有最好的医院——山西省人民医院做保障,请母亲理解与放心。在我们要去医院待产时,母亲为我夫人摸了摸脉,说:"现在不必去,明天中午才生。"结果孩子的出生时间的确是次日11:25。至此,我和夫人才真正对母亲在接生方面的能力与技术、胆量和担当有了些许了解。由此,我对母亲的风险担当特别好奇,有一

---

① 1962年5月23日,山西省委决定压缩50万城镇人口,使其回农村。

② 荀子讲:"积善成德,而神明自得,圣心备焉。"父母在村里村外广积善德,在他们离开这个世上时得到了充分体现。1997年母亲因癌症离世,丧宴来宾高达500多人。2004年父亲无疾而终,丧宴来宾更高达700多人。要知道我们全村仅100余户、400余人,一般除了本队人举家前来外,其余一户一人。这么算来,来参加丧宴的村民也就150余人,其余均为家里的亲戚朋友和听说后前来的邻村居民。作为一位普通村民,家里孩子除我一人远在太原(上海)工作外,其他均在家务农,丧宴有这样的规模实属罕见。

次和她谈起这些事，我问："妈，你就不害怕吗?"她说："怕什么!"并接着讲到多年前村里发生的一起妇女生育死亡的事件。那天，母亲因有事不在村中，村中一名待产妇女被送到乡卫生院去生，不知怎的，产后大出血，死了。妈妈讲到此，伤心地流下了长长的泪水。"多好的一个媳妇，就这么走了，要是我在场，她一定不会走!"妈妈的自言自语让我想到电影《活着》中凤霞的结局。是啊! 也许有妈妈在，"凤霞"不会走，"福贵"家也就真的有福有贵了。

愿母亲在天之灵保佑苍生!

愿天下的产妇都能母子平安!

愿母亲的泪不白流!

2017 年 10 月 6—12 日写于上海交通大学闵行校区

第三篇 心存感恩

第十九章
父爱如山

父亲离我们远去就要二十年了，但他的音容好似就在眼前，时不时会想起。梦里也会因看到父亲艰辛想去帮一把，但每每都被拒绝。每当听到有人在唱那首《父亲》，泪水都会不自觉地在眼眶里打转。我那"登天的梯"，我那"拉车的牛"，我的老父亲，是否也在惦记您的儿孙？可能您的来世，只是一棵小草，随风而逝；可在您的儿孙眼里，您依然像一座大山，使我们永远仰望。每当我重读 6 年前写的《妈妈的泪水》，就想到您，就想写点关于您的文字。之前不曾写，不是儿子眼里没有您，不是您在这个家里的分量不够，实在是儿子不知该如何下笔、从何写起。您如

大山般默默支撑着这个家，为了我们兄弟姐妹的成长，您与母亲分工有别，和谐有序，含辛茹苦，我们看在眼里，记在心上，真的让我们时时感到父爱如山[1]。在相伴终生的信念支持下，你们俩结伴走了五十年，来到金婚之年。遗憾的是，就在这一年，母亲病重，在还没有意识这是你们俩的金婚之年时，她就溘然而去，让你们的相伴永远停留在这金婚之年。阴阳两隔的那七年您真的成了儿孙眼里的"老汉"，本来就言短的您更加言短，矫健稳重的步伐没了，取而代之的是行动的迟缓。特别是在进入新世纪后，家里接连两个至亲[2]离世，对重情重义的您来说，打击可想而知。特别是姑父的快速且无痛式离世，让您对孩子们发出这样的叹息："我像你姑父那样走就好了，不给孩子们添麻烦。"一语成谶，一年后，您真的如愿照搬了姑父的模式，紧随而去。临走前连一句吩咐或交代的话都没有，真的好遗憾，好伤心！作为您的儿女，我们多

---

① 下一张配图摄于 1964 年 5 月 1 日。据说，因我太小，在炕上睡，家人没有将我抱出亮相。从左到右（我分别称）：二叔、二妈、奶奶、姑姑、堂哥（叔之子，前排）、爷爷、母亲、父亲、哥哥（前排）、二表哥（姑之子）。

② 父亲的弟媳 2002 年因病辞世，终年仅 60 岁；父亲的二妹夫 2003 年突发心脏病而走，终年也就 69 岁。

么期盼您也像母亲那样，给孩子们一个侍候或照顾的过渡期，但您却毅然决然地说走就走，决绝到连一声呻吟都没有。临走前两天，您的双眼直望新庄坪，直望母亲的归宿，难道你俩真的已有合计？对于这样的结局，作为儿女，我们也只能默默接受。20年了，儿子心中的郁闷始终无处诉说，总想写点什么，却一直未能做。这次编辑《育人成才》一书，就想把我心中大山一样的父亲您也写上一笔，弥补自己的缺憾。微信朋友圈师妹发来的一幅图画提醒我：今天是父亲节，原来我的思念是有缘由的，是冥冥中的契合。亲爱的父亲，您活着时我们兄弟姐妹没有给您过一个父亲节，您走了20年了，我们现在来补，晚是晚了点，但还是来了。祝亲爱的父亲，节日快乐！

行走在大自然中

　　记得宋代诗人苏东坡在出行返回时，遇雨写过一首《定风波》："莫听穿林打叶声，何妨吟啸且徐行。竹杖芒鞋轻胜马，谁怕？一蓑烟雨任平生。"这词的前半阕正是父亲您一生的真实写照。不管是务工，还是务农，您都是那么的坦然，相信自我、遵从自然，行走在自然间。

　　中国有句俗话："一方水土养一方人"。这一信念，也助力了中国人家乡观念的形成。也是基于这一判断，人员流动在一个以家乡为中心、以可行能力为半径的活动圈中。爱家乡、爱乡民、爱山水亦成为"一方水土"中的乡民的基本行动逻辑。当然，这也是父亲您一生的行动逻辑。

受出生家庭及环境影响，父亲自幼丧父，随母改嫁①到邻村成长，在各种条件限制下，未曾读过一天书，属于"斗大汉字不识一个"的"睁眼瞎"。但天生聪慧②的父亲，很早就认识到自己的处境，学啥会啥，做啥啥行。最初跟着其表叔学农，各种庄稼人的活计父亲都尝试过，小小年纪就成为一个"农把式"，深受其表叔喜欢。当然，一个精明能干的劳动力谁不喜欢？在农业生产上，父亲很早就认识到特色农产品的重要性，种过西瓜，经营能力和商业眼光也非常出色。据说，他挑一担西瓜，他表叔和表叔的小儿（即我的二叔）也挑一担西瓜，各自到集镇上去卖，他的西瓜早早就卖完了，且卖价不错，而他表叔筐中的西瓜还在待售。从这个故事中可以约略知道，父亲应是当时年轻人中的佼佼者，故在特殊家庭背景下，19岁的父亲就娶到了年方15、亭亭玉立、聪明能干的母亲，他俩也应是我们今天说的"才子配佳人"之组合吧。

随着母亲的到来、新家庭的成立，父亲遵从上辈人的约定，带着母亲从其表叔家回到了他的出生地——新庄。由于先前老宅长久没有人居住，受蛇鼠等打洞影响，又经多年雨水浸入，窑面及几孔（土）窑洞都塌了，只好问住（原则上不付钱，短期使用）在村里一户人家中，从此过起了"二人世界"。遥想父亲和新婚的妻子，从表叔家返回祖地，只带了一瓦钵米一瓦钵面（标准：一斗米一斗面），就开启了自己的新生活，很难想象他们到底是怎么过的，这点粮食对于两个成年男女够吃多久呢？母亲给我讲了他们得以克服困境的一个重要原因：父亲还有一个至亲二娘（我们称"奶奶"或"二奶奶""二奶"，而对

---

① 奶奶在父亲9岁、爷爷因病去世后就改嫁到邻村水碾的南岭坡村。根据改嫁婚约：随女不随儿，姑姑改姓成了韩家的女儿，父亲依旧是史家的儿子。父亲在随其母亲至其表叔家（即继父家，因未改姓，约定称"表叔"）生活了10年后，带着新婚的妻子回到出生地水碾沟的新庄村居住。祖母改嫁后不久，又为韩家生下一儿，故我有一个叔叔（按当地习惯，称"二爹"，他们俩属于同母异父兄弟，同属"龙"，相差12岁）。

② 父亲的聪明在各个方面都有表现。**在曲艺上**，父亲笛子吹得很好，记得我小的时候，父亲为了哄我们几个孩子，经常为我们吹笛子，我们差不多都是在他的笛声中成长的。遗憾的是6个子女没有一个随他，艺术细胞未曾传承到。成年后，我很好奇，父亲不识字不识谱，怎么学会的用笛子吹奏各种曲子？事实上，村里的吹鼓手也差不多如此，也许这就是人的天赋吧。父亲的艺术天赋未能充分展现，原因有多种，没有机会读书可能是最大的原因。一个艺术家就这样被扼杀在摇篮中，真的是一种遗憾。**在厨艺上**，父亲会做大锅饭，蒸（红枣）糕的技术在方圆数公里内非常有名，他一次可蒸七屉糕（高度按一屉10厘米计，累计可达70厘米高）的技术让参加家宴活动的人为之惊叹。蒸糕看似简单，在当地也有不少农户都会做，但要让农村大型家宴活动顺利开展，让数百人能够按时正点吃到，不是一件容易的事。在我家，一年365天，母亲做饭364天，父亲只做过年那天的饭。**在手艺上**，父亲有一手制作农副产品的技术，如编筐、扎把把等，利用山里的天然材料制作的柳（条）编草筐、草筛，荆（条）编箩筐、糜黍穰笤帚和荬（高粱）穰扫帚等，拿至集镇上售卖，口碑相当不错，一些客户专等着要我们老汉的。这一技术，我大哥得到真传。

改嫁到邻村的亲奶奶则称"大奶奶"），二奶对这个侄儿非常好，知道侄儿生活困难，每次做饭时总要多做点，背着其夫（我二爷）① 用大套碗盛满满一碗饭送到侄儿家灶台，正是这一碗碗饭帮助父母渡过了回乡后的暂时困难期。

　　婚后不久，在他人的帮助下，父亲在（襄垣）县城北关附近的一家硝坊找到一个打工的活计，任务是熬硝②。据说这一工作主要就是采（刮）硝土，白天刮，晚上熬（硝），好像收入还不错，一年大约三担五斗米③。父亲在硝坊一干就是好多年，直到 1957 年，太（原）焦（作）铁路线建设开工招工④，父亲荣幸地成为一名筑路工，主要任务是碾炸药（开山用的炸药）。在铁路上干了大约三四年，正赶上"六二压"，父亲等几位能干者幸运地没有被直接赶回家，而是被调到（襄垣）五阳煤矿⑤工作，成为一名井下采煤工。在煤矿工作不久，其表叔考虑到父亲是史家独苗⑥，死活不准他步家里祖上的后尘，坚持把他叫了回来。从此，父亲脱下工装又开始重操旧业，成为村里一名地地道

---

　　① 背着其夫，一个重要原因是祖父与其弟（我二爷）属于"生死仇人"，死后都不进一个坟。兄弟俩仇从何来，母亲在世时讲过，我没有搞明白；88 岁的堂姑也讲过，我还是没有明白，至少以现在的眼光看，达不到这个程度。不过我二爷的坟与祖坟确实不在一起，这是事实，我们每年的清明、中元节（七月十五）、十月初一三次上坟活动，都是先到祖坟祭奠，再去二亩拐给二爷、三爷等上坟。二奶奶的这一做法，其实是瞒不了二爷的，如果说能够瞒，也就一次两次，次次如此，天天如此，实不可能。依我分析真正的原因：二爷也喜欢我父亲，不过不愿意拉下自己的面子，故由夫人去做，此乃嘴硬心软、死要面子的一种表现。二爷的这一特点在我们孙辈的身上似乎也有体现。现在看来，可能是遗传基因使然。

　　② 硝，一种生产火（炸）药的重要原料。火药既是战争时的武器，也是和平时的建设工具。在当地，人们习惯于称父亲的工作为"碾炸药"。在我记事时，父亲不再做了，村里还有人在做。我们过年时放的花炮就是村里我的一位本家姑夫做的，自碾的炸药，自卷的花炮，外材质相当普通，就是几层用过的旧报纸，流程超简单。这个花炮虽没有湖南浏阳的有名，但声响效果却不输浏阳的。

　　③ 对于这个数据，我没有概念，但父亲活着时讲过一个故事，他的大女儿，即我的大姐，出生后做满月，整个开销就达三担五斗米（一年的收入），在当时的当地相当奢华。父亲这样做意在向其表叔和其母亲表达，自己长大了，可以独立撑起这个家了。

　　④ 太焦铁路始建于 20 世纪 50 年代，是一条从山西省太原市到河南省焦作市的客货共线铁路。线路从同蒲铁路的修文站引出，蜿蜒于山西东南部地区，斜贯入河南省西北境，止于焦作市境内的月山站，在月山站与焦柳铁路、侯月铁路交会，是晋煤外运的主要通道之一，也是与京广铁路平行的中国南北交通干线之一。于 1957 年 9 月开工，1979 年 4 月交付运营。

　　⑤ 五阳煤矿是山西七大矿务局之一潞安矿务局的一个重要煤炭生产基地，在当下属于央企。和父亲一块儿被调去的还有两人。父亲被其表叔叫回村里务农，另两人坚持了下来，但遗憾的是，另两人先后死于井下。每当说起此事，父亲都伤心地落泪，同时也感谢他表叔坚持让他回村来。

　　⑥ 其实，史家在我曾祖辈是人丁兴旺的一家，曾祖母为史家至少生养了三男三女（有说四女，至今未搞清）。祖父在男丁中排老大。结婚生子的有祖父，有祖父的二弟，即我二爷，三爷 16 岁那年，于旧历腊月二十三下煤窑时死于井下（当天是煤矿一年采煤的最后一天，老君爷节）。祖父育有一女一儿，在 49 岁时癌症去世；二爷育有两儿三女，长子（即我的大爹）在运城战役战死，年仅 24 岁，次子少年病逝。

道的，且农技响当当的职业农民。

不过，父亲从煤矿回到村里后，乡村已不是过去寂静的乡村了，农民也不再是一家一户式的农民，而是集体化时代下团队行动的乡村与农民了。此时，农地经营不再是由"农把式"说了算，而是生产队长安排什么活就干什么活。真正的"农把式"在集体时代基本没用。正因为父亲是"农把式"，对农业生产非常了解，对"大跃进"时代提出的"农业八字宪法"① 中的"密"字实践表达了一些自己的看法，被村上的极左分子强行关了七天禁闭。是啊，在那样的环境下，能和谁去说理呢！幸运的是经过短暂（也就一年吧）的实践，村民已认识到"用种子堆积战术不能实现增产"②，那些极左者也被实践搞得灰头土脸，正是在这一情形下，父亲被推选为队长，开始了他的村庄治理工作。

父亲做队长到底有多久，我不记得了，只记得父亲为了生产队的粮食多多，几乎把能想的办法都想过了。故事很多，举例说明。一是**精心选种**，选种是那个时代农民必须干，且必须干好的一件事。玉米，"金黄后，白马牙"，他选出的最好，谷子、豆子、黍米、土豆等也一样。村民家窑洞里和窑洞外墙上挂的通常都是他们选出的良种。二是**充分利用天然资源**，晋东南地区是山西雨水最丰沛的地区，每年 7—9 月为雨季，我们村的土地资源也极为丰富，人均上百亩不止，未经开垦或撂荒的土地非常多，父亲就带头在雨季到来前，在荒草地上撒上豆籽（一般是牲口吃的小黑豆，品质优，口感稍差，生长期大约60 天），然后挑沟，把土覆在草上，以草为肥，在自然雨水助力下，一季简单的收成就实现了。三是**农艺技术推广**，说父亲是"农把式"，不是我封的，是村民认可的。以种谷子为例，摇耧是一项技术活，对后续田间管理起着决定性作用。谷子粒小，苗小，在间苗（老家称挖谷或挽谷）时很累也很费工，所以种谷是一件非常苦的差事。一般人摇耧③播种谷子亩下种了量在 1.5 斤（750克）左右，父亲的用量一般只有 7 两（350 克）。由于父亲的播种量较他人少

---

① 农业八字宪法，是指毛泽东根据中国农民群众的实践经验和科学技术成果，于 1958 年提出来的农业八项增产技术措施。即土、肥、水、种、密、保、管、工。"土"是指深耕、改良土壤、土壤普查和土地利用规划；"肥"是指增加肥料、合理施肥；"水"是指发展水利、合理用水；"种"是指培育、繁殖和推广良种；"密"是指合理密植；"保"是指植物保护、防治病虫害；"管"是指加强田间管理；"工"是指工具改革。

② 正因为有父亲这样的人在村里，所以在"人有多大胆，地有多大产"的年代，我们村没有出现更严重的浮夸风气，或这种风气很快就被制止。由此，在 1959—1961 年"三年困难时期"，也就仅出现了少许浮肿现象，饿死人之事未曾出现。现在想来，有父亲在村，真是村民们的幸运。

③ 一种木制播种机，老家称"种谷楼"，播种谷子时，由一头牲口在前拉，一人在后面扶楼并一步数摇晃，以保证种子播撒均匀。

一半，所以在后续谷子中期管理上就轻松很多。虽然在谷子出苗后，父亲的田里常因看不到苗遭人嘲笑，但等到间苗时，大伙儿却抢着到他的田间干活，同样的亩数，同样的工分，工作强度却差异很大，这个谁都明白。当然，父亲对种子质量是做过检测的，特别是出苗率，是有试验基础的，家里小盘子里的试验就是他心中的定盘星。虽然不识字，但掌握农技有时并不需要那么多的文化支撑。四是**开拓就业渠道**，父亲毕竟曾经在50年代做过制硝工、铁路工和煤矿工，对劳动力非农就业有着一种特殊情感和独到的认知，同时也认识到"土里刨食"和非农就业都是集体经济发展不可或缺的部分，所以他在做队长时，就派部分村民参与了家乡煤矿的装煤工作，尽管这也是一份苦力活，但毕竟有现金收入，村民都抢着去做。此举在保证了装煤工收入的同时，也为村里的经济增长带来了一些活力。这一做法一直持续到新世纪初（煤业生产的机械化装备上马）。在农业学大寨时代，村民整天"两个六点半"，起早贪黑，红旗满山。在此背景下，他能够做出让一小部分劳动力非农化的决定，实属不易。要知道，这是要承担政治风险的。五是**呵护集体粮仓**，看管好集体粮仓应是一个队长的重要责任之一，特别是在"备战备荒"年代，看管仓库里的粮食是一项重要任务，仓库也是全体村民始终盯着的地方。父亲隔三岔五就会去粮仓看一下，观察粮堆上的印子有没有动，至于麻雀吃、老鼠咬，他们是管不了的，似乎也是"允许"的。

"靠山吃山，靠水吃水"。生长在大山里的人和生长在水边的人都是有依靠的。山里有山货，水里有水货，都是滋养各地生灵生生不息的资本。父亲对此认知非常清楚。在他做队长时，村里饲养场的草筐、草筛、箩筐等，都是他用从山里割的柳条或荆条编的，编筐似乎也是他贴补家用的一个重要手段。还有，父亲对农作物秸秆的作用或价值认识也自有他高明的地方，如黍穰、荽（高粱）穰，秋天子实收获后这些禾穰都被父亲收起来，在农闲时把它们做成农家用于扫炕或扫地的笤帚，背到集市上换取称盐打油钱。同样的笤帚，父亲做的用户识别度非常高，卖得也快。父亲的商业头脑在此体现得淋漓尽致。只不过有点生不逢时，人才被埋没了。

改革开放后，随着土地下户、农地经营权回归农家，农民把在自留地上绣花的功夫用到整个承包田。作为"农把式"的父亲与大哥很快就将自己的能量全部释放出来，地还是那些地，人还是那些人，一个政策的出台，瞬间就让人"活"了起来，也瞬间就解决了亿万农民的温饱困境。这说明什么，不言而喻，良好的政策是经济增长与发展的重要保障。政策对了头，人们干活才有劲头，否则人民一定会躺平。在改革开放背景下，我们家的经济状况得到显著改善。

到1990年，10孔崭新的砖混结构窑洞就圈好了，且没有多少外债。从此一家人结束了土窑洞的生活历史，住进了新窑洞，也算是紧跟了中国现代化步伐吧。幸运的是，入住一年多些，新窑洞就迎来了两位新人，两个儿子在1992年年前、年末相继结婚为这个家增添了不少喜气；遗憾的是，母亲因操劳过度，在住进新家不到5年的1996年就突发重病，一年后去世，享年只有65岁。母亲的离世也让这个家的快乐一下子少了不少。特别是父亲，受此打击相当重，直到三年后才稍有好转。但也就好转了两三年，2004年清明节后的第二天，行走在路上的他突然跌倒，从此再未醒来。

从父亲的一生看，无论是做工还是务农，他的山水观都是那么的现实与强烈，爱自然，用自然，让生灵生生不息。从父亲的努力中可以看出，只有那些热爱家乡、热爱山林的人，才可以做到让绿水青山变成家乡父老的金山和银山。由此看来，选择领头人非常重要，这应是实现乡村振兴、乡村美丽的关键。

营造心中的和美

"你耕田来我织布，我挑水来你浇园，寒窑虽破能避风雨，夫妻恩爱苦也甜。"看过《天仙配》电影的人都会对剧里两位主人公唱词中的生活有所向往和追求。其实，现实中也是如此，只要心中有爱，生活就会甜美。我们努力追求的幸福就在"脚下"，就在"汗水中"。父亲用他的行动展示了唱词中的美好与艰辛。

记得我在社会学课上的婚姻一节中讲到：在婚姻市场上，男人如山，是赢取女人欢心的基础，女人如花，是获取男人欣赏的资本。为了实现各自的目标，男人需要长一副好肩膀，才能够扛得起大山，才能够给女人踏实可靠之感；而女人需要长一双好眼睛，用以识别男人的美好特质。由于男女双方视角不同，习惯了"牛视"的女人会较习惯于"熊视"的男人强势一点，但也就一点，走到一起就"平视"了。我父母的组合验证了这一点。

父亲与母亲俩举案齐眉、恩爱有加，在村里算是一对模范夫妻①了，相互珍惜，共同关爱着他们的大家与小家，关爱着他们的儿女。

父亲的成长环境应当说比较特殊，9岁前在原生家庭成长，他的父亲病故

---

① 据村里一位长者言，在我父母那一代，全村十多对夫妻，走到终点的只有两对。其他要么是离异再婚，要么是丧偶再婚，要么是直娶二婚。

后，随母改嫁到表叔家生活。从父亲在世时的表述中可知，他在表叔家的生活应算幸福。因缺乏机会上学读书①，大多数时候跟随其表叔务农，由此学得一手好农艺。在其母亲和表叔等的操持下，19 岁的父亲和 15 岁的母亲于 1947 年正式结为夫妻②。从此开启了他的温馨小家生活。

我们村名曰新庄，是水碾沟村的一个自然村，从它的名字中可以约略感觉这个村的历史不会太长。但从居住的痕迹看，也应不短③，村民居住的窑洞应属于二代三代窑洞了，窑洞的样式要比被舍弃的那些先进多了。整个村庄坐落在一个黄土塬的南垣山岙处，形状类似一把太师椅④，村庄里的人家分三层半呈圆形散居着。从地形看，新庄村属于一个丘陵村，坐落之处靠近塬（垣）

---

① 父亲的童年和我们的不一样，1928 年冬出生的他，在 1937 年该读书的时候，正赶上日本侵略中国。山西襄垣是日本占领比较早的地方。8 年全面抗战，襄垣人民受尽苦难，"三光"政策（烧光、杀光、抢光）就在这里实行。父亲表叔之大哥就死于日本人的屠刀之下。父亲自己也于 1944 年被日本人裹挟走 40 天。父亲走后，奶奶整天以泪洗面，眼睛都因长期哭泣视力极度下降。据说，父亲已红布缠身，准备被枪杀，是八路军的枪声让这一暴行暂时停止，父亲被拉回日军驻地。返回驻地的当天晚上，在一位翻音官（即翻译官，估计是当时当地的说法，父亲在世时就这么讲的）的助力下，父亲偷偷逃出日本人的魔窟，算是捡回了一条命。奶奶看见大儿子回来，喜出望外，良久伫立，不敢相信自己的眼睛。父亲在世时曾多次告诫我们："要识人，要善良，要感恩。感谢八路军的枪声及时响起，若不是这一声枪响，我早成日本人枪下之魂了；翻音官是好人，没有他就没有我的今天。"

② 据我二叔讲，母亲是父亲用八抬大花轿迎娶来的，他记忆中南岭坡村共有三家曾这么做过（另两家分别是韩成孩家和韩金秀家）。之后，受新政府政策影响，再也没有人结婚坐花轿了。父母的婚姻虽说是旧式婚姻，成"父母之命，媒妁之言"，但母亲那开明的爷爷赋予了母亲自由抉择权，他们的组合应是自由选择的结果。在父母结婚当天，父亲的出生地新庄村的史姓族人都被邀请了，他们也都赶到南岭坡为这个可怜又可爱的年轻人祝贺新婚。事实上，父亲在随母离开新庄到南岭坡生活的十年中，从来都没有和新庄断开来往，村里的几亩地他每年都要回去耕种，逢年过节也要回去看望村上族人，特别是他二叔一家。族人不定期举办的家宴（婚表嫁娶之类活动）也少不了参与。这就是村里人的生活。父亲携妻返乡除了是上辈人的约定外，还有一个重要原因就是其表叔家有了儿子，自觉再跟着母亲一块儿生活有多余之感，同时他二叔二娘和村里族人也多次劝说他回老家去。从其弟的表述中可以感觉到，父亲的回乡是多种因素权衡的结果。

③ 观察墓地也是看一个村庄变迁史的好办法，一座墓地至少能容五代人，新庄两大姓（史和梁）的家族墓地却不是两座，而是多座，说明新庄的"新"已有一定的历史厚度，居住史至少有五代人以上，换句话说，至少有百年历史。集体化时代平坟行动中挖出了一座古墓，名曰"五和坟"（以地名命名），墓葬建设很考究，属于当地级别较高的砖圈葬，墓中写明了墓主名讳：史永法，我想这应是村中史家的先祖。由此找到了史家的家谱，史家先祖来自武乡县的韩北村，更远则可追溯至南宋史浩家族（宁波东钱湖）。历史待细考。

④ 记得有位阴阳先生看到这个村的坐落曾说过，新庄是一个很出人才的村。是的，新庄确实如此，它是一个有名的革命老区村，离八路军总部驻地王家峪直线距离也就 6～7 公里，翻下山，跨过浊漳河，越城底村（襄垣县边界）、过下合村（武乡县边界）就到王家峪（武乡县管辖），朱德总司令曾到过新庄村。村中青年也很早就加入到革命队伍中。新中国成立后有担任过北京市总工会主席的，有在山西省西山矿务局做领导的，还有在天津某纺织厂当领导的。当然，也有不少战死沙场、为党为国捐躯的英雄，我的堂伯就死在山西运城战役中。

顶，是一个半山腰上的村落，出门抬腿就是要么上要么下，行动相对艰难。村里有"一坪"（新庄坪）"六沟"（泉沟、二亩沟、狼窝沟、棠梨拐沟、老蒿沟和东沟），土地资源、煤炭资源和水资源都相当丰富。20 余户近百人的小村拥有数千亩土地资源，这让农产品供应有了保障，沟沟有天然泉水，是这个村宝贵的资本，还有丰富的煤炭资源[①]，保证了村里的燃料供应。但资源丰富并不等于劳作轻松。为了吃水、烧煤，村民的生活还是很艰辛的，不少妇女都得拿起扁担到山泉去挑水、到煤矿去担煤等，而我的父亲坚决不同意母亲干重体力活，再苦再累，他都要把水缸担满、把煤仓填满，并告诫我们这些男孩，这些活计应当由男人来承担。当然，有些活计，如碾米磨面，看似不重的体力活，却很艰辛，一干就是 2～3 小时，刚刚有碾杆高的我们就经常随母亲去推碾，到底有多少作用，说不清，但自愿参与程度不高[②]，多是被迫参与。在父亲的引导下，我们这一辈嫁到史家的媳妇也很少承担重体力活。当然，随着改革开放，社会进步，当下农村的重体力活计基本被消除了。烧饭用煤气，用水有自来水。即使到田间干活，也多半是配合机械行动，真正的重体力活很少了。

一般生活中夫妻争吵很正常，而我的父母却很少争吵。在我的记忆中也就一次，即大姐出嫁回门那天（1974 年农历五月十八），遵照传统，回门宴，家里会请一些亲戚参加（也称小型"嫁女宴"），因姐姐穿着服装与出嫁时的一样，未能更换，被姨姨和姑姑们说三道四，引发了父亲的极度不悦。母亲可能考虑到面子，说了父亲两句，二人就有了我记忆中这唯一的一次争吵。这次冲突的导火索——亲戚的说三道四，反映了世俗婚嫁观与他俩婚嫁观的冲突。母亲和父亲的结合，虽说是旧式婚姻，但融入了自由，摆脱了经济至上的"门当户对"的束缚。姐姐和姐夫的结合，模式与父母无二，是一种典型的复制，父母的认可与世人的不理解形成了冲突。是啊，这样"离经叛道"的选择面子上不好看、过不去，会引起世人说长道短，但父母和大姐他们看重的是里子，然而这个十分重要的里子问题却鲜少有人关注，这是农村婚姻市场的悲哀。关于农村婚姻的面子与里子问题，不仅是过去的核心问题，也是现在乃至未来的核心问题，婚姻中的争吵也有很多是来自这里。注重里子的父亲应是最后的赢家，在女儿出嫁时未收取或收取很少彩礼的行为，不仅没有亏，反而赢得了女

---

① 露天的煤炭资源应是祖辈开采的，我记事时相关煤矿已废弃；12 米深的浅层煤是改革开放前人采牛拉的，我小时候经常顺着风井爬竖梯下去和饲养员一起喂牛；75 米深的中层煤是当下机采的；还有 400 米深的深层煤待采。

② 母亲也给我们选择，如碾面与看孩子（小弟）二选一，我哥选择前者，我却选后者。

婿对其一辈子的敬重与实实在在的赡养①，还为四个儿子换来了好名声，儿子们相继顺利娶妻，把村民们认为的不可能做到了极致，从1986年的三弟首婚、1988年的大哥紧跟，到1992年年初二儿、年末四儿相继完婚，前后7年完成了村民眼中的"登天工程"。

在农村婚姻市场上有两句话可供大家选择配偶时参考，那就是"妈妈的脚后跟，女儿不差一半分""婆的剪（铰）下样，媳妇照着上"。前一句话意思是：老婆是否如你的意，取决于你的岳母，所以毛脚女婿上门，要细心观察未来岳母的一举一动、一言一行，这就是你未来妻子的表现，若觉得不行可紧急刹车；第二句话：当然，你自己也要清楚，你老婆的好坏，和你的家风有直接关系，看一下自己妈妈的行为，就知道你老婆进门后的发展趋势，有好的传统是根本。这与**"父母的行为很大程度上决定了儿女的行为"**有异曲同工之妙。从现在的情况来看，我们兄弟几个能够如愿有伴，没有让经济压垮，父母的人格魅力是核心，父母正确的婚嫁观起了关键作用，当然，这里可能也有运气成分在，他们的6对亲家正好与其观念相统一。

育儿是一个很大的工程，特别是在今天，人们深深感到育儿不易，故有不少选择独身或丁克生活。遥想父母那代人，家家养育那么多孩子，如何走过来的？从20世纪70年代的提倡晚婚晚育到80年代的严格计划生育，从21世纪10年代的适度放开到当下的鼓励生育，前后不到40年，人们的生育观为什么会有如此大的变化？这可能需要从育儿的目标说起。传统地，育儿是没有明确目标的，有也仅是一个"传宗接代"或"养儿防老"，真正的"望子成龙"或"望女成凤"也有，但很少。今天却不一样了，特别是在计划生育政策影响下，独生子女让父母的期望寄托唯一化，孩子也宝贝化起来，父母期望孩子龙凤化与现实中龙凤出现概率的固定化形成冲突，一定程度上导致社会上兴起不作为化或躺平化风潮。随着人类自我认知超越自然程度的不断提高，这种趋势不仅不会改变，可能会进一步恶化。由此，让人类适度回归自然，当是唯一的摆脱困境之手段。

小女儿有一次对我说："爸爸，你想儿子想疯了吧？"听后顿时愕然。可能我平时说话不注意，让女儿有了此感觉。打心里我很爱自己的女儿，只不过从不娇惯，没有达到富养女的标准。父亲的性别平等观早已深深烙在我的心里。

---

① 人都说，一个女婿半个儿，我们的姐夫，在岳父母养老保障上付出的远比我们这些儿子要多。姐夫在某种角度已成为我们兄弟几个做他人女婿的楷模。我们兄弟对这位年龄长我们14～22岁的姐夫也像待父亲一般尊敬。

在我们家，从老大到老三，都是女儿，母亲从没有说过父亲有嫌弃一说。但老二和老三在1岁和3岁时先后夭折，让他感知育儿不易。特别是三姐，据说长得又白又可爱，能说会道，非常讨父母欢心，一天突然跌倒就没了。三姐的走不仅让母亲大病一场，同样也让父亲难过了许久①。我约略觉得，父亲后来的弃工回乡行为，表面上是听从其表叔的建议，实质可能是自己已认识到夫妻长期两地分居的不好，内中也有了"再不能让妻子一个人在家里受苦"的念头。同甘共苦，共同行动，一起带孩子，由此，就成为父亲后来的选择。

我是史家第五个孩子，从童年到青少年的成长过程都有父亲陪伴，现在想来多么幸福。在整个成长过程中，可能因自己的排行位置不易受到关注，所以自由度非常大，可以一个人追着戏剧团连续几天看戏，也可跑去几天几夜陪山东汉在烧砖窑过夜，听他讲那些狐仙鬼怪的故事，好像我爸妈心很大，从来未曾想到有丢孩子一说。当然，在我的孩童时代，也确实没有人偷孩子。孩子，也被定义为"一个张嘴货"，谁要？如果说有要的，那就是我们的天敌——狼了②。狼叼孩子的事是有的，村里就发生过，我也曾被狼双脚搭肩，是哥哥的喊叫声把狼吓退了。是啊，一个山里孩子不认识狼是可怕的，但更可怕的是不知怎么应对。如果我那天不是记着哥哥平时的说法："狼搭肩别扭头"，可能就没有今天的我了。所以，山里娃出门一般要带着自己的狗，狗的作用主要是给自己壮胆，"狗仗人势，人借狗威"，我想就是这个道理。狗是人类最忠实的朋友，一点不假。上中学时，我家的狗每天早上天不亮就要陪我到数公里远沟外的学校去读书，傍晚下学，在回家路过的山头喊一声"黑脖"，霎时狗就欢快地不知从哪儿跑出来了，摇头摆尾地跟着我回家。至于这一天狗吃了啥，在哪儿吃的，没人关心，这就是山里人的养狗法。事实上，狗还是帮助家里识人的工具，一个人能否成为这个家的新女婿或新媳妇，在他/她首次进门时，狗的表现会准确地告诉你。

我的童年是最快乐的，没有任何忧愁。即使是学习也从不放在心上，去学校就行。家长的期望就是不要旷课，不要和别的孩子打架，不要偷拿别人家的东西，其他好像没有。就是这点要求，我们也不能让爸妈满足，打架斗殴是常有的事，因此，也就少不了回家接受父母的"单双打"。不过，我还好，只受过"女子单打"，谢天谢地。由于在学习上，爸妈的要求低，我对自己也没要

---

① 三姐的事，母亲没有和盘告诉父亲，只是托人说孩子病了。据说父亲接到家里口信后就急忙从铁路上往回赶，走到离家不远的一个村告就听说小女儿已不在了，瞬间就傻在那。

② 在山西襄垣，大人们吓唬孩子的常用语就是"狼来了"。1937年日本人进山西后，这一用语改为"日本人来了"。从这一用语的变化中可以看出日本人的恶已深刻地烙在民众心中。

求，故读书就看天性了，村里和我结伴上初中的五个小伙伴读了不到半年就相继退学，我读着读着就变成了一个"孤家寡人"。在我读书的过程中，父亲的贡献很有特色，每天凌晨 4 点多起床去泉上挑水，第一趟回来时叫一声："起吧！"第二趟喊一声："饭热好了！"等到第三趟，担杖钩声在回家的坡上响起时，那就不敢赖在炕上了，赶快三下五除二穿好衣服下地。当然，时间长了，父亲也摸着了儿子的习性，只是默默做他应做的事，从未对我之行为发表过任何意见①。由于北方冬季比较长，路上时有积雪，加之小伙伴相继退学，父亲就帮我在学校附近找了一户人家，供我晚自习下学后留宿②。随着上学时间增长，我和同学的关系提升，我的留宿地就改到同学家③。父亲的育儿行为给我留下深刻印象，将读的书内化可能是走向成才的一个关键。大人不要过度干涉孩子的成长，最好的办法是引导孩子一块儿参与家里的活动，让孩子和大人一块儿成长，增强其作为家庭成员的责任感。家长全程包办可能是当今孩子"长不大"或躺平行为大面积发生的根本。当然，由于孩子在成长过程中自控力有限，过度贪玩会影响未来发展，这一点的确是一个问题，但仅考虑这一点，对控制与自由的平衡掌握不到位，结果可能会更遭。真正的发展（创新）来自天性的保留，失去天性的学习可能是最痛苦的学习，学习的目标与实践很难统一。

来到这个世上，我们的目标到底是什么，养育儿女有什么用，谁又能说清？我出生时，父亲才 35 岁，我能够记事时他也就 40 岁出头，记忆中人们都称他"老汉"。估计放到今天，父亲若送我上学，一定会有人问："这是你的孙子吗？"遗憾的是父亲没有赶上这个时代，30 多岁成为老汉似乎在他们那代人中很正常，为了养家糊口，父母没日没夜负重前行，吃了常人不曾吃过的苦，受了常人不曾受过的罪，过早把青春耗尽，进入"老汉""老婆"行列。还好，父亲之后 40 多年的老汉生涯也算是长久的幸福晚年吧。对照一下，2000 年，

---

① 父亲的这一育人行为直接影响到我对女儿的教育。在两个女儿上学时，我从来不提供叫醒服务，也不提供接送服务。当然，住地离学校近是一个理由，我给孩子们的理由是："学习是自己的事，不去可以在家帮助大人做家务。"现在想来，这一育人法有点残忍。

② 留宿的代价是给这户人家送一担炭，大约有 150 斤，父亲亲自挑来并嘱咐一下主人。我的晚餐通常是上学就带着的，借留宿农户的火热一下即可。

③ 在此感谢我的初中同学赵志岗、赵碾成、赵月明以及志岗的爷爷、碾成的爸爸和月明的妈妈。他们的恩情肯定不是一担煤炭可以弥补的。时不时提供的晚餐让我吃在肚里，记在心上。谢谢我亲爱的同学，谢谢你们的爷爷、爸爸和妈妈。当然，还有一位老伯、一位可爱的八路军战士——栗先保老人，为了中国革命事业，双脚的脚趾都被冻掉了，大哥和我读书期间都先后在其家借住，为了中国未来的发展，他给我们兄弟烧炕、热饭多年，其爱心今天想来是那么的珍贵，感激之情难以言表，权且记此。

还比父亲当年年轻的我，带着大女儿在杭州菜场买菜时就遇到这样的尴尬，我能说什么？解释有用吗？唯一能说明的一点就是，即使成了"公家人"，吃了公家饭也一样要受苦要受累。对于人常说的"吃得苦中苦，方为人上人"之道理我是知道的，但没有列入追求行列，只是期望用行动告慰母亲以及资助或扶持过我的每一位亲人、贵人和朋友，向他们证明：我在努力！无论是昔日在山西农科院做研究人员，还是今日在上海交通大学做教师，支持帮助他人已成为我生命中最重要的事情。我做努力不是为赢得他人称赞，只是想对社会有用。诸如，在农科院时，利用自己的农学知识，以及常和农业科学家们打交道的便利，帮助农民通过品种更新，实现粮食增产①、收入增长。家乡的父老经常向父亲讨要新品种，父亲由此也为儿自豪。善良淳朴的父亲"春送种子，秋兑粮食"，不考虑时差、不考虑种子与商品的对价，"斤兑斤"的行为，儿子我听了都感觉父亲很"傻"，可是村民们高兴，我也高兴。我从父亲的行为中悟到了人际交往的真谛，所以在进入大学做了老师、当了教授后，就把**"为他人着想"**作为自己行动的指南。在此，谢谢我亲爱的父亲，教儿做人。

在多子女家庭中长大的孩子，经常会被大人们问："你的爸妈更爱谁？"虽然我不曾面对这样的问题，但看着别人回答，我心里也老想，到底"我的父亲更爱谁？"其实，在我们家，答案就在他们的行动中。我们家里的钱原则上都是妈妈管着的，但实际支付的都是父亲。父亲拥有天下女人最喜欢的品性：**不抽烟，不喝酒，不赌博，还十分勤快。**通常，到集镇上买东买西的多是父亲，母亲只是吩咐一下，要买这要买那，要买多少等，其他很少再去管。每当赶集回来，兄弟姐妹们最期盼的就是父亲口袋里的糖块儿和篮子里的芝麻糖。人人有份，个个一样，常是父亲的做法。在家中既非老大、也非老幺的我，原则上，穿衣多是拾穿哥哥的②，过年例外。随着时间的推移，我幸运地考上了大

---

① 这一行动主要发生在1990年，这年，我荣幸参加了山西省委农村工作队，被安排在屯留县余吾镇河头村蹲点一年，任务就是"三同"（同吃、同住、同劳动）。我们每天吃派饭，一天一户，在和老乡交流的过程中，了解到当地各种作物产量水平都很低。我基于自身专业知识以及单位背景，动员工作队领导，搞了一个"粮食倍增"计划，以体现农科院工作队的价值。在领导的支持下，我们开始了行动，在对当地气候和品种适应性做了分析后，"粮食倍增"计划正式启动。设想是一回事，实际行动起来又完全是另一回事。在新品种购置过程中，发现当地百姓手里根本没有钱。遂有了"春送种子秋还粮"的想法，当然不是我父亲的"斤兑斤"，而是考虑了比价。在我们的努力下，计划最终顺利完成。

② 拾穿（衣服）行为是多子女家庭育儿的一种正常行为，也是物质匮乏时代下的一种必然现象。在我成长的那个年代非常盛行。以至于上了大学的我，将拾穿演变为借穿，时不时借穿同学衣服，大伙儿也都感觉正常，特别是出席一些重要活动时，西服的借穿最流行。这与当下物质极大丰富，每个人的衣柜都是满满的形成鲜明对照。

学，我在家里得到的实惠便最多，得到的爱自然也是最多的，似乎全家人都在围着我转，同时也以我为荣。但我十分明白，我的考学是以牺牲哥哥考学为代价的。要知道，高考改革哥哥正当时，1977年初中毕业，凭他的脑子正常上个高中完全有可能，可他听话地接受了父母的建议，回乡助力家里赚工分，当年一举实现了家庭口粮钱由负变正。也正是父母的这一决策给我上学挪出了机会。当然，我得到这一机会，也曾遇到大弟弟的挑战，但父母毫不犹豫地给予了明确回复："只要你们努力，不管谁，砸锅卖铁也供。"显然，关于大哥的决策在父母心里已留下阴影，助力孩子们不断求学上进已成为他们夫妇价值观①改进的一个标志。弟妹们虽然到中学学业就都划上休止符，但父母的决心和行动，已让弟妹们心甘。是啊，在兄弟姐妹争宠的家庭中，父母有时会有偏爱，很正常，但"手心手背都是肉"的道理没有谁比父母更清楚了。

庄稼人，整天和黄土打交道，除了乡里乡亲，很少有外人介入他们的生活。1986年暑期过后的一天，公社②书记和乡长到我家来慰问，主题是祝贺他们的儿子考取研究生。宋程标书记和张中生乡长双双来到一户农家，事前没有人和我父母说过，村里所有领导也都不知情，一时父母两人都不知该如何接待，甚至连一壶开水都没有及时备下，与当下的有准备之访，确实形成极大反差。书记乡长的突然到访与祝贺，让这个普通农家顿时蓬荜生辉。特别是领导还准备了一份时代性很强的礼物：一台时髦的半导体收音机，更让父母感觉不好意思，不敢乱接。是啊！想象一下当时的场景：乡里党政一把手，从政府驻地出发，乘着一辆吉普车（当时流行），驱车数公里赶到我们村，将车停在窑场（煤窑），顺着崎岖陡峭的山路，攀爬数百米高到我家，这一精神就十分可嘉，再带着礼品，虽体积不大，意义却十分重大，这让一对从没有见过大领导的农家夫妇心里如何感觉？激动、兴奋、不知所措，我想这些可能都有，但与当今电视上所呈现的是否一样，就不得而知了。公社领导到我家的事，很快就在村里传开，特别是得知领导专程来为我考研成功道贺，村民们都七嘴八舌了

---

① 记得费孝通先生曾说过，他们姐弟五人，谁可以上学、谁在家种地，都是母亲说了算，他母亲的决策权很大。他们家老大（姐）、老三和他（老五）上学，老二和老四在家助力母亲做农活。要知道，其父亲还是民国时期中央政府的一位大官。作为官太太的费老的母亲都如此决策，作为普通农民的我母亲仅针对大哥一人做个决策，也算说得过去吧。

② 1958年8月，中共中央政治局扩大会议通过了《中共中央关于在农村建立人民公社的决定》，推行人民公社化运动，撤乡、镇并大社，以政社合一的人民公社行使乡镇政权职权，农业生产合作社改称生产大队。由此，"公社"之名从1958年一直沿用至1984年。在1984年一个普普通通的日子里，人们称呼了20多年的"下良人民公社"突然摘牌，摇身变为"下良乡"，当时，人们一时还没有完全跟上牌子的变化，依旧称呼乡里的领导为公社领导。

起来，其中一位村民和我父亲说道，谁谁谁家孩子去年考上大学大队还奖励了多少多少（钱）。父亲没有接话，却在数年后告诉我，公社领导亲自上门来道贺比什么都好。是啊！父亲是一位知足常乐者，还有什么能比这（领导到访与祝贺）更使他快乐呢？

父亲的一生总的来说应当是幸运的，几次大的危机都顺利渡过。1944年被日军裹挟离家40天，侥幸从日本人枪下逃生；1960年，与他同去煤矿做工的两名同伴先后死于矿井下，他被家人叫回而躲过一劫；1989年随我大弟弟开着拖拉机从山外往回拉木材，因天黑，注意不周，不幸在山间连人带车翻入数十米深沟，头皮被揭（缝了几十针），肋骨断了数根，住院半个月，又一次幸运地从死神那里逃回。2003年行走在山间小路上不幸摔倒，被及时发现送医院抢救，成功脱险；不过，2004年父亲在同一地方又一次摔倒，尽管依旧抢救及时，但却永远地走了。

2004年春父亲的走，着实让我们这些儿孙感到悲伤，其实为此悲伤的远不止我们，父亲的亲戚、朋友、乡邻，哪一位不说父亲好？哪一位不悲伤？一个只有400余人的小山村，父亲的丧宴宾客却高达700多人，这是何等规模？要知道父亲仅是一介普通农民，没有权没有势，得到如此多乡民和亲人的送别，够了。父亲，您安息吧。我们也为有您这样大山般的父亲感到骄傲、感到自豪，我下辈子还做您的儿子。

妻子您满意，相伴50年，小家、大家都和睦幸福；

孩子您满意，在您走时都各自成家，一家变六家，各自过上幸福的小日子；

临终选择您如意，无呻吟，不留言，和您妹夫一样；

您的离世真的达到人类的最高境界："含笑九泉"。

温暖阳光照亲情

父亲似小草，从不与人争高下；在儿孙眼里似大山，我们永远仰望；在亲人眼中似阳光，温暖着每一个人。父亲是一位非常重情重义的人，也是一位非常传统的人。在我的观察和记忆中，父母在精心经营自己小家的同时，也非常细心地经营着我们的大家族[①]，父亲的亲情观似乎与普通人两个样，他从不对

---

① 家族是一个人来到这个世上生存所必须面对的且又十分依赖的一个族群，我把它称为一个家庭的亲戚网络。通常，亲戚网络主要有三个来源：一是父系血缘和姻缘网络，二是母系血缘和姻缘网络，三是自系，即自我繁殖的子孙所形成的血缘和姻缘网络。这三个网络共同构成一个人的亲情网络。

亲人的行为说长道短，永远是默默地低头做自己认定了的事。

在父亲的世界里，**"滴水之恩，当涌泉相报"**是其行动准则。父亲作为史家这一代传统意义上的"独苗"，担负着传承史家香火的任务，同时也享受着除祖母外，史家的另一祖辈——我二奶的庇护。

父亲的二娘（我们的二奶奶，雷海堂，1906—1986 年），是一位孤独的寡妇，也是一位军烈属。二奶嫁到史家，和我二爷育有两男三女（成活的，据二堂姑讲，她是排行老六，那我二奶至少生育了 7 个），二儿子（即我三叔）幼年时病逝，长子（即我大伯），解放战争时战死在运城战役（大约在 1947 年），死时只有 24 岁。县上通知家里人去领尸，二爷担心二奶受不了，就放弃了，只是把政府下发的抚恤金领了回来，回到家里二奶见他拿回这么多钱（米），问到底发生了什么，二爷撒谎说："政府发错了，千万别声张"。同时，警告村里所有人，谁将其儿子金水战死的消息透露给二奶，他就拿谁是问。大伯走后的数年，二爷都是白天在地头以泪洗面，晚上回家强装笑脸。三个女儿（我的姑姑们）也是看在眼里、闷在心上，谁都不敢将实情说出，随着三个姑姑相继出嫁，郁闷了多年的二爷也一病不起，病逝于 1956 年，留下刚 50 岁出头的二奶——一个小脚老太，成了一个典型的孤寡军烈属。

父亲从 9 岁丧父随母改嫁，到从其表叔家返回出生地时，前后整整 10 年，村上发生的事，不能说不知，但也知道得有限。大伯的战死他是知道的。婚后返回出生地问住的地方就和二奶他们一家在一个大院中，二奶对父亲如亲儿般关照，他心中永存感激。虽然在二爷活着时，他为二奶一家做的事有限，但在二爷撒手而去留下孤独的二奶后，父亲就担起了儿子的责任。那时二奶依旧一个人一个灶，队里有军烈属代耕等优抚政策，父亲帮忙担水送煤，其他工作由姑姑们做，两家走动得相当频繁。据说母亲生我们时，二奶起到了婆婆的作用，先后侍候了母亲几个月子。在我记忆中，家中兄弟总有一个和二奶一起住，美其名曰陪二奶，实则是二奶陪我们。二奶对孙子们特别好，给我们讲故事①、剪纸、扎风车等，童年的快乐很大程度上与二奶的高深艺术造诣相关。

---

① 我的人类美丑的故事就是从二奶处听来的。二奶告诉我，世界上之所以有的人漂亮、有的人丑，有的人缺胳膊少腿、有的人四肢健全，有的人是盲人、有的人是聋哑人，都源于一场大雨把正在晾晒的泥人给糟蹋了，捏人者在紧急收回泥人时，不小心让泥人被簸箕伤到了。奶奶也是一位多才多艺的女性，特别是剪纸技艺相当精湛，会剪"二鬼扳跌""喜鹊登梅""老鼠偷油"和"抓髻娃娃"等。遗憾的是玩过就扔了，让奶奶的艺术从此消失在人间，唯有记忆留在心间。

集体化时代，尽管二奶是军烈属，有代耕工①，但日常的担水、挑煤和秋天队里的分粮等工作，父亲总是主动承担，从无怨言。从这个角度看，父亲早已视其二娘为亲娘了。

在改革开放前，据说时任队长在落实军烈属户的照顾政策上动了歪脑子，撺掇我小姑（二奶的三女儿）将其二儿过继到其母名下，以解除队里的负担。小姑家穷，新建窑洞正好没有门窗木料，也就顺着队长的撺掇以过继儿子之名，将二奶家的三间大厦棚上的椽梁木石全部拆下拉走，让一个好端端的田字院变成破院。尽管过继儿子一事在请客写纸（立契约）时，因村里有干部不同意而没成，但二奶还是被嫁到外村的小姑接走了，但没过一年，又被送了回来。二姑对小姑赡养母亲出尔反尔的行为十分气愤，好像由此还引发了姐妹俩一段时间的往来断绝。在这件事情上，父亲因是侄子，不好插话，但对其二娘的难受，他还是心痛的，尽管爱莫能助，但也多次和姑姑们表明："你一只手送，我两只手接。"作为一个侄子，能够做到如此，二奶也心存感激，曾多次在我们面前说过。

在二奶生命的最后几年，虽说心理上有些不好受，但在二姑②等的精心照顾下，过得应是幸福的。就是难为二姑了，一个婆婆，一个亲妈，都是高龄（小脚）老人，服侍的任务是相当重的。作为一位中年女性农民，既要照顾好家里老人，又要把农田经营好，真是难为她了。尽管有在外工作的二姑父插空就回来帮忙，但毕竟老人日常的生活服务还是需要她一个人承担，真的好辛苦。1986年春，二奶走完了她酸苦③的一生。据二姑说，二奶的后事是由父亲主办的，他披麻戴孝④，担起了儿子的责任，并正式将自己的三儿子（我三弟）过继到二奶名下。父亲的这一努力也算是对其二娘之爱最崇高的

---

① 据说，一度有村民眼红，说父亲帮二奶是为了挣代耕工分，队里便改派他人提供服务，但没过多久，好像不到一年，队里派的人主动放弃了。这说明什么？说明这点代耕工分与付出是不对等的，父亲帮二奶实质上包含着很大的亲情关爱成分在。

② 据二姑讲，二爷去世前曾专门给她交代："你要辛苦点，把你妈照顾好。"这也许就是一个人的命。我憨厚实在的二姑，今年都88岁了，还保持着一个人独立生活，不和儿女掺和，足见其心态多么好。借此机会，祝福二姑健康快乐。

③ 在二爷去世后，对二奶来说大伯一直生死不明（没有人敢告诉二奶真相），变相地经历了中年丧子又丧夫的二奶，不到50岁就得了一个说话圪咕圪咕（喉咙好似有个东西噎着）的病。嫁到史家虽生了一堆孩子（至少7个），到头来只剩三个女儿，且还有一个被夫家虐待变傻（大姑）。在村里，虽有政府的军烈属优抚，但这些优抚对一个传统的小脚老太来说，是远水解不了近渴，生活之困难是可想而知的。晚年虽有二姑细心照顾，但面对二奶家强势的婆婆，二奶自有一种弱势感，这是没有办法的事，正应了当地一句俗语："儿子炕上稳贴贴，女儿家里胭哦歇（挺不起胸膛）。"

④ 在我们当地，办丧事时，大孝子（亲儿子）戴着的是双尾帽子，普通孝子戴着的是抓髻帽子。父亲戴的就是双尾帽子。

表达。

亲戚的远与近，不重要，重要在相互来往。来往多了，就亲、就近了。这个在我们家表现得相当明显。在我家的亲情中，有一类特殊亲情，即冥婚行为带来的亲情。虽说也是姻缘亲情，但又不同于普通的亲情。但我父亲将这类亲情视同普通亲情。父亲有一个冥婚来的姥姥家，逢年过节，我们两家都有走动，每到大年初二，父亲都会雷打不动地到这个姥姥家去拜年。在父亲走后，作为儿子，我也慎重地到父亲这个姥姥家进行了最后告别，也算是亲戚交往的一种有始有终吧。

在亲戚中，称呼不同，可能意义也大不一样。我虽未能详细考察，但相信这一定有道理。在传统社会中，大多数人一生至少有"三父"，一是父亲，生身之父，二是姑父，父亲姐妹之夫，三是舅父，母亲之兄弟。细心观察可发现，这三父对我们每一个人的成长都有相当大的影响，甚至都承担着帮助我们成长的责任。我的父亲就同时扮演了这三个角色，他不仅承担着对自己孩子的抚养，也承担着对外甥的照顾、对侄子的抚养。

在 1952 年春，父亲唯一的胞姐不幸因病去世①，年仅 27 岁。留下两个外甥，一个 4 岁、一个 7 个月大。我姑母去世时，姑父正在服兵役，根本没有时间照看两个儿子，只得将一个交由他们的祖父母照看，一个送由他们的外祖母照看，我父亲担当舅父的责任②，协助自己的母亲带着外甥成长。我的两个表哥和我父亲的关系保持得那么好，我想其中就有这个原因。

1980 年，不到 30 岁的妗子（舅母）突发癌症去世，留下三个嗷嗷待哺的孩子，我的舅父（母亲同父异母的弟弟）在村里担负学生的教学工作，他一个

① 据我的二表哥讲，他母亲（我姑）是 1952 年农历四月初八去世的。留下的大表哥不满 4 岁，二表哥也刚 7 个月。因二表哥出生不久姑母就病了，故家里给他找了一位奶妈，二表哥在奶妈家住了一年，周岁后回到家里，由其爷爷奶奶抚养到 14 岁，1964 年腊月，其奶奶和爷爷相隔 10 天相继去世。在办完奶奶爷爷的后事后，兄弟俩就到了他们父亲工作所在的襄垣县夏店公社，和父亲、继母一块生活了。据我的大表哥讲，他在水碾村南岭坡姥姥家生活的时间比较长，前后差不多 4 年，直到上学才回到他家庙烟村。我的姑父 1958 年之前都是在部队工作，1958 年才转业回到地方工作。

② 在我家的照片中，有一张非常早的七人合照，七人（从左到右）分别是父亲、大表哥、姑父、大表姐、姑母（继）、二表哥、二叔。大表哥胸戴着大红花，站在四位长辈中间。据说，这张照片是 1969 年大表哥参军时照的。拍照当天，父亲和二叔带着我祖母的嘱咐和他们的激动，起了一个大早徒步 40 余公里，从老家水碾（襄垣县城东北 25 公里）出发赶到夏店（襄垣县城西南 15 公里）外甥住地。可见，外甥参军在两位长舅心中有多么重要。对今天的人来说，基础条件改善了，行动能力得到了极大提升，40 余公里的山路不算什么了，但对当时的父亲他们来说，依靠双脚走完这段路程还是相当艰辛的，至少要走 7～8 个小时。

人根本不可能抚养好三个孩子，时间、精力以及经济条件①都不允许，故有将其中一个孩子送人的想法。在办完舅母的后事后，母亲与几个姐妹开了一个小会，改变了舅父的想法，决定由几人分头抚养三个孩子，大女儿（7 岁）由我舅父自己带，大儿子（4 岁）由孩子的舅父领回照看，最小的儿子尚不足 1岁，还不会说话，不会走路，在父亲的支持下，母亲主动承担起最为艰巨的小侄子抚养任务。尽管那时我们家的经济条件也不是那么好，但毕竟改革开放了，日子有了明显好转，加之我们家兄弟姐妹多，人手多些，母亲育儿经验也丰富，就撑了过来。要知道，当时我的母亲已是 48 岁做了外婆的人，没日没夜地抚育一个小宝贝真的不是一件容易的事。由于经济困难和自然条件限制，买不起奶粉的母亲，就用鸡蛋和小米粉混合做成的糊糊当奶粉用，孩子大一点后随大人一块儿吃饭。我的小表弟和我父亲关系非常好，父亲也特别喜欢这个小侄子，把他当作自己的亲儿子看待。猴毛（小表弟的乳名）也特别乖，我们这些哥哥姐姐都很喜欢他，他在 4～5 岁时就开始主动帮助大人干活，母亲也放心，让他一个小孩子提着饭走一大段山路去煤场给正在装煤车的父亲送去，猴毛见不到我父亲绝对不放手。整个煤场的人也都非常喜欢我这位小表弟，常逗他开心。我因上学等，在家生活时间有限，没有过多关注过猴毛与父亲的感情，但在 2004 年父亲走时，他的悲痛显然超过我等亲儿子。即使父亲已走多

---

① 尽管舅父那时已是村里的小学民办教师，但收入非常有限，甚至只有工分补贴而无实际收入。加之有三个孩子，在农村属于"拖油瓶"，不可能有人愿意和舅父共同抚养他的孩子。尽管舅父那时还相当年轻，但再婚几乎不可能，事实上，舅父从 30 岁起就一直处于光棍生活状态。尽管在 90 年代中后期，山西的小学民办教师大多数转为公办教师，收入也有了极大改进，那时孩子也大了点，有人愿意和舅父过了，但舅父依旧没有考虑这件事。他认为此时再婚会给孩子们找麻烦，这也是村里老一辈人普遍的想法。

时，再见表弟，谈起他姑父姑母，他的泪水仍止不住地往外流。可见，当年父母给予猴毛的爱是多么的深。当然，在父亲的关照下，我们兄弟们也把这位表弟当亲兄弟，有什么事都积极地支持他。兄弟手足，情浓于水，可能不只是缘于血缘，更多的来自生活，来自父母引导下的生活。一块儿生活建立起的情感永远是一生中最值得珍藏的。

在村里，我们家的亲戚细算起来，确实很多，来往也比较密切，无论远近亲疏，父亲都以平常心来对待，好像在父母眼里没有亲疏远近之分。现在想来也是，亲戚不在血缘，在交往，交往密切了，不亲也亲。就如我在工作后，牢记**"在家靠父母，出门靠朋友"**的古训，通过与人真诚交往实现自己行动能力的极大提升。我想，父母因特殊的成长环境，对亲戚的认知可能与一般人不同，早年丧亲的经历，让他们在与亲戚来往上有了一种特别的渴望与真诚，由此有了"我家的亲戚数不清"之感。1997 年母亲走时的丧宴规模高达 500 余人，在村里都属罕见。2004 年送别父亲的队伍更是高达 700 余人，以至我们兄弟几个准备的吃的都出现紧张，这在村里就更罕见了。这情景说明什么？为人一世，造福一方，不只是当官人士的座右铭，也可以是百姓的努力方向。名声留后世，福音代代传，这样的结局正是父亲一生的追求。

2023 年 6 月 18 日至 7 月 13 日

第三篇

心存感恩

第二十章
师恩永驻

担心 VS 心痛

2023 年 1 月 4 日 18 点 27 分，我的恩师郑大豪先生静静地离我们远去了。先生走得太快了点，让家人、让弟子都没有心理准备。在医生向家属发出病危通知书的同时，恩师的孩子们紧急把师母接到医院，让她和亲爱的夫君再见一面，也算是有一个圆满的告别吧。先生也是见到，确切地说是听到（或感知到）他亲爱的夫人来看他了，才"心满意足"地放下一切，静静地毫无痛苦地走了！走得那么安详、那么自然，真的是一种"含笑九泉"的样子①。作为弟子，对于先生的走我们是悲痛的，但听到先生走的时间、走的神态，我们也应当知足了。从"呱呱坠地"到"含笑九泉"，不正是对人生的一个完满交代吗？人来到这个世上，要的是什么？能做什么？做了什么？是否做到"人过留名，雁过留声"（这应是最好的追求了吧）？对这最后一点，先生是做到了，做得还很好。从官方的讣告②，到同学们的追思表现，应当说是"符合自然"的。

恩师的突然离去让我心绪久久难平，师从郑先生 20 余年来的一幕幕情境顿时闪现在眼前。我对同学们在师门群里的评论感同身受。"郑先生永远活在我们心中！""郑先生一路走好！""恩师千古！"是群里每一位弟子的共同心声。"学校对郑先生一生评价是高度肯定且客观公正的。我们每个人的成长都部分地

---

① 当师妹告诉了我先生走时的情景，我是这样回复的："你爸，真的是一位有情有义有担当有爱心的大男人，一辈子做人坦荡、率真，夫妇俩相敬如宾，弟子们看在眼里、记在心上，受用终身。我的老师，我的父亲也。学生终身怀念。"郑先生——弟子们永远的榜样。

② 摘自官方讣告：中国共产党党员、中国农业大学经济管理学院退休教授郑大豪同志，因病医治无效，于 2023 年 1 月 4 日 18 时 27 分在北京逝世，享年 90 岁。

郑大豪，男，汉族，广东中山人，1933 年 9 月生，1963 年 9 月入党。先后任经济管理学院助教、讲师、副教授、教授、博导，曾任经济管理学院副院长。1998 年 9 月退休，享受国务院政府特殊津贴。

郑大豪同志一生忠于党，热爱社会主义祖国，坚持四项基本原则，学风严谨，诚实正直，教书育人成绩突出，曾获"北京市优秀教师"荣誉称号。

2023 年 1 月 7 日

缘于先生学识和人格的影响，我们为有机会成为他的学生而感到自豪！（朱泽）"
"学高为师，身正为范。郑先生用他的一生诠释了教师这个职业的真谛。（罗颖录）""我们似乎也只能把哀思记在心里，化悲痛为力量，继承先生遗志，用行动来告慰先生。（史清华）"送别先生后，远在国外的师姐（刘延凤）的一句话"谢谢各位师兄弟送先生最后一程，你们辛苦了！"充分表达了同门的心声。

恩师，我之贵人。在出版专著《中国农家行为研究》（2009）时，我就曾对自己的三十年（1979—2009）作过一个系统总结，以"我的三十年"为题附于书后，其中"贵人襄助"部分有关于"恩师与我"的一段专门表述。现抄录如下：

郑大豪，我的博士生导师。郑先生为人耿直，待人友善，做事实在。记得我刚到校安顿下后打电话于他，不久郑先生就亲自跑到我的住地来看我，让我非常感动。要知道我已是一名工作多年的成年学生，本不需要这样关心了，但郑先生依旧这样做，给我留下极深的印象，以至于在我做了博士生导师后，个人风格中留有不少老师的影子。在入校后首个年度师生聚会上，郑先生郑重地向我的师姐师弟宣布："史清华可以不听我的，其他人必须听。"我当时感到非常惊讶，随即表示："他们可以不听您的，我则必须听。"实践证明，郑先生说这话是有道理的，对我这样一个工作多年、个性非常鲜明的学生来说，放手让我自己来管理自己是最好的选择。事实上，我也是这样做的，从论文选题、写作到出版、答辩等过程均我一人做主，导师给了我最大的自由。师从郑先生本意是要对自己特立独行的个性进行一些修正，但在郑先生宽松的管理下，我的这一个性不仅没有被修正，反而得到加强，显然，在我的自身塑造上，郑先生给了肯定的暗示。这一暗示不仅在学习期间有，工作后也依旧有，每当我的论文在档次较高的杂志上发表或获得某个奖后，郑先生总是第一时间打电话于我，表示祝贺。2007年，当郑先生听人说我的家中出了事后，他不顾70多岁高龄，携夫人亲到上海向我表示慰问。点点滴滴，导师的言与行，让我感到：选择郑先生做博士生导师当是我今生最大的幸福。当然，也是我的每一名同门的幸福。

——《我的三十年：贵人襄助》，2009

与今日普遍的导师带学生的规模相比，郑师门的人数规模实在有限，只有16人。民间有句俗语："兵不在多而在精，将不在勇而在谋。"我们的郑先生可能就有这一考虑，由他带出的学生个个"人中龙凤，马中良驹"，上至直接参与中央农村政策的制定，下至大学教书育人，还有直接在国外名校耶鲁大学就职的，师门中的每一位都是那么的优秀，让我自感成为这个团队中的一员应

第三篇 心存感恩

177

是前世的福报。我加入师门时应是郑师门最兴盛的时候，我们这一届也应是规模最大的一届，1996 级博士就有 4 位。为了我们的学业，郑先生可谓煞费苦心，十几万字的论文要一句句去阅读，一字字去核实，包括标点符号的审查，虽说专业相通，但毕竟还是有不

小的差异，对患有深度眼疾的先生来说，真的难为他了。在看到先生的简历时，方才知晓，我们毕业时，先生已退休（1998 年，65 岁），退休后还在为弟子们呕心沥血操劳着，这让我等追随先生从教的弟子感到汗颜。好在我们都正常按时毕业，没有一位给先生添堵，也算是先生的福吧！毕业时，师兄金彦平老师还专程从北京林业大学来为我们四位师弟师妹恭贺与送行，金老师无疑把先生亲自锻造的郑家门风不折不扣地传承了下来，这给我们带来了触动。良好门风永驻，成为郑先生留给我们的宝贵遗产。

人常说："儿行千里母担忧"，这在我的身上体现得比较明显，担忧者不仅有我的生身父母，还包括我的每一位师父（恩师）。郑先生作为我的博导，关心我完全类同父母，亲力亲为，事无巨细。我的父母去世早了点，母亲（1932—1997 年）在我读博期间就走了，父亲（1928—2004 年）也在母亲走后 7 年突然辞世，他们和先生算是同龄人，父母的走仿佛让我一下子由"宝"变成"草"，如歌词中唱的"没有花香，没有树高，我是一棵无人知道的小草"。但其实不然，填补这一空白的还有我的恩师。每当我回到先生家里，恩师总把我当他的"宝"，一口一个"小史"，让我倍感温馨与亲切，如同父母喊我的"乳名"，我也期望常回家看看，享受一下当"宝"的时光。但因工作、因距离这样的时光总是非常有限与短暂，遗憾的是，2018 年 12 月初的那次回家成为我们师徒最后一次见面。如今看着先生家的摆设，总有一种感觉：先生一直是那样坐着，一直是那样的慈祥。五年没见，依然如故。一般情况下，我差不多每年都要到北京一次，回先生家坐一坐，但 2019 年后，因这样那样的原因，就是没有再到北京，想来多么遗憾，也非常痛心。在这里，不孝弟子向先生说一声："对不起！"愿先生一路走好！您的音容学生当永记心中！您的风范学生当传承永远！

在先生走后，我特发唁电一份于其家人，现摘抄部分如下：

今天，先生走了，留给我的音容却宛在眼前；

今天，先生走了，留给我的严谨治学态度已在继承；

今天，先生走了，留给我的教书育人方式早已在行动中得到传承。

先生一生清风傲骨，严谨治学，让知识分子的尊严得已完好保留；

先生夫妇相伴一生，相敬如宾，相濡以沫，让我们的生活有了典范、有了楷模；

师徒相处，亦师亦友，先生从生活细微处着手，从学问高端处检阅，让这一关系得以永久。

缅怀先生，我当以行动告慰先生在天之灵，把先生做人与育人之道传承下来，让先生的精神代代相传！先生一路走好！恩师千古！

平安 VS 不安

每年的 12 月 24 日，都是一个非常特别的日子，不少人称其为"平安夜（日）"，对我来说则是降生日，有点喜庆味道。但 2022 年的平安日则不同以往，在我正享受着一个个祝福时，韩立民师兄的一条短信瞬间让我的心为之一颤，心绪也一下子由喜转悲，"张襄英老师去世了"。

张襄英，一个多么熟悉、多么亲切的名字。我读研时她任西北农业大学农经系系主任，且还是我的山西老乡，"老乡见老乡，两眼泪汪汪"，张老师见到我后表现得格外亲切。我虽不是张老师名下的学生，但张老师从来不在乎这些，每当我回到西农，她都能够一眼认出我，并用她那特有的乡音，微笑着唤一声"清华"，让我感到那么的温暖、那么的亲切。张老师是山西万荣人，我是山西襄垣人，虽说两地直线距离并不远，一个晋南，一个晋东南，但在太岳山的阻隔下，20 世纪 80 年代，两地人要见个面，一天时间是不够的。晋南人跑西安和晋东南人跑郑州是一样的，只不过一个朝西，一个朝南。所以，在西安见到山西晋南老乡，再正常不过了。我到西农去读研，不是西农给的入学通知，而是宁夏农学院，我属于宁夏农学院"寄养"在西北农业大学的学生，也是宁夏农学院农经系教授麻高云先生将我等亲自送到西农的①。但时任西农农

① 在那个慢速年代，从银川到西安去，一路费时费力，购票就是一大难题，我们买的票只能到达兰州，兰州到西安就只能另想办法了。我们算是有福之人，宁夏农学院农经系正好有一位学长王国庆老师，其父在兰州铁路局任职，我们在王伯伯的协助下搞了三张通勤票。在吃了王伯伯为我们准备的午饭后，我们一行三人由王伯伯亲自保驾护航，顺利搭上由兰州开往西安的火车。在此，特向王伯伯表示衷心的感谢。

经系系主任的张襄英老师可不管那么多，只要是西农农经系的学生，都一视同仁。那时西农的农业经济管理专业在全国属于翘楚地位，农经学科研究生培养质量在全国高校中遥遥领先，故"委培生""寄养生"[①] 等各种类型的学生非常多，我们全班 18 人，这类学生就有 4 位。西农的包容与大度，在全国农经学科中也是出了名的，从西农走出去的学子，在中国农业政策制定和高校学科建设中发挥重要作用的比比皆是。每一位在读学生，看了资料室收藏的学长学姐撰写的学位论文都有一种"难以逾越的恐惧感"，厚达上百页的硕士学位论文堪比今日的博士论文，至今我的书柜里都还收藏着师兄们的学位论文。能够从西农毕业真的不是一件容易的事，可学生们也真的全部按时毕业了，这离不开张老师的领导有方、离不开西农很早就拥有国际化视野的教授们，在方向和行动都"对了头"的情形下，学生们做的研究自然就与学科前沿联系在一起。虽说学校很少有获取学位必须发多少篇 CSSCI 论文的规定，但细查，这些从西农毕业的学生好像都会发论文，且发的档次都比今日学校要求的高，只不过有的不是在读研时，而是毕业后。西农主抓育人方法，正是今天毕业学子们能够高质量持续发展之根本。宽容的领导艺术、国际化的育人视野以及德行高尚教授的严格把关，是保障西农实现农经学科全国领先的根本。

张襄英老师离世的噩耗传来后，我心里的悲痛久久难平！要知道，张老师可是一位爱（学）生如子的人，我们 20 世纪 80 年代在西农受过教育的每一位学子在听到噩耗后，都第一时间向学院、向在校老师以及在各自班群中以自己特有的方式表达了对张老师的哀思。"张襄英老师是大大的好人，真正的恩师。当时在校时对我们关心的样子，还记得深切。（姜长云）"姜同学的话同样是我们的心声。张老师，不仅是一位好领导、好教师，同时也是一位好妻子、好儿媳、好妈妈。作为领导，她认真负责，亲力亲为，在她担任系主任时，西农的农业经济管理学科被列为国家重点学科，研究生质量评估全国第一；作为教师，她以身作则，授课风趣幽默、启发性极强，很受学生欢迎，指导的 40 多位研究生也人人成才，个个优秀，因此她还荣获"三八红旗手""优秀博士生指导教师"等称号；作为儿媳，她协助丈夫，侍候婆婆长达 17 年（1988—2004 年），孝心可敬；作为妻子，送走婆婆没多久后，丈夫于精忠先生突然中风，行动困难，张老师又尽心尽责照顾 10 年（2004—2013 年），完美诠释了什么是中国传统的贤妻良母式的优秀女人，令人敬佩；作为母亲，张老师在关

---

① 在这些"寄养生"中，有的仅读课程，有的既接受课程培训，又要拿西北农业大学的硕士学位，以至于学校在计算校友时为此还专门做了一个说明。

爱孩子的同时，也以同样的行为关爱着她的学生们。张老师对我——她的老乡，更是关爱有加，待我如子。我每次出差回到杨凌也一定会去看望一下视学生如子的张妈妈。在这里，请允许我以"儿子"的身份，再唤您一次"张妈妈"，愿张妈妈一路走好！您的音容孩儿当永记心中！您的风范孩儿当传承永远！

睹物思情 VS 饮水思源

研究生毕业后，我的首份工作是在一个研究所①做实习研究员。在 20 世纪 90 年代初期，走上工作岗位后，尽管自己是研究生毕业，但对研究的理解还相当粗糙，甚至连一份调研报告都写不好。但我有福，很快就得到几位前辈研究员的提携和帮助，让我对科研的信心和勇气迅速提升。因为我刚来所里，是为数不多的研究生，研究员们需要助手，期盼合作——这是当下人的心态；而事实上，他们本身就具备一颗伟大的爱心，爱才、识才，有育才之心，对青年人倍加呵护——这就是那时研究所的所风，我遇到的环境。所以，离开研究所 20 多年，我从没有把自己与研究所分开，也依旧和所里的同志们保持着良好的关系。

但就在 2023 年初，我从研究员周广心老师女儿处得知，老人家已走，且已走多时，心里无比悲痛。要知道，周老师是我科研事业的引路人，我的第一个部级科技进步奖（1993 年）是跟着他得来的，第一个省级科技进步奖（1995 年）也是跟着他得来的，入职研究所后首次赴母校西北农业大学参加国际农业保险会议（1992 年），给予我资助的就有他②，我的高光之路开启同样有他的贡献。在科研上，有三项工作必须学会，即选题、写申报书和出色完成项目，周老师为此手把手地教，同时也把我引荐给一些重要的人物。如自然资源部的一位副部长，当年在我们进行土地分等定级研究时，他还是国家土地局

---

① 研究所当时全称：山西省农业科学院农业资源综合考察所，1979 年成立。

② 那时的我，就像一个讨吃（家乡话，意为"乞丐"），见人就要东西，脸皮很厚。我们的老同志好像也没有在意，要钱，给，要物，让我自己拿，甚至要借办公室，也把钥匙配一把给我，让我随便进。他们像满足自己孩子的要求那样无条件地支持着我。他们的这些行为对我有很大触动，后来带研究生时，我的研究生人手一把可以随时进出老师办公室的钥匙。美其名曰方便工作，实是增强同学们的被信任感。遇到学生或同事因经费困难不能参加会议之类，我会主动设法解决，我的这些行为的养成与所里老研究员当时对待我的行为有很大关系。我的借办公室行为也一直延续到今天，到上海工作后，先后借过小区居委会同志的办公室、校长助理的办公室、校特聘教授的办公室，因我的办公室离家甚远，为了错峰办公，为了晚上加班方便，同志们理解并不遗余力地支持我。在此一并感谢！

第三篇 心存感恩

的一位副处长，他人很好，对我们的研究也给予了高度评价，我们的研究成果也成为当时全国七个试点县中最好的，获得 1993 年那届的最高奖"国家土地局科技进步奖"二等奖，只不过我个性太强，想找自己的研究方向，背离了土地，否则能沾光不少，现在想来有点辜负周老师的良苦用心和细心栽培，但不管怎么说，周老师，我的科研恩师也。睹物思情，每当我看到工作初期的那些证书，就不由自主地想到交大的校训：**饮水思源**。作为一个人，饮水思源当是永远的行动指南。愿周老师在那边过得好！您的恩情学生当永记心中！

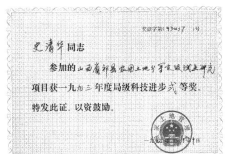

在和周老师女儿的交流中，顺便又了解了一下所里以及院里老同志们的情况，结果得知还有两位我的中国农业大学农经系校友、生活中的一对伉俪，也已离我们远去了。姚明亭，我们研究所的老所长、老书记；李玉玲，我们农科院计财处的老处长。他们俩一个是河北枣强人，一个是山东金乡人，相逢在北京农业大学农经系（1959—1963 年），是同班同学，毕业后响应党的号召，1963 年 9 月结伴来到太原，在山西农业科学院一干就是一辈子。可以说，为了山西农业科研事业的发展，二位不仅奉献了自己的青春，更把自己的一生留在了山西，不看档案没有人会认为他俩是外乡人，认同山西、为山西服务已成为他俩毕生的追求。作为山西人，我们应当对二老的努力表示衷心感谢。谢谢姚所长，谢谢李处长，谢谢二老对山西的奉献，山西人感谢你们！辛苦了，一路走好！

看着他俩的档案，一个研究员 6 档，工资 634 元，一个研究员三级，工资 484 元，自然会想：他俩到底在追求什么？可以肯定地说，不是为了金钱，如果是，档案工资看着都让人心酸。也不是为了加官晋爵，他们那个时代的大学生，多么稀缺，升到处级就停下来，也只能说是个干事的。在即将告别人世时，老姚还再三叮嘱子女，不要通报院所，以至走后多天，所里、院里的同志都不知他俩已走，等人们知道后，都发出一声叹息。不求人、不麻烦人，夫妇齐心，和睦相处，与人为善，成为二人在山西生活与工作的真实写照。是啊！对他俩来说，结伴而来，结伴而走，应算是成全了圆满的一生，但对子女、对同志们来说却是一个难以接受的现实。瞬间这个家就没了，也太意外了。姚李二位，不求高官厚禄，只求岁月静好，脚踏实

地，做好自己，永远是晚辈学习的榜样。在他俩退休后，我曾到他们家中看望过几次，每每和二老交流，都能感觉到他们的表里如一。从他们身上我学到了"做好自己，是我们前行永远的方向"。

　　研究生毕业时，我拿到的工作录用函就是姚所长签发的。在 1989 年入职研究所后，姚所长想尽一切办法给我们青年研究人员创造提升机会。带着我们参与项目研究，资助我们参加学术会议。1995 年，母校中国农业大学 90 周年校庆，姚所长参加完就给我们青年学子带回了一个重大利好信息——可以通过申请，免试去中国农业大学攻读（硕）博士学位。也正因此我实现了人生的重大转折与提升。李处长，虽说在院机关工作，也积极引导我们青年人投身科研事业，入职后由我组织的首个省级科研项目就是在李处长的引领下完成。李处长虽然是主持人，却让我全权负责，使我在她的羽翼庇护下过了一把"见习主持人"或"副主持人"的瘾，也许是经历不足，也许是能力有限，项目成果最后只获得一个省级科技进步三等奖（1998 年），有点辜负李处长的一片栽培之心。但李处长从来就不这么看，对我除了表扬就是鼓励，正是得益于此，我日后的科研之路走得顺风顺水，至今主持国家级项目 14 项。在攻读博士学位和主持科研项目上，姚所长和李处长二位的资助与有意栽培之恩，我当永远铭记在心。愿二位恩人天国相会，一路结伴走好！

恩师，您慢慢走

　　恩师一个个离我而去，不再为我保驾护航了，亲人、朋友也有跟着走的，不再陪伴我了，真的没有什么比这更让人心痛、更悲凉了。苍天啊，你睁睁眼吧，请不要再这样了，否则人间会凉透的，他们都是好人呀我们还期望他们保

驾护航呢。当然，遵从自然的我们也应充分认识到："人总是要走的。"行动上的保驾护航他们确实再不能做了，我们应当理解，因为我们也长大了，该是到了他们放手的时候了，但思想或精神上的保驾护航他们依旧在做，我们要时刻准备将他们的思想或精神发扬光大，让身体的孤独与精神的丰满贯穿整个人生，这才是今天我写作的本意。

点　绛　唇

望着山丘，野外新冢添几多。

谁来引路？明月清风我。

哭声一片，无唱也免和。

还知么？自从少您，

星月真孤独。

恩师，您一定要慢慢走！

2023 年 1 月 5—15 日

附录一:
我的安泰情结(2002—2023 年)

注:此文是我在安泰百年校庆时(2018 年)写的。原文名——"我的安泰十六年",稍做修改收录本书,并对近五年(2018—2023 年)作一补记。

2018 年是上海交通大学安泰经济与管理学院建院一百年,学院发出号召,请老师们、同学们、校友们借这个吉庆日子,写点什么,以资纪念。我感觉,学院的号召非常好,也非常及时。无论是从这个学院走出去的,还是继续留在这个学院的,无论是在这个学院工作或曾经工作过的,还是在这个学院求学或曾经求过学的,无论时间长短,无论工种差异,无论收获多少,都或多或少有话可说,好与坏、对与错,全在你的感觉。我想这大概就是学院号召之本意!百年院庆,固然是对历史的一种纪念,让校友们在院庆时返校,听听老声音、见见新面貌,但更多是对未来的一种希冀,让校内校外的安泰人,借院庆之际,共襄安泰未来。

本着这样一个想法,也应学院之号召,将我与安泰十六年写于此,请大伙儿批评指正!

安 泰 与 我

安泰是我工作转型后的一个新的重要职场,也是我开启江南人生的福地。在来安泰前,我曾在山西省农业科学院的一个研究所工作十年有半,之后又到浙江大学从事博士后研究廿三个月,两者相加也就十二年多点,而从 2001 年底被引进到安泰管理学院,屈指算来,快十六年了,从这个角度看,说安泰是我人生中最重要的职场,当能说得过去。安泰的包容与我的执着,让我在安泰体会到当一名教师的荣耀与价值。

走 进 安 泰

我是一名拥有深厚"农"字背景或烙印的学者,从大学到研究生,从首份工作到博士后研究，都或多或少与"农"字相关，农业大学、农学院以及农科院，就是我的背景。而从交大引进人才的思路出发，对拥有"农"字背景者有一定的"看法"或"偏见"①，既想又不情愿，有一种"幌子"思维。安泰之所以愿意引进我，显然是因有光鲜亮丽的浙大牌子在。我的引进面试同样没有脱离"农"字背景。2001 年 7 月中旬的一天，时任安泰一把手、王方华院长与潘敏书记，正好要到七宝校区来，故入职面试地就选在七宝校区，选在原上海农学院农经系办公楼 4 楼的一间会客室内。有顾海英老师选定，我的面试显得十分简单，几句寒暄②，前后也就十多分钟，我入职安泰的事宜就基本敲定。

现在想来，那个"面试"场景仍历历在目。

王院长："你之前带过什么课？能带什么课？"

我："之前我在研究所工作，没有做过一天教师，也没有带过什么课，也不知有什么课可带。"

王院长："你能为交大做点什么？"

我："我也没有什么特别的本事，但是，在顾海英老师和于冷老师等配合下，在交大跨越式发展理念的支持下，我相信，引进我，一年内可以把（农业经济管理）博士点拿下。"

王院长："你有什么期望？"

我："我不谋官，不谋钱，一把椅子，一张桌子，够了！我没有那么大的奢望。"

王院长："你还有什么要求？"

我："有一个小小的要求，我想参加学校的人才引进面试。"

王院长："这个就不必了吧！安泰之前选送的人，参加学校面试一个都没有成功过。"

之后又寒暄了几句结束。整个过程中好像潘书记没有发什么言，一时记不起来了。

---

① 他们的这一看法可用一句民间俗语概括：**"既想吃油糕，又怕腻了嘴。"** 被合并到"综合大学"的浙江农业大学、上海农学院以及宁夏农学院（均为我的母校或工作地），在新浙江大学、新上海交通大学以及新宁夏大学的十多年的发展历程也验证了这一点。

② 一个小插曲：面试安排在下午进行，我早于两位领导到达七宝，在师兄卓建伟及早先已认识的于冷先生陪同下，中午一块儿就餐，完后回到农经系办公地，边聊天，边欣赏这里的环境，还点起了一支烟。正在这时，说院领导来了，叫我过去。习惯性地就夹着烟走到两位领导面前，我的面试就在烟雾中进行。现在想来实在有点不太恭敬！当然，这与顾老师的安排注重自然性有关，让我放松了精神。同时，也让我从另一角度了解了当时安泰领导之宽容。

我从七宝"农门"走入安泰，在同行眼里算"高攀"①，在我心里，却是一片新天地的开启。

　　从引进我开始，安泰农经有了"农业经济管理"博士培养点（2003—2010年）；

　　从引进我开始，交大文科有了"市级优秀博士论文"；

　　从引进我开始，新的农经人再没有入职过安泰。

　　亦喜，亦悲！这就是历史！

感 知 安 泰

　　说到感知安泰，因这样那样的原因，不同的安泰人会有不同的切入点。2001年12月入职的我，毫无疑问，是一个纯粹的安泰人，但却与农学院联系在一起，成为一名从七宝农学院走进法华镇的安泰人。起因自然与引进我到安泰的农经系有关。2001年底，我被引进到安泰来，事实上，从吃住到办公，最初都由农经系的老东家——农学院来协调解决，我租住在七宝校区宝南路10号教师公寓302室，办公被临时安置在七宝校区的文科楼4楼，在这里一待就是半年多。因我即将要出国访学②，完全认同学校或学院的这种安排，但这半年多的七宝生活与工作给我留下极深的印象。七宝农院人的美德让我再一

---

　　① 说高攀，也对。拥有明显缺陷（外语听不懂，国语讲不明，只会"清华语"）的我，能走进这个"高大上"的学院，当然属于高攀。但我选择安泰却无此意。要知道，南京大学、浙江大学给我开出的待遇不低于交通大学，90平方米的"硬通货"摆在那，交通大学尽管也给我配备了10万元住房补贴，但分10年按月给。以闵行交大附近区域房价计算，在2002年，1平方米需要3 000元，一年的补贴也就4平方米，当时间推进到2012年，这个钱可能只够0.5平方米。如果说一次性给，还能够补贴33平方米，分年度补贴充其量不到20平方米，你说我何苦来哉？这还是以"闵大荒"为例，若以交通大学注册地徐汇计算，10万元补贴，一次性给，换算成房也就10平方米不到，若分期给，可能只有1～2平方米。选择安泰，正如与王方华院长的对话展示的那样。我真正看中的是安泰农经博士点的"空白"，这意味着拥有农经发展之天时；看中的是安泰领导层对顾海英领导的七宝农经团队的支持，这意味着拥有农经发展之地利；看中的是安泰拥有顾海英、于冷、卓建伟等为人谦和、易于合作的专家，这意味着我拥有独创一片天地之人和。在天时、地利、人和齐备的情况下，2003年交大农经博士点得到全国农经界大佬们的全票支持。尽管按照教育部规定，安泰农经的申报属于破格，但获中则实属正常。没有担心，也不意外。

　　② 在办理手续进入交大安泰前，我已办好到澳大利亚悉尼大学农经系进行为期3个月访学的一切手续（正式出行是2002年4月26日，归来是当年7月26日）。这一计划在正式办理入职的过程中，又遇波折。按照交通大学当时规定，一个新入职者，由于在校工龄不足两年，学校不予放行。最终经过我几番交涉，经历了一些周折，才得以成行。

次深深体会到：**我对农院有着一种割舍不断的情结**①。无论是农院的后勤服务②、安保服务③，还是农经系里每一位同仁的表现、给予我的热情关怀与细致帮助，都让我有一种回到"家"的感觉。从农经系举办的"接风宴"上，我充分感受到：**农经系是一个特别团结与非常友善的群体**。农经人的每一番言辞、每一个举动，都让我感到那么的舒服、那么的愉悦，好似久别的亲人再见面。我不仅从他们的眼里看到殷切的期望，更体会到他们的热情援助。那天的我似乎也忘记了自己能吃几两干饭，由"四眼"变为"两眼"，怎么从酒桌回到住地，一概不记得了。说实在话，我在七宝的生活时间实在太短，与他们交往也非常有限，但这群农经人似乎不在乎这些，予我以热情接纳，我对此完全认同并十分感激，在这种接纳与认同中，我们之间的关系好比一坛酒，时间让它变得醇厚、变得更有味道。

感知安泰，学会做老师，当是我进入交大的首要任务。我深知"**隔行如隔山**"，从一名纯粹的研究学者，走向教书育人，走向为人师表，当是有一定难度的。故在转行之际，便把自己的定位降至一名"学生"，从了解学生生活做起。在出国归来的新学期，便向系主任顾海英老师提出，担当了系里最后一届农经本科班的班主任。四年的班主任工作，不仅让我体悟到如何做好一名大学教师，更让我领悟到与青年人打交道该具备哪些素质。与此同时，受自身条件影响，在院系领导认同下，我的大学教师行是在不承担本科教

---

① 农院是我之根，从本科求学的山西农业大学，到研究生再造的宁夏农学院、西北农业大学、中国农业大学，从首次工作的山西农业科学院，到博士后工作地浙江大学华家池校区（原浙江农业大学），再到二次就业地上海交通大学的首个落脚点七宝校区（原上海农学院），可以说皆是农院。父母期盼我"跳农门"，为人之子，经过几十年，也终难兑现。命矣！

② 农院的后勤给予我的服务虽然时间不太长，只有半年，但已足够让我记忆一生。当时我租住在宝南路10号的302室公寓，由于三个月出国未实际居住，在结算房租时，管理者在咨询了我的收入及其他情况后，特意给我免掉3个月房租。让我感觉到农院人具备的一种特殊情怀。不是少要钱就是好，而是管理员酌情处理这一件事的情景，让我再次体会到所待过的农院皆拥有的这一美德。

③ 七宝的安保本应与我没有多少关系，但恰恰在我刚到上海、人生地不熟之际，老家山西一朋友之女被拐骗到上海闵行曹行（电话号码所在地显示），求助农院七宝派出所魏德福警官，魏警官没有多言，紧急驱车直奔事发地，尽管我们查到了那个电话，确认有一操外地口音的女子使用了这一电话，但无奈人已不知去向，我们只好作罢。以魏警官为代表的上海安保人员给我留下的印象，让我充分感知到，我的二次就业选择应是对的。

学任务中开始的^①，但对于其他事务，都尽力参与，特别是一年一度的本科生毕业论文指导工作，我义不容辞地担当着指导教师。尽管最初几年由我指导的本科生，均是由并校继承过来的、原上海农学院农经系招收的学生，这些学生被认为"水平有限"，无法与正规交通大学的学生相比，但实际情况并非如此。经我指导的本科毕业论文，有数篇在经过压缩并修改后，成功地在正规期刊上发表。同学们的这一表现让我固有的观念：**"没有差的学生，只有不合格的教师"**，得到验证与强化。"教学相长"，我在实践中获得了一个好的开端。

2002 年 9 月，农经系正式由七宝迁入法华镇，大家一块儿生活、一块儿工作的场景似乎不再。整建制的一个处级单位，20 多号人在进入交大安泰后被拆分重组，有的被分到安泰别的系任教，有的被安排到职能部门任职，个别人直接被调出安泰，留在安泰农经系的人不足原先的零头。新组建的农经系，虽说只有 7~8 人，但拥有教授 3 名、副教授 4 名，外加一名系秘，当是安泰一个十分精干的，且凝聚力非常强的系。

2002 年也是安泰历史上极为耀眼的一个时间节点。这一年的下半年，安泰在交大率先开始了年薪制改革。这很自然地让人联想到 25 年前的中国农村改革：人心振奋，激情澎湃。严格地说，安泰年薪制是一个做加法式的改革，很少有人反对，故大伙儿的心往一处想、劲往一处使，安泰由此也进入了一个快速发展的通道。

尽管随着安泰改革向深水区迈进，特别是末位淘汰制的引入，一些不和谐声音开始浮现，但总体看，"扭着秧歌，扎着领带，唱着国际歌"的安泰，改革推进是好的。经过 16 年的努力，包括国际商学院协会（AACSB）、欧洲质量改进体系（EQUIS）、工商管理硕士协会（AMBA）在内的三大国际认证相继通过，在国际化办学理念支撑下，交大被列入 2017 年教育部公布的世界一流大学和一流学科（简称"双一流"）建设名单，安泰助力交通大学实现货真价实的"双一流"。安泰的努力可用一句话来概括：**"前途是光明的，道路是曲折的。"**

---

① 站上大学讲台是我进入交大三年后的事。2005 年教育部下达的一纸新规（教授必须为本科生教学服务）让我这先天语言表达有缺陷的教授很无奈，院系领导让我试着讲，同时也正好有一位主讲消费者行为学的老师要离开安泰，故硬着头皮接手。说实在话，我不是演讲能力不行，而是使用标准化语言表达的能力不够。按照现今规定真的是一位不能站上讲台的教师，或是一位不合格的教师，但恰恰生活中就存在这样的人，且还待在大学里，拥有大学认定的教授头衔。在指导研究生方面，肯定没问题，但在讲台上给本科生讲一些课程，可能真的有问题，特别是面对今日大学之情形，"挑剔"的学生让我这位努力做一名"优秀教师"的教授，始终未能如愿。

在我的感知中，十六年间安泰的变化大体可分两段：一是引领改革的 9 年（2002—2010 年），安泰的改革当属于引领式的，在既定方针的引领下，兼顾国内"生根发芽"与国际上"开花结果"，取得了突破性的成果，三大国际认证相继通过，国际排名也节节攀升。二是顺其自然的 8 年（2011—2018 年），安泰的改革当属于自然式的，这一时期的主流方向是让每一位员工都自觉自愿按照自己的理念去发展，学院很少去"干扰"。在这一理念的作用下，在这一轮教育部学科评估中，安泰"工商"和"管科"等两个参与评估的学科一举拿下 A＋和 A 的好评。同时在教育部"双一流"建设中，交大国际化的学科"商业与管理"与北京大学一同位列教育部"一流学科"建设名单中。但不可否认的是，高速运行下的安泰，考核制度的不适应、扭曲或功利化，让一部分还有进一步发展空间的青年教师过早地安于现状，放弃希望，对学院、对教师本人，无疑都是一大损失。当然，出现这一现象也不能独怪制度，教师个人心志也很重要。至少从我个人角度看，是这样。也许是我的个性太倔强，也许是院领导对我太宽容，在个人发展方面，我保留了太多的自我，不管不顾、积极努力，让我的"华村一家"团队得以在夹缝中成长。在此，特别向两位院长王方华和周林先生道声感谢：谢谢您二位十六年来对清华的理解、宽容与支持。

遥想进入安泰之初，我本是冲着农经发展而来的，但安泰农经本科招生却进入了尾声。2002 级农经专业本科班成为上海交通大学历史上一个非常有纪念意义的班级，因为之后这一本科专业停止了招生，对我来说是好还是坏，真不知该如何评价。内心有不爽是肯定的，但又无法表达，一来自己根本就没有任何教学经验，二来对农经学生的感知也是从前记忆中的，更主要的是，到底对农经这个专业有多少喜欢，也真的说不上来，但"空落落"的心情，却是实实在在的。好在，我加盟安泰农经前由顾海英教授牵头制定的跨越式农经研究生发展计划依然在正常运行，2003 年国内农经界大佬们的全票支持让这一计划如期实现。一个替代本科生培养的研究生培养计划在安泰拉开序幕，研究生们的到来也真的填补了我们的空虚，只是人数规模小了点罢了。由于安泰首届研究生均属"羊"，由此正式开启了我的安泰"牧羊人"生活。

在全系精诚团结、齐心协力下，农经团队的研究生培养工作做得有声有色，虽不能说在安泰有多么风光，但学生们的积极努力和老师们的认真负责，让我充分感受到**"一个也没有掉队"**是一种什么样的滋味。现在细想起来，这一切的感知都源于一个字——"风"。农经系无论是本科生培养，还是硕士生或博士生培养，"风"字建设做得都是比较到位的。从教风到学风，从为人师表到尊师重教，农经系这么多年来，做得都很到位。"风"字建设从某种角度看是农经系学生取得良好业绩的关键。当然，安泰农经团队人际交往友善、相处和谐团结也是核心。有了老师们这一"上梁"正的作用，作为培养对象的学生是会跟着来的。**我们也深知，安泰农经的发展，从师资力量，到学生规模，都被严格控制，唯有精诚团结、心系一处，以打造精品为核心，才能让这个团队在安泰站稳脚跟，在交大求得生存，在全国赢得好评。**但遗憾的是，我们的这些努力也只能是一个"梦"。从学校决定农经本科停招，到我们努力争得博士培养点，再到农经博士点被取消，是我们不够努力？还是社会真的不需要，我们的"产品"滞销？显然都不是。我们唯有认"命"。但作为一名农经人，我始终相信：**"天无绝人之路"。**十六年来，尽管有着一次次失望与辛酸，但也有着一次次超越与兴奋。为了农经的生存，也为了我个人事业的发展，对学校、对学院，我做过无数次抗争，尽管成功希望渺茫，但心是安的。不管怎样，在安泰百年庆典到来之际，还是要对安泰前后两任院长的支持，再一次说声"谢谢"。我在安泰能有今天，校院给予的宽容、同事给予的友善、同行给予的支持、同学给予的信任，一个都不可少。当然，这可能是我前世修来的，我将这划入"三生有幸"之列。写到此，突然有一首打油诗自思绪中流出，记录如下：

安 泰 农 经 赞

铿锵三人行，农经有你我；
风从上边来，行在大地中。
农题供吾选，问道在田野；
百年安泰榜，短暂亦辉煌。

荣 耀 安 泰

我的同龄人及更年长些的人，对单位都有一种特殊的感觉，这种感觉通常可以理解为"以单位为荣"。在这群人中，信奉"工作第一，生活第二"的比例尤其高，把单位当作家来对待，爱单位胜过爱自己的家。今天听起来可能有点荒唐，但却是真实存在的，也许是那个时代的产物，也许是教育的结果。我虽然属于接受改革开放后新教育的学者，但骨子里依旧存在这种思想：**"吾爱安泰胜似吾家。"**所以，以安泰为荣，为安泰工作，为安泰培养优秀学子就成了我进入安泰后的神圣使命。荣耀安泰也由此成为我生命中的重要任务。

记得在 2014 年纪念交大安泰学院恢复建院卅周年的一个活动中，我曾写了一篇题为"安泰农经人之担当与职责"的短文。尽管此文写于安泰恢复建院卅周年之际，但与今日纪念安泰百年的荣耀心情是一致的，只是数据需要更新（为了保持原貌，用注释补充），故略做修改抄录如下：

在全院师生怀着激动的心情喜迎上海交通大学安泰经济与管理学院恢复建院卅周年的大喜之日，作为安泰的新军，我们安泰农经学人也迎来了自己特殊的节日——"农业经济管理学科博士学位授予点建点十周年纪念日"。正是 10 年前的这一天，交大安泰农业经济管理博士学位授予点被教育部批准正式进入了招生议程，开始以"农业经济管理专业"为名对外招收博士研究生。

在纪念安泰恢复建院卅周年之际，学院倡导以多种理念、多种方式，来庆祝这个安泰人的节日。作为安泰的新军，安泰农经人对此予以积极响应。但我们也自知，在学院的发展史上，农经学科的贡献有限。既不能与老大哥"工商管理"和"管理科学工程"相媲美，亦无意与同属安泰新军、建立博士培养点还晚于农经的"应用经济学"论高下。安泰农经博士点，尽管在安泰历史上存在时间有限，只有短短的 8 年（2003—2010 年），**但它给安泰、给交大、给上海乃至整个长三角地区的农经学科发展却带来了一种新的风尚、一种新的理念、一种让人不能不信又不得不服的精神。**安泰想要的，农经点无法保证能够提供；但农经点给出的，绝对是安泰之前没有的。之所以如此，让我们从农经学科之担当与交大农经之发展说起。

一、农经学科之担当

农业经济管理学科不同于一般学科，它是一个集社会、经济与管理等多门学科于一体的综合性非常强的学科。在传统农业经济时代，这一学科担当着安定国家社稷、和谐民众生活之重任，堪称"国学"。试想，作为一国的执政者，最需要树立的理念是什么？从古之《管子》到今之粮食安全，莫不透出一个基本理念："**手中有粮，心中不慌①。**"我们在中学时代就学过，"枪杆子里出政权"，实际上，"米袋子"的重要性不逊于"枪杆子"。尽管在市场化推进下的今日中国，作为国之利器的粮食似乎已进入普通商品之行列，但它在执政者眼里，又何曾真正成为过商品？其国之战略资源的特性又何曾被丢掉过？粮食生产的基础——土地问题，不仅是一个农经学人所要研究的基本问题，更是执政者殚精竭虑地思谋的问题。从这个角度看，农经学科培养的恰是关系一国社会

---

① 按照习总书记在十九大报告中的话说："确保国家粮食安全，把中国人的饭碗牢牢端在自己手中。"

稳定与经济发展之栋梁。从农经学科走出来的人首要职责就是为国家政策的制定与推行出力。这一学科也被称为是"当官"的学科。

从学科发展的角度看，农业经济管理当是所有社会学科之母。即使是今日在人文社科领域独领风骚的经济学学科，其原型很典型的也是农经学科，这可以从经济学鼻祖亚当·斯密的《国富论》中找出充分的证据。经济学学科可以说是来自农经学科，又在此基础上进一步升华，形成了今日有别于农经学科的一个更具体更重要的学科。说它来源于农经，是因为它的许多经典案例都与农经学科相关；说它高于农经，是因为它把农业经济管理中的经济学部分抽出并深化。尽管我们知道，今日全球大学中使用"农业经济"这一名称的系或院规模正在萎缩，但农业经济学科在一国社会稳定与经济发展中的作用依然是无法替代的。经济学科固然重要，但它依然不能替代农业经济。**有的人把农业经济说成是部门经济或行业经济，恰恰犯了认知大忌。农业的核心产品：粮食，其国之战略资源的特性注定了农业经济不是一个简单的部门经济。生产粮食的基础：土地，其财富之母的特性注定了它与其他生产要素不能等同。**事实上，有关土地之争夺从来就是人类战争之根源。有关土地管理之制度从来就是一国制度之核心。由此，培养专门的"农业经济管理"人才对一国社会稳定与经济发展具有重要的理论意义与现实价值。

尽管在改革开放政策的推动下，经历短短三十多年，中国社会已发生了重大转型，成功地实现了由农业社会向工业社会、信息社会的演变，从国民经济的贡献角度看，农业 GDP 的份额呈快速大幅下降趋势，由改革初 1980 年的 30.10%降至 2010 年的 9.53%[1]，似乎意味着农业这一传统的立国之本，在中国正走向衰弱，但换个角度看，在国家城镇化政策的推动下，由农村集体土地演变而来的城市国有土地，和进而形成的规模庞大的中国房地产及城市群，其价值在中国国民经济中的份额应当相当可观。尽管至今没人进行过细致的估量与测算，也没有人把这一贡献算在"中国三农"的头上，但它却是实实在在的农业贡献或"三农"贡献。

尽管谁都知道，"三农"问题是中国社会最基本的问题，"三农"的发展是中国社会最核心的发展，但与"农"字相关的人与事却往往处于"被歧视"与"被边缘化"的地位。从事农业的农民是弱势的，诸如二元户籍的制度性歧视至今未有根本性改变；与农业相关的研究学者也被认为是没有多少前途的，被边缘化成为常态；作为涉农学科的重要组成，农业经济学科在综合性的高校，

---

① 据国家统计局统计数据，到 2016 年，这一比重进一步降到 8.56%。

亦得不到重视。尽管在新一轮学科评估中浙大农经学科位列全国首位，暂时保住了一点颜面①，但交大农经则没有那么幸运。尽管在 2003 年全国学科组同仁全票通过认可了交大农经跨越式的发展理念，交大农经人也用十二分力量把这一学科带上了一个很好的高度，为交大文科发展立下汗马功劳，但交大农经依旧没有保住自己的生存权，"存活"了仅 8 年后，2010 年，交通大学的"农业经济管理"学科走到了它的终点。

在短短的 8 年发展中，安泰农经人始终记着自己的担当与责任，兢兢业业，勤勤恳恳，以一颗简单朴素的心履行着自己在全国学科组同仁面前的承诺，对百年交大、对而立安泰②，农经人做到了问心无愧。尽管在这样那样的发展约束下，我们的业绩还不是那么太骄人，但拿出来也对得起自己的良心。这些业绩尽管在学院恢复建院卅周年的总成就中微不足道，但有限的业绩也许会给学院恢复建院卅周年带来一些别样的感觉。能让大伙儿记住，安泰农经人努力过了即可。

一个学科的发展能否成功，关键在于学风的建设。而学风建设的关键又在于学科建设的把关者——教师之德行修炼。尽管在物欲横流的今日，每个人都会或多或少地受到影响，但拥有一颗执着之心的安泰农经人，把"农院之美德"完整地带进了安泰。无论是挂名"工商管理"或"应用经济学"招生，还是以自己学科"农业经济管理"名义招生，拥有丰富求学与治学经历的安泰农经人都深知带好研究生的关键在哪里。我们**"把学风建设作为治学之本，把团队发展作为治学之根，把兴趣培养作为治学之精"**。经过十多年的努力，我们打造出一支富有特色的"华村一家"研究团队，创建了一个实力不菲的"顾海英工作室"，为"嫁女"随来的"上海交通大学农村经济研究所"做强做实奠定了坚实基础。尽管我们的团队在安泰不是最强，只有区区三位博导，但结构有序合理。学科带头人顾海英女士，统管全局，在农村问题上有着深厚的研究积累和较大的发言权，为国家社会科学基金学科评审组专家，国家发展和改革委员会价格专家咨询委员会委员，第四、第五、第六届上海市人民政府决策咨询特聘专家，国务院特殊津贴获得者，上海市三八红旗手。学科支撑者于冷先生，专司农业，在农业标准化与农产品价格研究方面有较深造诣，为 2009—2013 年教育部新世纪人才计划的获得者，被农业农村部聘为市场预警专家。

---

① 2017 年的学科评估，浙江大学农经学科再度被评为 A＋，成为浙江大学 11 个 A＋学科中，6 个"农"字 A＋之一。但"农"字学科在浙大的地位变化好像不大，可能稍有起色。
② 2014 年，交大建校 118 年，安泰恢复建院 30 年、建院 96 年。

学科支撑者史清华先生，钻研农民行为，在农户行为与农村政策研究领域成果颇丰，为 2005—2008 年教育部新世纪人才计划的获得者，农经学科的最高奖"中国农村发展研究奖"（别称"杜润生奖"）获得者，2010 年被山西省政府授予"青年科学家（山西籍）"称号①。

安泰的三位农经博导被学界形象地称为"安泰三农"。我们的努力也被称为"铿锵三人行"。

俗语说得好，"打铁必须自身硬"。教书育人也一样，教师的素质必须过关。**"良师一点胜似十年修行"**是每位家长把孩子送到学校的最基本考虑。家长把孩子送到交大安泰，如果我们不是良师，不能对他们"点石成金"，那就可能误人子弟，就可能枉为人师。从这个角度看，教师的修行是教书育人的关键。"为人师表"是从事教师这一职业者的基本素养，也是学生培养、学风建设的核心。**高校教师，其言与行在很大程度上决定着一个学科的发展，决定着跟着他的人的前途。**我们都听说过"没有差的学生，只有不合格的教师"之说，但真正对这句话有深刻理解并付诸行动的并不多。整天在生活中听到最多的是，我们的孩子不行，我们的学校不行，我们的国家不行，只有外国的行，"外国的月亮都比中国的圆"。事实是这样吗？我就不信这个邪，我们的团队也不信这个邪。我们信奉的是"一分耕耘，一分收获"。在 2003 年决计申报农业经济管理博士培养点之际，我们的思想就已形成，我们的行动就已开始。在成功获批学科点的同时，在长三角地区打造一个强大的农经学科点就成为交大安泰农经人的梦想。

在交大安泰农经十年的发展历程中，我们从自身做起，用自己的言与行为投奔安泰的农经学子作出表率。十年，说短不短，说长不长，在安泰农经人眼里好似转瞬即逝。在学科带头人顾海英教授的引领下，安泰农经学科三位博导科研项目全面开花，以国家两大基金为例，累计获得 19 项②，其中：国家自科和国家社科重点项目各 1 项；国家自科面上项目 9 项，应急项目 4 项，国际合作项目 1 项；国家社科青年项目、一般项目、艺术专项各 1 项。科研成果社会认可度急速提高。出版的专著两获国家人文社科最高奖教育部人文社科优秀成果奖二等奖，两获省级哲学社会科学优秀成果奖二等奖；研究成果三获上海

---

① 2016 年，史清华教授还跨界荣获第六届"张培刚发展经济学奖"。

② 2014—2017 年，新增国家社科重大和重点各 1 项（顾海英，2015 年和 2016 年），国家自科面上项目 3 项（于冷，2015 年；史清华，2014 年和 2017 年），加上团队中朱喜（4 项：2007 年，2010 年，2012 年，2014 年）和卓建伟（1 项：2016 年）两位副教授的贡献，安泰农经 2000—2017 年累计主持国家两大基金项目 29 项。

市决策咨询研究成果奖一等奖、两获二等奖；研究成果两获山西省科技进步奖二等奖；论著在哲学社会科学领域累次得到好评，获得一等奖1次、二等奖2次、三等奖10余次。我们的研究成果多次被国家、省（市）部决策层批阅。我们的团队有两人被列入上海市曙光计划、两人入选教育部新世纪人才计划。

正是有这样一支教师团队做表率，我们的学科得以建立良好的学习与研究氛围。在我们这个团队中，没有"我不能，我不行，我不会"，有的只是"我在努力"。正是在这样的一种理念支持下，交大农经学科开始了跨越式的发展征程①。

二、农经学科之建设

俗语说得好，"一个篱笆三个桩，一个好汉三个帮"。就凭我们三苗子人，要把一个学科办好，你说有多大可能性？在这样一个难度极大的挑战面前，安泰农经人真正兑现了自己在学科申报中的诺言："实现跨越式发展。"在安泰学院的大力支持下，在长三角两位大哥南京农大和浙江大学的鼎力相助下，安泰

---

① 2017年在"第十五届长三角研究生'三农'论坛"召开之际，我对安泰农经人的践行用"历史就是这样形成的"为题做过一个简单的总结，部分摘录如下：在培养研究生的道路上，**我们提倡的责任与担当，不仅仅是指教师要有责任、要有担当，同时也希望培养出的学生有责任、有担当。**"责任与担当"已成为安泰农经教学相长的一个重要内容。15年来，安泰农经人，在修内功、借外力、强学科上可圈可点。**在修内功上，一是强化科研训练：**安泰农经人已成为国内两大基金的有力竞争者，从事农业经济研究或有农业经济背景的5位学者，2000—2017年，18年间累计承担项目29项，5.8项/人，1.6项/年。在这些项目中，国家自然基金与社科基金比为4∶1（23∶6）。就项目类别看，青年、面上或一般项目占比65.5%，为主体项目，重点项目占比10.3%，重大项目占比3.5%，国际合作或应急项目占比20.69%。**一般地，我们重视项目申请，但不唯申请，把更多的精力投在项目研究中。**高质量完成项目是安泰农经人的工作核心。就拿国家自科基金来说，已结项（17项），且有后评估要求（11项），并已完成后评估的9个项目，后评估全部为"优"，虽没有得到最高的"特优"，但这一结果在基金委看来已是一个不错的表现。**二是积极展示研究成果：**在国内，论文发表紧盯三刊（《经济研究》《管理世界》和《中国社会科学》），累计发表论文近30篇，关注四刊（《经济学季刊》《数量经济与技术经济》《中国农村经济》《农业经济问题》）；在国外，重点关注一区、二区SSCI或SCI期刊，累计发表包括 Food Policy 和 Journal of Agricultural Economics 在内的SSCI论文10余篇；适时出版专著，累计近20部。同时不忘记将成果拿去参与社会评奖，获得教育部人文社科优秀成果奖3项，其中二等奖2项；张培刚发展经济学奖1项；中国农村发展研究奖2项，提名奖6项；省级科技进步奖3项；省市级哲学社会科学优秀成果奖10余项；上海市决策咨询成果奖10余项，其中一等奖5项。**三是人才培养：**以博士生培养为例，累计已毕业博士37名，其中在高校就业者达23人，占62.16%。这些学生在校期间1/3在国内三刊或国际SSCI上有论文发表，近1/4有直接主持科研项目或完成申报书起草的经历。从安泰农经毕业后进高校的博士学子，最短的5年晋升教授（黄珺，2006—2010年，毕业后入职湖南大学；周波，2010—2015年，毕业后入职江西农业大学），最长11年（张跃华，2006—2017年，毕业后入职浙江大学），平均6~8年（岳贤平和王威，2006—2012年，毕业后分别入职南京审计大学和哈尔滨理工大学；程名望，2007—2014年，毕业后入职同济大学；赵德余，2004—2012年，毕业后入职复旦大学）。副教授大多在毕业两年内晋升。

农经学科从 2003 年开始正式进入了跨越式的发展进程中。

安泰农经学科博士生的培养确切地说，始于安泰工商管理。2004 年前的安泰农经学子均挂名于"工商管理"学科，是一批"挂羊头卖狗肉"的学子。这样说是因为他们的导师是农经的老师，专业是农业经济管理，研究方向也是农业经济管理，由此这些学子的博士论文选题也与农业经济管理相关，尽管他们最后取得的学位与"名正言顺"的农经学子一样，均是"管理学"博士学位，但此"管理学"与彼"管理学"是不同的，他们的学科方向是"工商管理"，而"名正言顺"的农经学子的学科方向则是"农业经济管理"。他们是一批顶着"名实不副"之帽，为安泰农经做出基础性、开创性贡献的学子。之所以如此说，缘于这批学子的"两个首次"：**首次让安泰经管学院的博士生在《经济研究》上亮相；首次让安泰博士论文跻身"上海市优秀博士论文"之列，为交大文科在"市优"评比中创出先例。**他们的努力不仅为安泰农经人争了光、添了彩，更为交通大学的文科争了光、添了彩。对此，我们予以肯定与表扬。谢谢学子们的努力。

按理说，在安泰学院博士生培养上，我们农经学科怎么也不可能和扶持我们的"工商管理"与"管理工程"相比，我们学子的起点在整个安泰并不是最高的，他们之所以能以佳绩完成博士学业，一个很大的原因是所在的团队有着一套很好的选人育人机制。

相对于安泰整体，农经团队是一个规模非常小但却十分精干的团队。几位农经博导均有着一种中国农经人的执着精神：**任凭风浪起，稳坐钓鱼船。**在研究生招生时，我们就明确告知，在我们这里没有"老板"与"学生"的关系，只有"老师"与"学生"的关系。虽只一字之差，但却体现了我们的努力方向和育人理念。

严格地说，我们农经学科在 10 多年来的博士生招收与培养中，很少把项目完成与博士生培养直接挂钩。**如果说一点也没有考虑，那是假话；如果说把学生作为主力，那也是不真实的。**至少，在我的研究生培养经历中，还没有一个博士生论文选题与我的项目相挂钩。由我培养的 10 多位博士，之所以个个能发表高质量的学术论文，多数在博士学业完成后能成功地走上独立科研之路，依我之分析，**博士学业期间的兴趣发掘与培养可能是关键。**事实上，在博士生培养过程中，我们专注于对学生研究能力的培养，至少在校期间要学会论文写作与项目申报书撰写，我们的项目有不少就是在他们撰写的申报书草稿基础上形成。从这个角度看，农经学科的博士生也是我们项目完成的主力军，只不过在申报时，项目已基本完成而已，确切地说，我们的申报是在向各基金

"出售成果"罢了。项目的成功申请之时也可以说是结项之日，申请到的资金主要是用于育人与新项目的培育。尽管这样做可能与申报书的承诺相悖，但换个角度看，保持我们的研究持续创新则与基金申报的精神相吻合。要知道，所有的基金特别是国家两大基金，支持的均是"上路者"，没有前期铺垫，很难获批，从这个角度看，我们的研究生培养与项目管理之目标是一致的。我们学科组在10年内能成功地4次参与国家自科应急项目研究，数次成功中标上海市决策咨询重大项目，个中原因就在此。

由于各个人的兴趣不一，选择的方向或道路也不会相同。故在研究生培养上，我们采取的是圣人的育人之道——"有教无类"。尽管我们也想把研究生培养标准化一点，好省力一点，但始终没有在这方面做出一些突破。可回头想一想，也不可能有突破。尽管学校在研究生管理上已进入了"标准化"时代，对研究生从招生到培养做到了事无巨细的"管理"，但从现实看，这些做法意义到底有多大？至今我没有看出来，很难说清。但有一点可以肯定，这些"管理"为指导研究生的教师增加了不少无谓的时间消耗。举个例子说，我们的博士生学制是四年，三年要毕业需要起草一个提前毕业的报告，超过四年也需要提交一个延期毕业的报告，有必要吗？能否在管理上顾一头？再比如，我们导师招不招研究生，每年都需要到研究生院网上预先确认，如果在规定时间内不确认则视同放弃。到底是要招的人多，还是不招的人多？能否将"管理"精力放在少部分人身上？当然，作为一个学校，没有一定的管理是不行的，但把研究生管理做到如此细的地步真的有点过了。对此，我很不认同学校的这种管理方式，经常不把学校的这种管理当回事①。**在博士生培养上，我最注重的有两点：一是做人，期望我的学生诚实、坦荡；二是做事，期望我的学生不人云亦云，有自己的思想，做事脚踏实地，关注细节。**从目前看，由我们学科组培养出来的学生当是很优秀的，在校期间学子们为交大农经学科点争了光、添了彩。工作后在各自单位同样也为交通大学争了光、添了彩。30多名博士中过半数毕业后走进相关高校，多数成为所在高校的骨干教师，毕业生中有4人已成功晋级正高、5人位列副高，占全部博士毕业生总数的1/4。在今日高校个个崇尚海归的人才理念下，我们的学子，不仅能进入普通高校，复旦、浙大、同济、上财等这些名牌大学也有我们学子的踪影②。到这些学校，与海归相

---

① 严格地说，这可以记作我对学校的大不敬之列。

② 我们培养的本硕博三位一体学生俞宁（2001—2012年），在上海交通大学获取农业经济管理学博士学位后，到美国斯坦福大学再深造，获经济学博士学位（2015年），之后到埃默里大学任教，2018年又重新回到斯坦福任教。

比，我们安泰农经的学子不是陪衬，而是主力。如果说，我们培养博士的标准是使其成为"一个训练有素的专业学者"，到大学、研究所是最对口的地方，那么，当这些学者离开科研与教学，进入其他领域，诸如公务员系列，同样做到了成功，诸如侯守礼博士，在国家发展改革委做得有声有色，赵卓博士，在农业农村部同样业绩出众。这说明我们的培养目标是对的，把"做人与做学问"作为学子培养中最重要的两点，不仅有利于他们的发展，也有利于交大农经学科建设的推进。

在安泰农经学科发展进程中，有一个重要活动留下浓墨重彩的一笔，必须提起。这个活动就是由南京农业大学、浙江大学和我们上海交通大学共同发起，从2003年开始的"长三角研究生'三农'论坛"，此论坛见证了交大安泰农经学科的成长，见证了安泰农经人的努力。

遥想论坛创办初期，交通大学农经博士点作为三校农经博士点中最为年轻的一个，无论是学生规模，还是学生质量，都与两位老大哥无法相比。尽管两位老大哥有心呵护，容忍了交大学生拿着开题报告"应付"论坛的行为，但作为交通大学"三农"论坛领队的我，当时真想找个地缝钻进去。要知道，在农经这一行当中，我是一个性格特别倔强又非常好强的人。尽管自己的业务水平不高、能力有限，但十分渴望我的学生个个能力超群、人人才华出众，并通过"论坛"这一平台展示出来。

我始终坚信，"没有差的学生，只有不合格的老师"。只要我们多用点心，一定能扭转这一局面。经过一年年努力，经历一次次展示，交通大学的学子们没有辜负我这个领队的期望，给安泰农经人不断带来喜悦。从2006年首次在《经济研究》上亮相，到2008年出现首个上海市优博获得者，从2010年首篇国际农经论文刊出，到2013年获得国优提名，我们的农经学子给交通大学带来了一个又一个惊喜。在校时他们似乎有那么一点紧张与担心，经历了严格的博士训练后，离校时基本达到一个合格博士的要求：成为该研究领域一名"训练有素的专业学者"。站到讲台上，他们赢得学生的欢心，得到所在学校的好评；坐在办公室，他们创出一篇又一篇高质量的佳作，并成功获得国家两大基金的支持①。

交通大学学子们的这一变化应当说是论坛上的一股正能量。论坛不断扩军，由长三角三校推进到华东六校，进而推进到全国10多所高校。从论坛走

---

① 我们的博士学子从2007年始担当国家项目主持人到2016年，10年间共有12位18次主持国家两大基金。其中有1位中三（程名望）、4位中二（黄玥、张跃华、周波和晋洪涛）。

199

出的学子，其学位论文有 11 篇获得市优或省优，有 5 篇获得全国百优提名，有 1 篇获得全国百优。虽然我们没能成为论坛最优，但应是论坛最大的受益者[①]。论坛见证了交大农经的成长。

回顾过往 10 年的经历，我们有理由相信，长三角研究生"三农"论坛，不只是同学们展示自己才华的一个平台，更是提升自己科研创新能力的一个平台，同时也是促进农经学科教学相长的一个平台。

三、农经学科之未来

正当我们满怀信心地要将交大农经办得更好之际，受到交通大学学科点收缩政策的影响，我们的"农业经济管理"由于只是一级学科"农林经济管理"下的一个二级学科点而被关停。对此，我只能无奈接受，并转入由我们帮助组建起来并正在不断壮大的"应用经济学"学科中，农经学子的学位也由"管理学"正式转为"经济学"。

全国高校的农经学科大多位列一级学科"农林经济管理"下，授予学子"管理学"学位，只有个别高校这一专业位列一级学科"应用经济学"下的"农村经济学"二级学科中，授予学子"经济学"学位。对于学科的变动到底对我们这些执着的安泰农经人有何影响，对安泰学子有何影响，目前还暂不能给出结论。**但有一点可以肯定地说，交大农经正在远离全国农经队伍。**我们置身于长三角研究生"三农"论坛已感觉有点不伦不类。似乎交大农经又回到十年前的挂名招生时代。识别安泰农经学子的唯一方法就是看他们的导师是否出身农经了。

也许这一变动会使安泰农经学子的未来出路好些。要知道"农业经济管理"背景在上海就业入籍不被认可的政策给我们的学子带来了很大的伤害，而"应用经济学"尽管也有过伤害，但在学生和学校几方努力下，上海市政府还是从"黑名单"中对其予以了"白化"。不管怎样，在整个社会对"农"存在歧视的情况下，我们的农经学科能做到这样已是十分令人满意，希望这一变动能对安泰农经学子更好！

祝愿安泰农经的路越走越宽，安泰农经人的明天会更好！

---

① 安泰农经团队有三位获得上海市优秀博士论文（程名望，2008 年；徐翠萍，2013 年；盖庆恩，2016 年），一位获得国家优秀博士论文提名（徐翠萍，2013 年），为交大文科在上海、在全国开创先例。

祝 福 安 泰

　　相对安泰曲折行进了百年的历史来说，我对安泰的感知当是非常有限，只有区区十六年。尽管在这十六年里，我以安泰为荣，在安泰领导及同仁的呵护下，也为荣耀安泰尽了十二分的努力[①]，但做出的业绩离自己的期望还有很大差距[②]。特别是在学院国际化发展的道路上，自己能够做的微乎其微，唯一能够做的就是为安泰扎根中国大地贡献自己的一点微薄之力。

　　我认同安泰的国际化发展之路，但也期望安泰的根要深深扎进中国土壤。我始终相信：根深了，叶才能茂；叶茂了，花才能盛；花盛了，果才能多、才能好。这不仅是自然之道，也是人文之道。

　　百年安泰，荣在哪？也许大伙儿会说，在当下。我则认为，非也。**在整个安泰百年风雨中，时有兴衰，没有一刻不值得纪念。**"起得早"[③]，值得我们牢记；"中间休"[④]，我们也不能忘记；三十四年前的重建[⑤]，更应让我们刻骨铭心。从历史看，安泰是一个有深度，但缺厚度，甚至有天然裂痕的学院。安泰能够走上正常轨道，得益于改革开放，得益于慧眼管理的决策者，更得益于每一位曾经或依旧在安泰默默耕耘的工作者，以及无数以安泰为荣的安泰学子。安泰的国际化发展思路固然很好，也为每一位安泰人认同，但我们不能忘记，安泰的发展很大程度与曾经的安泰人有关，特别是与本土安泰人有关。在安泰

---

　　① 做到引进一人、提升一个学科。在推动农经学科发展中：2002—2017年累计承担国家两大基金11项；1999—2017年出版专著11部；2001—2017年在经济、管理以及农经三个学科的顶尖期刊《经济研究》《管理世界》以及《中国农村经济》累计发文30余篇。研究成果获国家、省部级科技进步奖或优秀成果奖一、二等奖10余项；2008年获农经界最高奖杜润生奖；2010年被山西省政府评为山西籍青年科学家；2016年获经济学最高奖之一张培刚发展经济学奖；2009年、2013年和2015年三获国家人文社科最高奖（获教育部人文社科奖二等两次、三等一次）。教书育人成效显著，学生学位论文三获上海市优秀博士论文，一获国家教育部优秀论文提名，填补了交大文科空白。

　　② 遗憾，努力了多次，至今未能入选国家杰出青年和长江学者。要么是自己SSCI论文缺，要么是国家级重点或重大项目缺。总而言之，努力与目标的差距问题始终没有解决。

　　③ 交大是国内高校中最早开设管理学科的，1918年安泰管理上线，开国内高校管理学先河。

　　④ 1951—1979年，安泰管理专业停止招生长达29年，令人遗憾与无奈，但安泰人并不死心，一直在等待。

　　⑤ 确切地说，应是40年前重建。在1978年上海交通大学就开始着手筹备复建工业管理工程系，1979年工业管理工程系成立，先招研究生。1984年安泰恢复建院，转系为院，名为"管理学院"。功夫不负有心人，等待了很久的安泰终于在1984年恢复上线。安泰人自知落下的距离有多远，扬鞭策马，经过34年的拼搏，具备国际化雏形的新安泰再度展示在世人面前。不得不说，安泰，牛！安泰人，更牛！

国际化的发展过程中，引进人才，包括海归在内，固然重要，但发掘现有人才更重要。要知道，**支撑今日安泰运行的核心力量是广大本土人才**。试想一下，最近十六年的发展，安泰既有本土人才牵引的辉煌，也有海归引领的佳绩，到底哪种模式更佳？我想，当是百年安泰庆典上人们关注的焦点。

随着 6 月 12 日安泰百年庆典的到来，安泰的海归新院长陈方若先生很快也就要上任。我真诚地欢迎新院长陈方若先生的到来，我完全相信，我们的每一任院长都会把安泰带到他期望的一个更加辉煌的高度。与此同时，也要对支持我安泰十六年行的王方华院长、周林院长，深深地鞠躬以示感谢。为安泰百年辉煌，你们辛苦了，你们尽力了。安泰人会记得你们俩，安泰农经人更会记着你们俩。最后对全体安泰人表达我心中的祝福，祝愿每一位安泰人借安泰百年华诞之福，生活工作齐顺利，家庭事业共发达。

最后以我写的一首打油诗来做结尾，祝贺安泰百年辉煌，祝福安泰百年华诞，祝愿安泰未来更佳！

安泰百年赞

强国定位先工匠，甲午败思立南洋；
廿二有子名管理，三足鼎立方成样。
花甲重振管理院，冠名安泰有保障；
百年风雨经甘苦，风波历练终成实。
本土头领强势带，秧歌领带不相让；
海归接手尊道法，问鼎寰宇扶摇上。
杰青长江来聚首，本土海归共成长；
一八迎来百岁庆，期寄来时更辉煌。

2018 年 6 月 10 日星期日完稿于交大闵行校区

再 创 辉 煌

安泰的百年雄风不是凭空得来，而是一步一个脚印走出来的。在安泰百年纪念过后，安泰的雄风在各个方面都有所展示。我带的"华村一家"团队在安泰百年后的五年内相继创出了一波波业绩高峰。

先是大弟子程名望教授，为师门勇开新路。2018 年，在两篇佳作分获上海市哲学社会科学优秀成果一、二等奖后，又顺利晋升教育部青年长江学者；

202

2020 年在第八届教育部人文社科优秀成果评审中脱颖而出，荣获一等奖；2021 年又进一步荣升教育部长江特聘教授，2022 年再获第九届张培刚发展经济学优秀成果奖。由他主持的两个国家自科项目结项后评估连续获得"特优"，真的可喜可贺！2023 年国家社科重大项目的到来，让他成为师门中首位两次主持重大项目的成员。

其次是四弟子俞宁教授，为师门另辟蹊径。在团队以"扎根中国大地"为核心的研究中，俞宁独辟蹊径，在学术国际化方向上走得高远，先后在国际经济学顶级期刊 *Journal of Economic Theory*（2018）、*American Economic Review*（2020）和 *Journal of Econometrics*（2021）等有论文发表。2020 年，先获乌家培信息经济学奖，再获江苏特聘教授称号和江苏省第十六届哲学社会科学优秀成果奖一等奖，又入选教育部青年长江系列；2021 年江苏省人民政府授予其"江苏留学回国先进个人奖"；2022 年获江苏省第十七届哲学社会科学优秀成果奖一等奖，并被共青团江苏省委授予"江苏青年五四奖章"，获得南京审计大学第九届"校长奖教金"；2023 年更上一层楼，一篇佳作在第二十届孙冶方经济科学奖评审中成功胜出，不久后又在国家自然科学基金委杰出青年项目评审中获胜，他本人还获第六届张培刚发展经济学青年学者奖。俞宁的努力让"华村一家"团队在国内经济学两大奖上均有斩获，同时也让团队成员在"四大人才帽子"上又向前推进一步。

然后是在程俞二位带动下，团队成员快速跟进，实现了一波教授、副教授梦。朱喜于 2019 年顺利晋升教授，并在 2022 年被任命为安泰经管学院副院长；五弟子盖庆恩和六弟子彭小辉也于 2022 年的 7 月 3 日和 4 日相继晋升教授，同时，盖庆恩的学术论文在 2022 年和 2023 年连续两年成为《经济研究》封面论文，他本人也于 2023 年被任命为上海财经大学财科所副所长，同年入选国家级青年拔尖人才计划，盖庆恩的专著还获第九届中国农村发展研究奖（杜润生奖）（2023 年 10 月得知其再获上海市第十六届哲学社会科学优秀成果二等奖）；八弟子袁方，2020 年荣升副教授；九弟子方聪龙，2021 年毕业直接被聘为副教授。2006 届本科弟子江淑斌也于 2021 年在云南财经大学晋升教授。

再是博士生自带项目训练模式愈发成熟。继袁方和刘彬彬两位弟子的博士开题报告成功获得国家自科基金资助后，高晶晶（71973094）、魏霄云（72173085）、胡涟漪（72273088）三位弟子又获成功。在国家自科项目资助下，高晶晶同学通过不懈努力，不仅让研究成果在《管理世界》两次刊出，更在 2022 年实现了自己的留校梦想，2023 年如愿获得国家自然科学基金资助，进入国家队行列（2023年10月得知，其论文还荣获上海市第十六届哲学社会科学优秀成果一等奖）。继高晶晶后，魏霄云也即将到浙江大学做博士后，而胡涟漪同学因在机器人替代劳动力领域的卓越表现，也于2023年9月到哈佛大学去做访问学者。

最后是团队牵头人继续扮演着"沾光"角色。借着同学们的努力，先是在2019年荣升上海交通大学特聘教授，继而在2020年又获国务院政府特殊津贴和第八届教育部人文社科优秀成果奖二等奖。2021年更在团队合作下实现了国家社科基金重大项目主持零的突破。2022年赢得上海交通大学最高奖"教书育人奖"二等奖。再接再厉，2023年又获上海交通大学首届"佳和"优秀导师奖，在花甲之年，我的人生赢得了一个大圆满！

2023年7月14日星期五于上海交通大学闵行校区

附录二：
博士弟子风采

程名望（2007 届博士），中共党员，同济大学经济与管理学院副院长、学术委员会主席、公共管理系主任，教授、博导。入选教育部长江学者特聘教授、青年长江学者、东方学者（上海市特聘教授）、曙光学者、浦江人才等人才计划。在 *Ecological Economics*、*China Economics Review*、《经济研究》、《管理世界》等国内外经济学或管理学顶级或核心期刊发表论文 70 多篇。主持国家社会科学基金重大项目、教育部哲学社会科学研究重大课题、国家自然科学基金等 10 余项。获 教育部高等学校科学研究（人文社会科学）优秀成果奖一等奖、二等奖各 1 项，上海市哲学社会科学优秀成果一等奖、二等奖各 2 项，以及上海市优秀博士论文、张培刚发展经济学奖、中国农村发展奖（杜润生奖）等国家或省部级奖励。

徐翠萍（2010 届博士），现就职于美国 Southwest Power Pool，任 Senior II Market Monitor。本硕就读于浙江大学，博士学业在上海交通大学完成。主要从事电力市场价格监测和输电阻塞对冲市场的测管。多次参与撰写公开发布的公司年度报告和专题报告。2018 年获公司 President Award。读博期间，曾在《管理世界》、《中国农村经济》、*Journal of Agriculture Economics* 等期刊发文多篇；论著曾获上海市邓小平理论与宣传优秀论文三等奖、教育部人文社科优秀成果二等奖。博士论文于 2013 年获得上海市优秀博士论文，并于同年获得教育部国家百篇优秀博士论文提名。2015 年博士论文正式出版。

晋洪涛（2011届博士），中共党员，上海海洋大学经济管理学院农经系主任，副教授、硕导。兼任上海市渔业经济研究会秘书长、中国农业工程学会常务理事。入选或获得省级科技创新人才、百名优秀青年社科理论人才、青年骨干教师、青年理论宣讲专家等人才计划或荣誉称号。主要研究方向为粮食安全、土地制度、农户行为。在 *China Economic Review*、《管理世界》、《中国农村经济》、《中国农村观察》、《经济学家》、《农业经济问题》等学术期刊发表学术论文 40 余篇。主持国家社科基金项目 2 项、国家自科基金项目 1 项、国家社科重大项目子课题 1 项，博士后基金特别资助和一等资助、上海市政府决策咨询研究重点课题等省部级项目 10 余项。作为主持人和主要参与人，获教育部高等学校科学研究（人文社会科学）优秀成果奖、上海市哲学社会科学优秀成果奖、河南省哲学社会科学优秀成果奖等一等奖 3 项、二等奖 6 项。

俞宁（2012届博士），中共党员，南京审计大学社会与经济研究院执行院长、教授。国家杰出青年科学基金获得者、教育部长江学者奖励计划青年学者、江苏特聘教授。上海交通大学管理学博士、斯坦福大学经济学博士。研究微观经济中的市场设计、社会网络、健康和教育等问题。论文见 *Review of Economic Studies*、*American Economic Review*、*Journal of Economic Theory*、*Journal of Econometrics* 等期刊，获孙冶方经济科学奖、江

苏哲学社会科学优秀成果奖一等奖。主持多项国家级项目。个人获江苏留学回国先进个人奖、江苏青年五四奖章、中国信息经济学乌家培资助计划荣誉、张培刚发展经济学青年学者奖。

盖庆恩（2013 届博士），中共党员，上海财经大学城市与区域科学学院、财经研究所所长，教授、博导。入选国家级青年拔尖人才与上海市曙光学者、浦江人才、晨光学者等人才计划，研究成果发表在《经济研究》、《管理世界》、《经济学（季刊）》、*China Agricultural Economic Review*、*Review of Development Economics* 等，主持国家自然科学基金、教育部人文社会科学项目、上海市社科规划课题、上海市教委科研创新项目等国家、省部级项目 20 余项，获教育部高等学校科学研究优秀成果奖（人文社会科学）一等奖，上海市哲学社会科学优秀成果一等奖、二等奖，上海市优秀博士论文，中国农村发展奖（杜润生奖）等国家或省部级奖励。

彭小辉（2014 届博士），中共党员，现任南京师范大学商学院经贸系教授、博士生导师、MBA 导师，美国纽约州立大学访问学者（2020—2021 年）。主要关注能源消费、人力资本投资、"三农"问题以及制度变迁与增长等发展经济学领域。在《管理世界》《中国软科学》《中国农村经济》《中国农村观察》《经济理论与经济管理》《农业经济问题》等刊物发表学术论文 30 余篇。主持国家社科

基金项目 2 项、江苏省高校哲学社会科学重点项目 1 项，参与国家自科和社科基金以及省部级课题多项。获教育部哲学社会科学优秀成果奖二等奖 1 项，省级哲学社会科学优秀成果奖二等奖 1 项、三等奖 2 项，曾获江苏省"青蓝工程"优秀青年骨干教师（2014 年）和江苏省泰州市"311"工程第二层次培养对象（2015 年）。

附录二：

博士弟子风采

袁方（2016 届博士），中共党员，现任广东外语外贸大学商学院人力资源管理系副教授、硕士生导师、MBA 导师，云山青年学者，美国南加州大学马歇尔商学院访问学者。本科就读华中农业大学，硕博连读于上海交通大学，求学期间两获国家奖学金。研究兴趣为人力资源管理、劳动关系管理和农村创业管理。在《管理世界》、《中国软科学》、*Empirical Economics*、*Journal of Cleaner Production*、*Asia Pacific Journal of Human Resources*、*Environmental Science and Pollution Research*、*Relations Industrielles – Industrial Relations* 等 SCI/SSCI/CSSCI 期刊发表论文 18 篇，出版专著 1 部。主持国家自然科学基金 1 项、省部级课题 4 项。

张锐（2017 届博士），中共党员，浙江财经大学数据科学学院副教授、硕士生导师。浙江财经大学东方学院科技管理部副部长、国际合作中心副主任，海宁市社科联挂职副主席。本硕就读于浙江大学，博士完成于上海交通大学。主要研究方向为能源经济学、农户行为。在 *Technological Forecasting & Social Change* 、*Energy policy* 和《管理世界》等学术期刊发表多篇论文；出版专著 1 本；主持和参与多项国家课题、省部级课题；获得过浙江省哲学社会科学优秀成果奖二等奖，教育部高等学校科学研究优秀成果奖（人文社会科学）论文二等奖等多项奖励。

刘彬彬（2019 届博士），中共党员，华东政法大学商学院讲师，入选上海市长宁区青年英才计划。本硕就读于西北农林科技大学，博士完成于上海交通大学，求学期间两次荣获国家奖学金，获2019 年上海市优秀毕业生称号。研究成果发表在《管理世界》、《中国农村经济》、《农业技术经济》、*China Agricultural Economic Review* 等，主持上海市社科规划课题（青年项目）、华东政法大学研究项目，参与国家自然科学基金 2 项，获上海市哲学社会科学优秀成果二等奖。

高品晶（2020 届博士），现为上海交通大学安泰经济与管理学院助理研究员，经济学博士。研究方向为农户行为与农村发展。本科就读于厦门大学，硕士就读于中国海洋大学，博士、博士后完成于上海交通大学。主要研究成果发表于《管理世界》、《中国农村经济》、*China Agricultural Economic Review* 等期刊，出版专著两部。主持或参与国家社科重大、国家自科重点及面上、国家自科基金青年、上海哲社青年等项目 10 余项。获上海市超级博士后、上海交通大学晨星博士后、上海市哲学社会科学优秀成果一等奖等称号及奖励。

附录二：博士弟子风采

　　方聪龙（2021届博士），中共党员，现任福建农林大学经济与管理学院副教授、硕导，兼任福建农林大学农林经济管理研究院院务会秘书、福建省中青年经济发展研究会理事。主要研究方向：养老、医疗、城乡融合发展等。本硕就读厦门大学，博士在上海交通大学完成。福建省引进生、福建省高层次人才。论文发表于《管理世界》《中国农村经济》《农业经济问题》等期刊。理论性文章发表于中国社会科学网、《福建日报》等。主持福建省社科基金重大项目、福建省财政科研一般资助项目、福建省中青年教师教育科研项目和福州市哲学社会科学规划重点项目等项目7项。参与国家社科基金重大项目、重点项目和国家自然科学基金面上项目等项目9项。

　　范娇娇（2021届博士），浙江工业大学经济学院讲师，主要研究方向：发展经济学。本科毕业于山东政法学院，硕士在中国海洋大学就读，博士在上海交通大学完成。在 *Review of Development Economics*、*Applied Economics Letters*、*The Journal of International Trade & Economic Development*、《国际贸易问题》等期刊发表论文数篇。主持浙江省哲学社会科学项目、浙江省教育厅项目各1项，参与国家自科基金项目数项。

后记

上个月有幸到浙江临安参加了一个"千万工程"（千村示范万村整治工程）座谈会。会议邀请了千万工程起草人顾益康先生对这个工程的由来以及发展情况进行介绍。顾老师在介绍中讲了一个学者把梦想变为现实的"造板与拍板"的故事，听了大受启发，也顿感欣慰。

学者或专家都自认为能人，自认有很多想法，但是能把想法变成现实的却寥寥无几，最后多数只能变为空谈。要知道，空谈误国。为什么会这样呢？顾老师就此做了一个形象的比喻，他说，专家们的想法好比板材原料，写成报告变成板材，此时再向前推进，可能就不是专家能够把握的了，需要更高级别的领导来"拍板"，好的板材，需要有识别能力的人来拍板，才能让这件事向前推进，才能变为现实。"千万工程"这个板材就是他们造的，拍板的就是时任浙江省的一把手，有了拍板，想法就正式进入实施阶段。想想也是，我们整天期盼什么？不就是自己的想法变现吗？为此，就需要把想法生成板材，寻找可拍板之人。我想这大概就是决策生成的过程吧。

本书的出版也与此相关。

书稿本是我日积月累的结果，也是在同学们邀约下写就的，但把各篇文章系统整理，则是听从了罗守贵教授的一个建议。没有同学们的邀约，没有罗教授的建议，可能就不会有今天这本书了。当然，我也必须记住"众人拾柴火焰高"之道理，几个邀约、一个建议可能还不够，还有更多的贵人支持。为此，需要在这里作出真诚感谢！

第一要感谢我们尊敬的罗守贵教授，感谢他不仅提供建议，更应我之邀，亲自为本书作序。虽说我俩同龄，但在教书育人上，罗老师永远是我的榜样，他能够从一位小学教师，通过逐级提升做到博士生导师，足见其教学经验之丰富。在教师这个行当上，他可以说是"全师"了，除了幼儿园没有待过，小学、中学、高中、大学全待过，这样的老师在当今中国，

后记

估计不会太多。他不仅个人教学水平高，曾获上海交通大学最高奖"教书育人奖"，由他牵头的经济学原理教学团队在2023年也获得了上海交通大学"教书育人奖"集体一等奖。

第二要感谢我可敬可爱的老乡、生命学院的乔中东和王莲芸教授。他们是我来交大任教结识最早的山西老乡，也算是一家人，我们住同一个小区，故来往就特别多，当然，主要是我有求于他们。他们夫妇均是医科出身。虽说二位都在交大生命学院任教，但我将他们视作我们家的生命保护神。他们的帮助，让我在孩子抚育过程中节省了很多宝贵的时间与精力。其实，在教学上，他们也是我学习的榜样，乔老师是上海交通大学最高奖"教书育人奖"一等奖的获得者，在教学上成就非凡。故本书出版时特邀乔老师作序。

第三要感谢我的"华村一家"团队和邀约人张改清、程名望、晋洪涛、徐翠萍、彭小辉、张跃华、袁方、张锐、盖庆恩、高晶晶、王华书、江淑斌等10余位同学，让我有机会为各位的书稿出版写序（跋）。写序（跋）事小，真正的获得是在写作过程中，让我有了把育人成才思想借文表达的机会。尽管我的育人成才思想还有点零乱，不够系统，但从案例视角来看，已足够让育者和被育者品评了。学习就是一个不断升华的过程，育人成才思想也是一个不断完善的过程。按照圣人理念，"有教无类"，育人思想也只能是一些条条框框或点点滴滴，不可能有一个放之四海而皆准的路径，否则就不叫"有教无类"了。

第四要感谢我的东家：上海交通大学及安泰经济与管理学院。20余年来，前后经历四任校长和四任校党委书记，三任院长和六任院党委书记，他们都给我的事业发展以宽容与理解，让我从容地在这里从事教学与科研。说实在话，我不是"一盏省油的灯"，遇事爱较真，给领导找了不少"麻烦"，领导们也给予了足够的宽容与理解。无论是马德秀书记，还是张杰校长、林忠钦校长，都对我很好。记得我刚来交大不久，一次偶然乘班车机会认识了林校长，还搭他车从徐汇到闵行，在我任校教工代表期间，遇事会直接向林校长反映，林校长的回复从来都不过夜，让人敬佩，谢谢林校长！2005年我建议安泰学院设立院学术著作出版基金，时任院长王方华本人也基本同意，但在院务会上却意外地没有通过，王院长就拿自己的科研经费资助我出版了《农户经济可持续发展研究》一书。我的提议一直到他退休后5年，在周林教授任院长期间才正式启动，分管科研的万国华副院长更将资助范围扩大到安泰毕业的博士之论文出版。在此谢谢王院长、周院长、万院长以及现任陈方若院长。本书出版得到学院党委书记姜文宁先生、副院长朱喜先生的大力支持，特此感谢！

第五要感谢我们的"安泰三农"团队。20多年来的密切合作，让我们亲如一家，我在这个团队中可以放心自如地做事。我们团队教师不多，现就七位。"大姐大"顾海英教授，我来安泰20多年来，吃饭从来都是她请客，这样的大姐谁都爱。于冷教授，一位南方化了的东北帅小弟，担任学院副书记，有什么事情都由他来协调解决，让我有了靠山。朱喜教授，一位上海本土的帅哥，出身名门清华，是我们团队一位年轻的教授，与我合作研究时长已达15年，目前担任学院教学副院长。卓建伟副教授，我研究生期间的同门师兄，我及"华村一家"团队研究最有力的支持者，参与了我主持的全部14项国家基金项目研究。高晶晶助理研究员，我培养的第10位博士，2022年留校，负责团队研究生活动的秘书工作。还有一位盖庆恩教授，也是我的弟子，在2013年博士毕业后到上海财经大学工作，尽管人不在交大，但合作却一直在进行。2023年经学院和学校两级人才引进程序，他终于要回到交大工作了。

第六要感谢我的出版方：中国农业出版社。20多年来，我及团队出版的数十本专著绝大多数由该出版社出版，我与责任编辑姚红女士从1992年相识到2021年她退休，合作长达30年，在合作过程中相互促进，她由一位普通编辑升为编审，我由一个青年研究人员升为老教授，姚编辑对我们团队产品质量把关与提升起到了关键作用。新接手的编辑潘洪洋女士，是我的北方内蒙古老乡，做事客客气气，2022年的初步合作让两部专著顺利出版，延续了姚红女士的风格，非常不容易。2023年武汉会议，突然发现出版社的苑荣副总编竟然是我的大学同届同学，正可谓天地再大，也是小的。这次出版苑副总编在背后也给予了鼎力支持。特此感谢！

最后要感谢上海交通大学的党委书记杨振斌先生。杨书记到交大来时间不长，我有幸在学校教代会、教师颁奖活动等场合见到他几次，也听过杨书记的几次讲话，他非常平易近人，他的电话学生都可随便打。在我的书稿齐备准备交付出版社时，顺便借微信将电子稿发了一份给杨书记，期望杨书记通过简单浏览书稿对我们"华村一家"团队取得的业绩有一个了解，同时也是真诚地推介我的育人之道。杨书记也如我预期，对作品给出很高评价。同时在他的组织下，学校、学院有不少人为此书出版付出努力，对作品进行了字斟句酌的把关，并提出宝贵修改建议。我诚恳接受同仁们的建议，并在此衷心感谢杨书记，感谢在背后默默地为此书出版进行最后修订的把关者。

2023 年 10 月 5 日星期四

"华村一家"团队已出版专著名录

史清华，1999，《农户经济增长与发展研究》，中国农业出版社。2001年获浙江省社会科学青年优秀成果一等奖。

史清华，王安庞，申潞玲，2000，《农户消费行为及购买力问题研究》，山西人民出版社。

史清华，等，2001，《山西粮食增长、发展与安全研究》，山西人民出版社。2001年获山西省科技进步（软科学）二等奖。

史清华，2001，《农户经济活动及行为研究》，中国农业出版社。

贾生华，田传浩，史清华，2003，《中国东部地区农地使用权市场发育模式和政策研究》，中国农业出版社。2004年获浙江省第十二届哲学社会科学优秀成果二等奖。

史清华，2005，《农户经济可持续发展研究——浙江十村千户变迁（1986—2002）》，中国农业出版社。2008年获第三届中国农村发展研究奖专著奖；2009年获第五届教育部人文社会科学优秀成果二等奖。

张改清，2005，《农户投资与农户经济收入增长的关系研究》，中国农业出版社。

史清华，武志刚，程名望，2007，《长三角农家行为变迁（1986—2005）》，上海三联书店。2008年获上海市第九届哲学社会科学优秀成果三等奖。

张跃华，2007，《需求、福利与制度选择——中国农业保险的理论与实证研究》，中国农业出版社。

史清华，2009，《中国农家行为研究》，中国农业出版社。2011年入选国家新闻出版总署第三届"三个一百"原创出版工程；2012年获第六届教育部人文社会科学优秀成果二等奖；2016年获第六届张培刚发展经济学奖；2017年获上海交通大学科研成果奖二等奖；2021年被列入国家社科基金中华学术外译项目推荐选题目录。

史清华，晋洪涛，晋鹏程，2012，《中国农村文化市场发展研究》，中国农业出版社。2012年国家出版基金资助项目。2014年获第六届中国农村发展研究奖（专著类）提名奖；2014年获上海市第十二届哲学社会科学优秀成果二等奖。

程名望，2012，《中国农村劳动力转移：机理、动因与障碍——一个理论框架与实证分析》，同济大学出版社。2008年获上海市优秀博士论文；2014年获上海市第十二届哲学社会科学优秀成果一等奖。

晋洪涛，2013，《理性与效率：农户粮食生产行为研究》，中国农业出版社。2014年获2013

年度河南省哲学社会科学优秀成果二等奖；2014 年获 2013 年度河南省教育厅人文社会
科学研究优秀成果特等奖。

朱喜，2015，《农村信贷配给：成因，影响与对策》，中国农业出版社。

徐翠萍，史清华，2016，《中国农户收入、生产行为与技术效率研究》，中国农业出版社。
2013 年获上海市优秀博士论文，2013 年获国家优秀博士论文提名。

张跃华，2017，《农业保险：理论、实证与经验——基于农户微观数据的分析》，中国农业
出版社。

彭小辉，王玉琴，史清华，2017，《山西农家行为变迁：1986—2012》，中国农业出版社。
2018 年获江苏省第十五届哲学社会科学优秀成果三等奖。

彭小辉，史清华，2018，《制度变迁及其绩效：中国农家行为研究》，中国农业出版社。

袁方，史清华，2019，《农民工福利问题研究》，中国农业出版社。

万广华，史清华等，2019，《中国扶贫理论研究》，中国农业出版社。

张锐，史清华，2019，《农村能源消费的结构升级路径研究》，中国农业出版社。2021 年获
浙江省第二十一届哲学社会科学优秀成果二等奖。

盖庆恩，2020，《中国农村劳动力资源配置扭曲及其影响研究》，中国农业出版社。2016 年
获上海市优秀博士论文；2023 年获上海市第十六届哲学社会科学优秀成果二等奖。

Qinghua Shi，Yan Gao，2020，Sustainable Development of Rural Household Economy：
Transition of Ten Villages in Zhejiang，China，1986—2002. 上海交通大学出版社和
Springer。

高晶晶，高国栋，史清华，2022，《共同富裕：浙江农家践行（2003—2018）》，中国农业出
版社。

高晶晶，史清华，2022，《中国化学农资应用历程及减控策略研究》，中国农业出版社。

图书在版编目（CIP）数据

育人成才 / 史清华著. —北京：中国农业出版社，
2023.12

ISBN 978-7-109-31597-6

Ⅰ.①育…　Ⅱ.①史…　Ⅲ.①高等学校－人才培养－
中国－文集　Ⅳ.①G649.2-53

中国国家版本馆 CIP 数据核字（2023）第 238342 号

中国农业出版社出版

地址：北京市朝阳区麦子店街 18 号楼
邮编：100125
责任编辑：潘洪洋
版式设计：王　晨　责任校对：周丽芳
印刷：北京通州皇家印刷厂
版次：2023 年 12 月第 1 版
印次：2023 年 12 月北京第 1 次印刷
发行：新华书店北京发行所
开本：700mm×1000mm　1/16
印张：15　插页：4
字数：278 千字
定价：78.00 元